"十二五"辽宁省重点图书出版规划项目

海南大学科研启动基金资助项目（KYQD(SK)1719）研究成果
国家社会科学基金一般项目（15GLB164）研究成果
国家自然科学基金项目（71662009）研究成果

三友会计论丛

SUNYO ACADEMIC SERIES IN ACCOUNTING

第16辑

U0674901

The Multidimensional Evaluation
of Internal Control and Application
of Internal Audit in Commercial Banks

商业银行内部控制多维评价与内部审计应用研究

刘斌 付景涛 著

东北财经大学出版社
Dongbei University of Finance & Economics Press

大连

图书在版编目（CIP）数据

商业银行内部控制多维评价与内部审计应用研究 / 刘斌，付景涛著. —大连：东北财经大学出版社，2018.12

（三友会计论丛·第16辑）

ISBN 978-7-5654-2125-9

Ⅰ．商…　Ⅱ．①刘…②付…　Ⅲ．商业银行–内部审计–研究　Ⅳ．F239.65

中国版本图书馆CIP数据核字（2018）第291496号

东北财经大学出版社出版

（大连市黑石礁尖山街217号　邮政编码　116025）

网　　址：http：//www.dufep.cn

读者信箱：dufep@dufe.edu.cn

大连永盛印业有限公司印刷　　　　东北财经大学出版社发行

幅面尺寸：170mm×240mm　字数：232千字　印张：16.25　插页：1

2018年12月第1版　　　　　　2018年12月第1次印刷

责任编辑：李智慧　刘晓彤　周　欢　　　责任校对：用　心

封面设计：冀贵收　　　　　　　　　　版式设计：钟福建

定价：48.00元

　　本书的研究得到了"海南省工商管理特色重点学科建设项目"和"辽宁省企业博士后资助项目"的资助。同时，本书也是海南大学科研启动基金资助项目（项目编号：KYQD（SK）1719）、国家社会科学基金一般项目（15GLB164）、国家自然科学基金项目（71662009）的研究成果。

随着我国以社会主义市场经济体制为取向的会计改革与发展的不断深入，会计基础理论研究的薄弱和滞后问题已经产生了越来越明显的"瓶颈"效应。这对广大会计研究人员而言，既是严峻的挑战，又是难得的机遇。说它是"挑战"，主要是强调相关理论研究的紧迫性和艰巨性，因为许多实践问题急需相应的理论指导，而这些实践和理论在我国又都是新生的，没有现成的经验和理论可资借鉴；说它是"机遇"，主要是强调在经济体制转轨的特定时期，往往最有可能出现"百花齐放，百家争鸣"的昌明景象，步入"名家辈出，名作纷呈"的理论研究繁荣期和活跃期。

迎接"挑战"，抓住"机遇"，是每一个中国会计改革与发展的参与者和支持者义不容辞的责任。为此，我们与中国会计学会财务成本分会、东北财经大学会计学院联合创办了一个非营利的学术研究机构——三友会计研究所，力求实现学术团体、教学单位、出版机构三方的优势互补，密切联系老、中、青三代会计工作者，发挥理论界、实务界、教育界三方面的积极性，致力于会计、财务、审计三个领域的科学研究和专业服务，以期为我国的会计改革与发展做出应有的贡献。

三友会计研究所的重大行动之一就是设立了"三友会计著作基金"，用于资助出版"三友会计论丛"。它旨在荟萃名人力作及新人佳作，传播会计、财务、审计研究与实践的最新成果与动态。"三友会计论丛"于1996年推出第一批著作；自1997年起，本论丛定期遴选并分辑推出。

采取这种多方联合、协同运作的方法，如此大规模地遴选、出版会计著作，在国内尚属首次，其艰难程度不言而喻。为此，我们殷切地希望广大会计界同仁给予热情支持和扶助，无论作为作者、读者，还是作为评论者、建议者，您的付出都将激励我们把"三友会计论丛"的出版工作坚持下去，越做越好！

东北财经大学出版社

序

内部控制评价是会计学科研究领域的重要组成部分，商业银行内部控制评价是当下内部控制研究领域的难点之一。

两位作者于各自领域精心耕耘，并共同致力于钻研和攻克商业银行内部控制评价研究领域的难点问题。作者刘斌以大连银行内部控制评价工作平台为基点，将博士后阶段的学术积累思考发酵；同时，结合作者付景涛在管理机制领域的学术积累，深入领会和融通中国商业银行内部控制评价与内部审计的共性。本书即是两位作者在该领域的学术积淀。

本书通过界定商业银行"内部控制多维评价"的内涵，将商业银行内部控制评价的指标设置、计分方法、评级方法、赋权方法同商业银行内部控制风险评估、风险应对、内部审计应用相串联，展现出系统性的思维方式和大局观。本书不仅关注商业银行内部控制评价本身，更关注内部控制评价管理机制、信息披露、评价结果应用、内部控制整改等，展现出多维化的特性。本书适合商业银行审计部门、内控合规部门应用，亦适合会计学科领域的研究生、青年学者以及其他有兴趣的读者阅读。

两位作者在该领域持续创新，展现了良好的学术素养、拼搏精神和攻坚克难的意志力。青年学者的学术素养即是以创新为己任，不拘泥、不满足，脚踏实地、日积月累；青年工作者的拼搏精神即表现为对工作的热情和昂扬的斗志；青年领导者的意志力即是面对改革中和工作中的阻碍有攻坚克难的勇气和智慧。

　　希望两位作者以本书的出版为契机，将严密的逻辑推理能力和动手能力转化为工作能力，在新的岗位上保持饱满的热情，培养综合能力，实现个人价值！

李延喜

2018 年 5 月

商业银行内部控制多维评价与内部审计应用，立论于商业银行内部控制评价的成长历程和内部控制多维评价的基本内涵，深入至全行公司层面和业务流程层面内部控制评价指标设置、计分方法与指标赋权方法。同时，结合商业银行内部控制评价与内部审计管理实践，进行了外延性研究：其一，根据部分商业银行上市需求，进行了内部控制自我评价与信息披露相关内容的研究；其二，进行了内部控制和内部审计信息的沟通保障机制研究；其三，对内部控制评价生存和发展的土壤，即商业银行内部控制评价的监管机制进行了研究；其四，对内部控制评价的成果应用于内部审计，满足商业银行提高审计效率、降低审计成本的实际需求进行了研究；其五，对商业银行内部审计和内部控制风险评估进行了研究；其六，对内部审计报告和内部控制整改进行了探讨。以上研究内容共同构成商业银行内部控制多维评价与内部审计应用的组成部分。

本书选题的意义在于：其一，具有理论意义。本选题在追踪内部控制研究发展方向和评价手段的基础上，结合商业银行在内部控制评价的实际应用，提出和完善适用于商业银行的内部控制评价指标体系、计分方法和赋权方法。在评价方法的系统性、评价标准和方法方面均有一定的理论贡献。其二，具有实践意义。本选题以商业银行为切入点，紧紧围绕商业银行各层面业务实际，以商业银行积累的成功经验为基础，提出的内部控制多维评价标准、指标设置、计算方法、赋权方法、内部控制成果与内部审计应用都具有可操作性和实用性。其三，具有普适性。我国数量众多的商业银行具有很大的相似性，内部控制多维评价与内部审计应用不仅适用于某类商业银行，而且对整个商业银行群体具备普适性。

本书通过对商业银行内部控制评价及其在内部审计应用的潜心研究，对该研究领域做了如下有益的探索和创新：

第一，构建商业银行"内部控制多维评价"的内涵。"内部控制多维评价"主要从商业银行内部控制评价内容的角度进行定义：其一，企业内部控制评价主要关注财务报告的内部控制，商业银行内部控制评价有更高的评价标准，不仅需要关注财务报告的内部控制，同时需要关注非财务报告的内部控制。其二，商业银行内部控制评价需要应对信用风险、操作风险、流动性风险、财务风险、科技风险等多重风险，因此需要应对各种风险的多维评价。其三，商业银行内部控制评价体系本身的类别具备多样性，因此评价内容也是多维的。

第二，发现商业银行内部控制评价指标设置，应该和具体银行的内部控制环境、风险评估、监督与控制活动等公司层面企业特征相适应；应该和具体银行的业务开展与管理流程制度设计相适应。商业银行增加内部控制评价指标设置数量，应该有助于新兴业务开展，有助于整体评价的贡献度；同时，减少内部控制评价指标设置数量，也能够压缩流程、提高效率、降低成本。因此，高效的、适量的内部控制评价指标设置数量才最适合商业银行的具体应用。

第三，结合商业银行实践，对商业银行内部控制评价计分方法和指标赋权的现实基础和未来发展方向予以探讨。商业银行内部控制计分评价方法包括评分方法、加减分项的正向激励与负向约束、评价等级的认定；还包括本书创新的内部控制整体计分评价方法探究。同时，商业银行内部控制评价指标赋权应由主观赋权法向客观赋权法转变，此外，还需要根据商业银行应用实践采用结合了主观赋权法和客观赋权法优点的组合赋权法。

第四，商业银行内部控制信息披露有助于投资者和银行客户的价值判断。商业银行上市需要定期披露内部控制相关信息，该类信息对投资者和银行客户关注商业银行、认可商业银行、与商业银行商业往来以及未来投资商业银行都会产生积极作用。商业银行应根据本行具体情况适时、主动地披露内部控制评价信息。

第五，提出内部控制多维评价管理机制的创新思维，即内部控制评价的管理机制不应停留于现有监管要求和商业银行内部企业文化的基础，更应该依据会计学、审计学等理论知识探索创新思维方式。

第六，在对商业银行内部控制风险评估、内部审计报告和内部控制整改等内容进行探讨的基础上，提出商业银行内部控制多维评价结果在确定内部审计范围和审计重点中的应用，以及为具体查证内容选择恰当审计方法中的应用。

内部控制多维评价是开放的理论与实践研究体系，我国数量众多的各类商业银行具有很大的相似性。本研究不仅立足于商业银行经营发展和内部控制评价建设需要，同时也积极探寻真正适合大部分商业银行的内部控制评价体系、方法和应用，是商业银行整个群体管理科学发展的实践路线。

本书是作者刘斌和付景涛在海南大学任职期间的学术积累与应用。本书与作者刘斌和付景涛在海南大学经济与管理学院任职期间发表的中文和英文论文相吻合，与刘斌的博士后出站报告《大连银行内部控制评价与内部审计应用研究》一脉相承，是两位作者在企业内部控制和企业管理研究领域的积累和心得。其中，刘斌负责第1、3、5、6、8、10章以及第12章部分内容的编撰及全书的整合工作；付景涛负责第2、4、7、9、11章以及第12章部分内容的编撰工作。

本书的部分观点具有总结性，源于商业银行内部控制评价发展和同业经验借鉴的脉络；部分观点具有创新性，包括构建了商业银行"内部控制多维评价"的内涵，发现了商业银行内部控制评价指标设置特征和适应性等内容；部分观点还可能存在局限性。因此，本书很可能出现错误和纰漏，我们恳请读者给予帮助和指正！

作　者

2018年5月

目 录

第1章　导　论/1

　1.1　研究背景/1

　1.2　研究对象/2

　1.3　研究思路与方法/4

　1.4　研究意义与研究创新/5

　1.5　研究内容与结构框架/7

第2章　文献综述与同业经验/11

　2.1　文献综述/11

　2.2　同业经验/16

　2.3　本章小结/51

第3章　商业银行内部控制多维评价概述/53

　3.1　商业银行探索内部控制评价的
　　　三个阶段/53

　3.2　商业银行内部控制多维评价的
　　　基本内涵/56

　3.3　本章小结/64

第4章　商业银行内部控制多维评价指标
　　　设置的原则与考量/67

　4.1　内部控制多维评价指标设置的
　　　原则/67

　4.2　内部控制多维评价指标设置的具
　　　体考量/76

　4.3　商业银行内部控制评价指标设置的
　　　思考/79

　4.4　本章小结/82

第5章 商业银行公司层面内部控制多维评价指标设置/84

5.1 概 述/84

5.2 内部控制环境指标/85

5.3 风险识别与评估指标/90

5.4 监督评价与纠正指标/94

5.5 信息交流与反馈指标/97

5.6 本章小结/98

第6章 商业银行业务流程层面内部控制多维评价指标设置/100

6.1 概 述/100

6.2 电子银行业务内部控制指标/101

6.3 授信业务内部控制指标/104

6.4 柜面业务内部控制指标/109

6.5 公章及合同管理内部控制指标/117

6.6 反洗钱评价内部控制指标/118

6.7 本章小结/122

第7章 商业银行内部控制多维评价的计分方法和赋权方法/125

7.1 商业银行内部控制评价计分方法的原则/125

7.2 商业银行内部控制多维评价单项计分评价方法/128

7.3 商业银行内部控制多维评价整体计分评价方法/131

7.4 指标赋权方法概述及主观赋权法/135

7.5 客观赋权法和组合赋权法/138

7.6 本章小结/145

第8章 商业银行内部控制自我评价与信息披露/148

8.1 概 述/148

8.2 内部控制自我评价与信息披露研究进展/150

8.3 商业银行内部控制自我评价与信息披露的内容与方式/161

目　录

8.4　本章小结/164

第9章　商业银行内部控制多维评价的管理机制/167

9.1　构建权威统一的考核组织/167

9.2　规划严密的评价程序/171

9.3　制定激励与责任相容的考核体系/173

9.4　内部控制多维评价管理机制的创新思维/177

9.5　本章小结/180

第10章　商业银行内部审计、内控风险评估、内控结果与内审应用/183

10.1　商业银行内部审计事项与组织体系/183

10.2　商业银行内部控制风险评估/187

10.3　商业银行内部控制评价结果/190

10.4　商业银行内控评价结果在内部审计中的具体应用/195

10.5　本章小结/196

第11章　商业银行内审报告、沟通机制与内部控制整改/199

11.1　商业银行内部审计报告制度/199

11.2　商业银行内部控制和内部审计信息的沟通保障机制/200

11.3　商业银行内部控制整改、效果评估与追踪审计/201

11.4　本章小结/205

第12章　商业银行内部控制多维评价的实效与推广/207

12.1　本书研究结论/207

12.2　商业银行内部控制多维评价在D银行的应用效果/209

12.3　D银行内部控制多维评价对其他银行的借鉴作用/216

12.4　本书研究课题延展性研究方向/219

附　录/222

附录1　××银行内部控制合规评价报告/222

附录2　××银行稽核审计内部控制建议书/223

附录3　××银行稽核审计内部控制建议反馈单/224

附录4　××银行分支行内部控制评价人员纪律规范/224

主要参考文献/226

索　引/238

后　记/240

第 1 章

导　论

　　导论的内容为全书的纲要，从研究背景与研究对象、研究意义、研究方法与研究创新的角度，介绍商业银行内部控制多维评价与内部审计应用的研究框架、研究内容、研究方法与研究创新。

1.1 —————————— 研究背景 ——————————

　　内部控制是 20 世纪随着现代经济的发展而建立起来的一个重要管理方法。美国权威机构 COSO 委员会对内部控制的定义是：内部控制是一种为合理保证实现经营的效果和效率、财务报告的可靠性以及符合法律和规章制度三大目标的程序。COSO 委员会分别于 1992 年和 2004 年发布《内部控制——整体框架》和《企业风险管理——整合框架》，将内部控制从单纯的企业管理推向深层次的全面风险防范。美国审计委员会对内部控制的研究成果给予充分肯定和认可，分别于 1996 年和 2002 年修改美国审计公告和发布 SOX 法案（《萨班斯–奥克斯利法案》），在内部控制信息披露和审计领域予以应用。

　　商业银行内部控制有着特殊的背景，1998 年 1 月巴塞尔委员会颁布的适合一切表内外业务的《内部控制系统评估框架（征求意见稿）》，提出了新的内部控制定义，其中进一步强调董事会和高级管理层对内部控制的影响，描述了一个健全的内部控制系统及其基本构成要素，提出了供监管当局评价银行内部控制系统的若干原则。随后，《巴塞尔协议》Ⅰ、Ⅱ、Ⅲ的三个版本，不断明确了商业银行风险治理架构，强化内部控制风险管控。

我国商业银行内部控制评价体系建设始于 2004 年 12 月中国银行业监督管理委员会（简称中国银监会或银监会）①颁布的《商业银行内部控制评价试行办法》。该办法旨在通过建立一套对商业银行内部控制评价的框架和方法，规范和加强对商业银行内部控制的评价，督促其进一步建立内部控制体系，健全内部控制机制，形成风险管理的长效机制。2007 年，银监会修订的《商业银行内部控制指引》对不同业务的内部控制构建进行了完善。2010 年，财政部、证监会、审计署、银监会、保监会五部委联合发布的《企业内部控制配套指引》中的《企业内部控制评价指引》对包括商业银行在内的企业内部控制与风险防范给予最新指导。2012 年 8 月 14 日，财政部、证监会决定在主板上市公司分类分批推进实施企业内部控制规范体系，并发布《关于 2012 年主板上市公司分类分批实施企业内部控制规范体系的通知》（财办会〔2012〕30 号），上市银行于 2012 年开始分类分批实施内部控制信息披露，包括董事会对公司内部控制的自我评价报告和注册会计师出具的财务报告内部控制审计报告。

本书立论于商业银行内部控制评价的成长历程和内部控制多维评价的基本内涵，深入至全行公司层面和业务流程层面内部控制评价指标设置、计分方法与指标赋权方法，同时包含其他外延性研究，是上述背景下商业银行内部控制评价与内部审计管理实践的理论结晶。

1.2　　　　　　　　　　　　研究对象

本书的研究项目以商业银行的内部控制评价为主要研究对象，兼论其

---

① 中国银行业监督管理委员会，简称中国银监会或银监会，成立于 2003 年 4 月 25 日；根据国务院授权，统一监督管理银行、金融资产管理公司、信托投资公司及其他存款类金融机构，维护银行业的合法、稳健运行。中华人民共和国保险监督管理委员会，简称中国保监会或保监会，成立于 1998 年 11 月 18 日；根据国务院授权履行行政管理职能，依照法律、法规统一监督管理全国保险市场，维护保险业的合法、稳健运行。2018 年 3 月，根据第十三届全国人民代表大会第一次会议批准的国务院机构改革方案，组建中国银行保险监督管理委员会，简称中国银保监会或银保监会，不再保留中国银行业监督管理委员会和中华人民共和国保险监督管理委员会。2018 年 4 月 8 日，中国银行保险监督管理委员会正式挂牌。

在内部审计中的应用，各研究对象形成有机的运转机理。

1）商业银行

商业银行（Commercial Bank），其概念源于区分中央银行和投资银行，是指以营利为目的，以多种金融负债筹集资金，以多种金融资产为经营对象，具有信用创造功能的金融机构。

我国商业银行的类别主要包括：

（1）国有控股商业银行，其代表为中国工商银行、中国农业银行、中国银行、中国建设银行、交通银行等。

（2）全国性股份制商业银行，其代表为浦发银行、招商银行、中信银行、光大银行、华夏银行、民生银行、兴业银行、广发银行、平安银行、渤海银行、恒丰银行、浙商银行等。

（3）城市商业银行和农村商业银行，如北京银行、大连银行、上海银行、重庆银行、青岛农商银行、大连农商银行等。该类别数量庞大。

2）商业银行内部控制评价体系

商业银行按照《企业内部控制基本规范》《企业内部控制评价指引》《商业银行内部控制指引》等法规政策要求，持续构建实施完整的内部控制评价体系。商业银行内部控制评价体系的确立目的是确保本行各项经营管理活动遵从国家法律规定和公司内部规章制度；财务报告信息真实、完整、可靠；风险管理体系有效，资产安全；经营目标和发展战略充分实现。

商业银行内部控制评价包含与实现整体控制目标相关的内部环境、风险评估、控制活动、信息与沟通、内部监督等内部控制要素，涉及对公业务、个人业务、资金计财、风险管理、产品创新及监管支持等主要控制流程，对其内部控制设计与执行的有效性进行全面、系统、有针对性的评价。

3）商业银行内部控制评价结果与内部审计应用

一方面，商业银行内部控制评价结果来源于采用的定性分析与定量分析相结合的方法。首先，确定关键业务指标，结合商业银行实际情况和业务流程的关系，进行内部控制评价指标设定。其次，根据赋权数值和计分方法合计评价结果总得分，之后进行内部控制合规评价和评级分类。最后，内部控制评价还受到相关监管部门的指导。

另一方面，商业银行内部控制评价结果来源于内部控制风险识别和风险评估。首先，通过识别关键业务流程的目标、分析影响目标实现的主要因素，从中识别该业务流程中的风险点，然后通过风险评级，评估风险发生的概率及影响程度，并识别足以影响经营活动正常有序进行的重大风险。其次，商业银行建立了全面、规范、持续的风险管理体系，建立了信用风险、市场风险、利率风险、流动性风险、操作风险、法律风险等主要风险的识别和评估工作机制，能够对各类风险进行持续监控。

本书研究对象运转机理图，如图1-1所示。

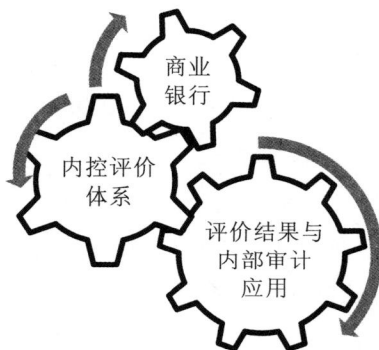

图1-1 本书研究对象运转机理图

1.3 研究思路与方法

1.3.1 研究思路

本书的研究立论于商业银行内部控制多维评价与内部审计应用。首先，需要厘定商业银行内部控制多维评价的发展历程和基本内涵。其次，从商业银行总行及各分支行开展的业务流程层面内部控制评价出发，扩展至公司层面内部控制评价，探讨内部控制多维评价的指标设置、计分方法与指标赋权方法。根据上市需求，商业银行进行了内部控制自我评价与信息披露，该部分内容对全行长期发展至关重要，同时结合商业银行内部控制和内部审计信息的沟通保障机制，共同构成内部控制多维评价的组成部分。不容忽视的是，商业银行的监管机制是内部控制评价生存和发展的土壤；同时，内部控制评价的成果应用于内部审计，能够提高审计效率、降低审计成本；并且，内部审计报告和内部控制整改也一并探讨。总之，本选题着力于商业银行实际，总结和升华商业银行在内部控制评价建设中所积累的成功经验，积极探索和试图解决商业银行在内部控制评价建设中遇到的问题。

1.3.2　研究方法

本书的研究方法可以总结如下：

（1）案例研究法。本研究紧扣商业银行实践，选用商业银行数据与评价标准为蓝本，因此，本研究是典型的多案例研究。然而，本研究也是开放的理论与实践研究作品，因此，在理论创新、大数据应用和普适性借鉴方面也应用了如下方法。

（2）实证研究法。本研究的部分章节使用了历史数据、同业数据和上市公司的大数据，因此，实证研究方法也是本研究数据处理和分析结果的来源。

（3）规范研究法。根据商业银行的价值观念及其对应的会计、审计理论对内部控制多维评价的行为结果进行理论分析，并对产生这一结果的制度或政策进行判断和升华。

（4）定性分析与定量分析相结合的方法。定性分析是定量分析的指导，定量分析为定性分析提供了确实的佐证。本书在内部控制多维评价指标考核中，"判断是否评分法"即是定性分析的典型代表；同时，在计分标准及计算、评价结果汇总和内部控制信息披露研究中多次使用了定量分析。因此，本书将定性分析与定量分析相结合。

1.4　研究意义与研究创新

1.4.1　研究意义

本书选题的研究意义在于：其一，具有理论意义。本选题在追踪内部控制研究发展方向和评价手段的基础上，结合商业银行在内部控制评价中的实际应用，提出和完善适用于商业银行内部控制评价的指标体系、计分方法和赋权方法。在评价方法的系统性、评价标准和方法方面均有一定的理论贡献。其二，具有实践意义。本选题以商业银行为切入点，紧紧围绕商业银行各层面业务实际，以商业银行在内部控制评价建设中所积累的成功经验为基础，提出的内部控制多维评价标准、指标设置、计算方法、赋权方法、内部控制成果应用都具有可操作性和实用性。其三，具有普适性。我国数量众多的商业银行具有很大的相似性，内部控制多维评价不仅适用于某类商业银行，而且对整个商业银行群体具备普适性。

1.4.2　研究创新

本书通过对商业银行内部控制评价及其应用的潜心研究，对该研究领域做了如下有益的探索和创新：

第一，构建了商业银行"内部控制多维评价"的内涵。"内部控制多维评价"主要从商业银行内部控制评价内容的角度进行定义：其一，企业内部控制评价主要关注财务报告的内部控制，商业银行内部控制评价有其更长的历史沿革和更高的评价标准，不仅需要关注财务报告的内部控制，同时需要关注非财务报告的内部控制。其二，商业银行内部控制评价需要应对信用风险、操作风险、流动性风险、财务风险、科技风险等多重风险，因此需要应对各种风险的多维评价。其三，商业银行内部控制评价体系本身的类别具备多样性，因此评价内容也是多维的。

第二，发现商业银行内部控制评价指标设置，应该和具体银行的内部控制环境、风险评估、监督与控制活动等公司层面企业特征相适应；应该和具体银行的业务开展与管理流程制度设计相适应。商业银行增加内部控制评价指标设置数量，应该有助于新兴业务开展，有助于整体评价的贡献度；同时，减少内部控制评价指标设置数量，也能够压缩流程、提高效率、降低成本。因此，高效的、适量的内部控制评价指标设置数量才最适合商业银行的具体应用。

第三，结合商业银行实践，对商业银行内部控制评价计分方法和指标赋权的现实基础和未来发展方向予以探讨。商业银行内部控制计分评价方法包括评分方法、加减分项的正向激励与负向约束、评价等级的认定；还包括本研究创新的内部控制整体计分评价方法探究。同时，商业银行内部控制评价指标赋权主要采用主观赋权法，然而，银行业未来的发展要求我们充分重视和利用客观赋权法。为了避免机械地套用客观赋权法，还需要根据商业银行应用实践采用结合了主观赋权法和客观赋权法优点的组合赋权法。

第四，商业银行内部控制信息披露有助于投资者和银行客户的价值判断。商业银行上市需要定期披露内部控制相关信息，该类信息对投资者和银行客户关注商业银行、认可商业银行、与商业银行商业往来以及未来投资商业银行都会产生积极作用。商业银行应根据本行具体情况适时、主动地披露内部控制评价信息。

第五，提出内部控制多维评价管理机制的创新思维，即内部控制评价的管理机制不应停留于现有监管要求和商业银行内部企业文化的基础，更应该依据会计学、审计学等理论知识探索创新思维方式。

第六，在对商业银行内部控制风险评估、内部审计报告和内部控制整改等内容进行探讨的基础上，提出商业银行内部控制多维评价结果在确定内部审计范围和审计重点中的应用，以及为具体查证内容选择恰当的审计方法中的应用。

7

1.5 —————— 研究内容与结构框架 ——————

本书遵循了如下程序：首先，描述研究背景，界定研究对象；其次，回顾相关文献和同业经验，明确理论系统和实践系统的参照；再次，提出商业银行内部控制多维评价研究设计方案，从内涵、指标设置、计分、赋权、信息沟通与信息披露、监管机制等方面详细探讨；随后，将评价结果如何运用于内部审计、内部审计报告和内部控制整改等问题予以一并研究；最后，总结内部控制多维评价在"D银行"[①]的应用效果和向其他各类银行推广的普适性。根据研究基本框架，本书对研究内容做了如下结构安排：

第1章为导论。笔者首先对课题的研究背景、研究对象进行确认和界定。其次，对本书的研究思路与方法进行介绍。再次，介绍本书研究的理论价值和实用性以及本书的创新之处。最后，对本书的研究内容以及本书的结构进行说明。

---

① D银行是本书研究虚拟的一个商业银行集合体，用于案例研究，详见第12章。

第2章为文献综述和同业经验。向读者大致介绍商业银行内部控制评价领域的最新科研成果，以及中国不同类别商业银行内部控制评价大致的经验做法，为其后各章关于内部控制多维评价和内部审计研究的具体内容作铺垫。

第3章为商业银行内部控制多维评价概述。首先，总结了商业银行内部控制评价的三个阶段，即粗放式评价阶段、精细化评价阶段和多维化评价阶段。其次，重点厘定了商业银行内部控制多维评价的基本内涵，包括内部控制评价内容、内部控制评价方法和内部控制评价应用三个层次的具体内涵。

第4章为商业银行内部控制多维评价指标设置的原则与考量。探讨商业银行内部控制多维评价指标设置原则，包括理论原则、实践原则和商业银行内部控制指标设置的具体考量。此外，本章还以北京银行和D银行为例，对商业银行内部控制评价指标设置进行思考。

第5章为商业银行公司层面内部控制多维评价指标设置。商业银行公司层面内部控制多维评价指标包括内部控制环境、风险识别与评估、监督评价与纠正、信息交流与反馈四个部分。本书设计了近百个评价点。其中，监督评价与纠正项目中突出了对一道防线履职尽责的考核。

第6章为商业银行业务流程层面内部控制多维评价指标设置。商业银行业务流程层面内部控制多维评价指标类型众多，涉及具体商业银行众多业务的具体环节，因此，其业务流程层面内部控制多维评价指标设置各具特色。此外，业务流程也受到监管部门、具体业务发展和商业银行内部控制体系不断完善的推动，其考核指标的变化速度也是较快的。本书以商业银行电子银行业务、授信业务、柜面业务、公章及合同管理、反洗钱评价五个业务流程层面的主要部分为例进行了归纳和示例，窥一斑而见业务流程层面内部控制多维评价指标设置的全貌。

第7章为商业银行内部控制多维评价的计分方法和赋权方法。首先，探讨商业银行内部控制多维评价的计分方法，主要包括：商业银行内部控制评价计分方法的原则、内部控制多维评价的单项计分评价方法、内部控制多维评价的整体计分评价方法。其次，对指标赋权方法进行概述，并从现实存在的不同赋权方法，如主观赋权法、客观赋权法、组合赋权法等，对商业银行内部控制多维评价的具体选用，特别是商业银行内部控制多维评价的现实选用和未来发展方向予以探讨。

第 8 章为商业银行内部控制自我评价与信息披露。本章首先进行商业银行内部控制自我评价与信息披露概述。其次，在探讨内部控制自我评价与信息披露研究进展的基础上，重点介绍商业银行内部控制自我评价与信息披露的内容与方式。

第 9 章为商业银行内部控制多维评价的管理机制。商业银行的监管机制是内部控制评价生存和发展的土壤，因此，探讨考核组织，如总行风险管理委员会、总行稽核审计部、总行法律合规部和总行风险管理部的职能有助于内部控制多维评价的开展。其次，对商业银行内部控制多维评价的评价程序和激励机制予以研究。最后，还提出了内部控制多维评价管理机制的创新思维。

第 10 章为商业银行内部审计、内控风险评估、内控结果与内审应用。首先，介绍银行内部审计事项与组织体系。其次，在阐述商业银行施行的包括信用风险、操作风险、流动性风险、财务风险、科技风险等全面风险管理的基础上，重点探讨商业银行内部控制风险评估的风险识别、风险应对、风险评估的后续管理。再次，阐述商业银行内部控制评价结果的来源。最后，探讨商业银行内部审计对内部控制评价结果存在的客观需求，包括提高内部审计效率的需求、降低内部审计成本的需求。此外，探讨商业银行内部控制评价结果在内部审计中的具体应用。

第 11 章为商业银行内审报告、沟通机制与内部控制整改。首先，介绍商业银行内部审计报告制度。其次，探讨商业银行内部控制和内部审计信息的沟通保障机制。再次，在上述基础上探讨商业银行内部控制整改，主要包括：分支机构审计与内部控制整改；条线专项审计与内部控制整改和合规管理或风险管理项目审计与内部控制整改。最后，探讨银行内部控制整改效果评估与追踪审计。

第 12 章为商业银行内部控制多维评价的实效与推广。本章主要总结上述方法体系的结论，以及在"D银行"实践中的应用效果。商业银行内部控制多维评价有助于"D银行"的"三年倍增计划"的丰收，有助于经营管理的良性循环，有助于经营管理的全面完善。此外，商业银行内部控制多维评价存在普适性，可以向同类及其他类型的商业银行予以推广。

总之，本书的结构安排着力于商业银行实际，总结和升华商业银行在内部控制评价建设中所积累的成功经验，并积极探索和试图解决商业银行在内部控制评价建设中遇到的问题。本书的结构设计从概念厘定出发，到指标设置、计分方法、赋权方法、内部控制自我评价与信息披露、监管机制、内部控制风险评估、内部审计报告、内部控制信息沟通、内部控制评价成果应用和内部控制整改等。本书结构由面到点，再到外延及应用，层层推进。

本研究基本结构框架，如图1-2所示。

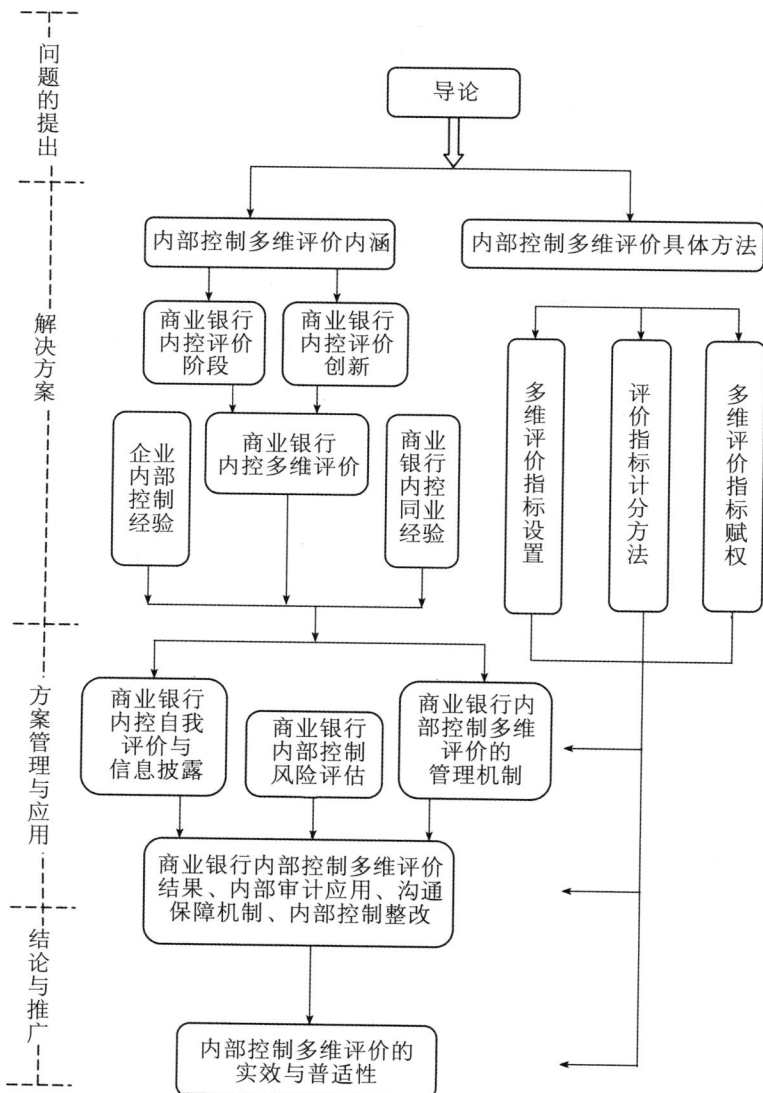

图1-2 本研究基本结构框架

第 2 章

文献综述与同业经验

本书的部分观点具有总结性，源于商业银行内部控制评价发展和同业经验借鉴的脉络，本章即是总结综述的前人研究成果和中国银行业内部控制评价的同业经验。

2.1 ——————— 文献综述 ———————

2.1.1 国外研究文献综述

亚洲金融危机、巴林银行倒闭和美国"次贷危机"，促使各国商业银行重新审视内部控制和内部控制评价方法，在吸收各种内部控制理论的基础上，国外对银行内部控制进行评价已经形成三个层面的若干方法。

在商业银行内部控制的内部评价层面，Wallace 和 Wright（1995）提出商业银行职能部门进行内部控制自评，即各职能部门总经理进行自评，自评的工作和结果都要以书面的形式记录下来，总经理还要对部门自评工作给予指导和监督。另外，总经理也要定期对内部控制设计的充分性和运行的有效性进行自我评价。这种评价方式由于有管理层和员工的参与，容易收集真实而充分的证据，提高审计的效果和效率。Roth 和 Espersen（2004）提出了一种有助于落实 SOX 法案的财务报告内部控制评价模型，并对内部控制五要素、内部控制目标、会计报表认定目标等进行了描述和评价。Schwartz（2006）从成本效益出发，在中小商业银行内部控制评价体系方面，提出了从构成要素出发设计内部控制评价体系。Guput（2008）采用了问卷调查的方式，调查结果显示，管理层并不是认为 COSO 报告是一个很好的应用于商业银行内部控制评价标准，在实际工作中很大程度上没有把 COSO 报告作为评价内部控制有效性的框架。

在商业银行内部控制的外部评价层面，其中比较重要的系统性方法有英国的 ARROW 框架和美国的 CAMELS 系统。

英国 ARROW 框架是英国监管当局对包括银行、保险公司、证券机构等被监管单位实行的一种监督评价方法，它将监管过程分为七个阶段，即评估准备阶段、可能性风险评估阶段、制订风险控制方案阶段、内部确认和调整阶段、发送信函与沟通阶段、跟踪评估阶段、新的评估循环阶段。从 ARROW 框架的内容分析，它具有以下几方面的特点：首先，它是一种对风险过程进行评估的程序和方法，而非简单对经营结果的评级；其次，其关注的重点在于被监管机构内部存在的、对监管目标构成危险的风险；再次，它设置统一的评价标准和风险评估程序，通过对被监管单位内部存在的风险进行持续关注和评估，确定风险影响程度以及发生的可能性；最后，其评价的目的是根据评价结果确定具体的监管措施，及时提供指导和帮助，对被监管单位实行过程控制，以防止风险的恶化和损失的产生。总之，它是监管机构根据需要所设计的一种外部监管工具，对风险进行评估的过程虽然是动态的，但是基于已经存在的内部控制或者事实所进行的，从被监管单位的角度出发则属于事后评价的范畴。

美国 CAMELS 评价体系[①]最初包括资本充足率、资产质量、管理水平、盈利能力、流动性五个指标（简写为 CAMEL），后来随着金融资产的市场价值对风险的影响越来越大，又增加了市场敏感性指标，从而构成了现在正在使用的 CAMELS 评价体系。通过对每一家银行上述六个方面的内容进行考核，美国监管当局会对被监管银行做出从一级到五级的分等级评价。

---

① CAMELS 评价体系包括：资本充足率（Capital Requirement）、资产质量（Asset Quality）、管理水平（Management）、盈利能力（Earnings）、流动性（Liquidity）、市场敏感性（Sensitivity of Market Risk），首字母组合形成 CAMELS。

其中：一级，表示银行经营管理最佳，各方面健全，具备承受业务状况不断变动的能力，无需引起金融监管当局的重视；二级，表示银行经营稳健，各方面基本健全，能经受或抵御业务发展过程中出现的问题，一般不需太多监管；三级，表示银行存在各种缺陷，如不及时采取有效措施，问题可能更加严重，但导致破产的可能性还不大，需要特殊监管；四级，表示银行经营不安全、不稳健，存在许多严重问题且没有很好解决，破产倾向虽不明显但已存在，需要密切监管；五级，表示存在问题相当严重，已濒临破产，若不采取紧急援助，破产可能性很大，需要持续监管。从上述分析可以看出，美国 **CAMELS** 评价体系也属于外部监管、整体式监管，由于美国的特殊地位，其监管经验已经被许多国家所学习和借鉴。

商业银行内部控制的成果在内部审计应用层面，Spira（2003）认为应该重构商业银行内部控制的框架以适应内部审计的要求。他以商业银行内部控制和企业内部控制，以及内部控制与 COSO 报告内部控制理论的新观念为主要切入点，探讨商业银行内部控制如何满足其内部审计的要求，这一要求应使商业银行避免重复建设的资源浪费。**Krishnan**（2005）以审计委员会如何利用内部控制的成果探讨内部审计的应用，同时对加强内部控制成果的通用性予以探讨。

2.1.2　国内研究文献综述

国内研究文献依照商业银行内部控制评价框架、内部控制风险模型研究、商业银行内部控制评价、内部控制缺陷和漏洞研究、商业银行内部控制评价新技术手段五方面的最新研究进展予以综述。

对于我国商业银行内部控制评价框架，赵勇和邹积亮（2008）以 COSO 报告下的内部控制 ERM（Enterprise Risk Management‑Integrated Framework）最新发展为基础，介绍 ERM 框架的构成要素及各个要素整合而成的现代企业内部控制体系，分析我国目前商业银行内部控制存在的问题，提出依据 ERM 框架构建我国商业银行内部控制体系的构想与措施。他们认为 ERM 框架的构成要素中，内部环境、风险评估、控制活动、信息与沟通和监控对构建商业银行内部控制体系有着重要的借鉴意义。刘俊（2009）根据 COSO 报告关于内部控制的五个组成要素分别对商业银行内部控制环境、风险评估、内部控制活动、信息与沟通、监督以及内部控制评价等相关问题进行了分析研究，提出了中央银行内部控制整合框架。其中，对于我国商业银行内部控制风险评估，主要对内部控制涉及的法律风险、声誉风险、资产风险、信息技术风险、效率风险、操作风险进行分析，提出政策决策体系完善、整合内部控制机构、风险识别和风险评估、完善突发事件应急管理等优化重点。对于我国商业银行内部控制评价，刘俊（2009）主要分析内部控制评价现状及问题，提出内部控制评价指标体系，对综合评价模型、离差最大化模型、模糊综合评价模型、多因素分析模型进行比较，提出内部控制评价体系优化政策建议。

对于内部控制风险模型研究，郑艺（2005）认为商业银行法人治理结构运营及管理特点决定了其内部控制综合评价的具体标准，主要有：控制环境的评价标准、风险评估能力的评价标准、管理控制能力的评价标准、信息反馈系统的评价标准和监督评审的评价标准。在上述评价标准的基础上，根据评价指标、单项指标标准分值对应逐项评分，然后按权重综合计算总得分，最后以实际总分和等级分区间来评定内部控制等级。同时，郑艺（2005）提出采用五级评分定级的方式来评定，包括：一级，健全；二级，满意；三级，一般；四级，较差；五级，差。李煜辉和张同建（2011）认为内部控制是商业银行的一种生产方式，而股份制商业银行更具有企业的特征，因此，基于 PDCA 循环的内部控制体系的设计能够有效反映内部控制的运作机制。PDCA，即 Plan、Do、Check、Act，其中文对应为设计、执行、评价、改进。他们将我国股份制商业银行 PDCA 体系分解为内部控制设计、执行、评价、改进等四个要素共 16 个指标，采用验证性因子分析来验证理论模型的收敛性。徐吉明、丁保利（2012）构建了基于德尔菲法、因子分析法和层次分析法、序号总和理论和众数理论的适用于国家审计评价商业银行分支行风险的评价模型。

对于企业内部控制评价模型，学者们提出的回归模型、因子模型等各类模型颇多。例如，王农跃（2008）运用模块化的思路对风险进行评估，运用的 Logistic 回归模型、BP 神经网络模型。又如，王文杰（2011）评价内部控制信息质量采用的因子层分析与评价模型。借鉴企业内部控制评价的先进经验和研究成果，能够对商业银行现行内部控制评价模型的完善提供帮助。

对于商业银行内部控制评价研究，周正兵（2005）专访了《商业银行内部控制体系标准》编写组组长汪健豪，他认为《商业银行内部控制评价试行办法》强调了对体系的系统性评价，强调内部控制体系的概念，有利于督促、引导商业银行针对风险建立一套系统完整的过程控制机制。其次，《商业银行内部控制评价试行办法》引入过程评价，这种评价思路不仅反映各家银行内部控制的差异性，更强调商业银行自身内部控制管理水平和能力的建设。另外，评价范围可灵活选择。根据评价目的和其他要求，既可进行全面的系统评价，也可选择一项或多项业务单独评价。郑艺（2005）提出商业银行内部控制综合评价的核心构架，以及结合国际上通行的做法，提出我国商业银行内部控制综合评价的两种一般方法，即内部控制健全程度测试法和内部控制效果评估法。

对于商业银行内部控制缺陷和漏洞研究，瞿旭等（2009）发现由于现有政策指引和理论研究中"实质性漏洞"概念的缺失，我国上市银行实质性漏洞信息披露极其匮乏。他们以民生银行为例，分析了我国上市银行内部控制中的实质性漏洞信息披露现状，发现年报中各部分披露的内部控制信息含量差异较大并且存在特定年度突然增多或减少的现象，内部控制自我评价报告和内部控制审核报告缺乏统一的评价审核依据，内部控制中的实质性漏洞倾向于同不适当的对账、培训的缺乏、职责划分的缺失和不恰当的授权等有关，最常见的账户特定式实质性漏洞主要与风险资产的管理不当有关。并且，建议通过建立完善的实质性漏洞信息披露机制、进一步明确实质性漏洞信息披露相关主体的职责、加强内部控制实质性漏洞信息披露的监管等措施，提高和改善实质性漏洞信息披露的质量。张新福和康东（2007）在内部控制理论的基础上，深入分析我国商业银行内部控制体系建设存在的问题，包括：管理组织架构仍处于逐步规范的过程、内部控制管理缺少系统性、尚未建立全面的风险管理体系、员工激励机制不够完善；同时提出构建商业银行内部控制体系的几点建议，包括：建立系统性的商业银行内部控制体系、遵循流程银行概念进行流程再造、建立商业银行全面风险管理体系、建设具有持续改进能力的动态商业银行内部控制系统。瞿旭、瞿彦卿和杨丹（2011）基于内部控制理论，设计了由管理监督与控制文化、风险识别与评估、控制活动与职责分工、信息与交流、监督评审与纠正5个主层次以及22个次级层构成的评价体系，对上市银行实质性漏洞进行调查，并采用李克特量表法[①]进行分析。问卷分析结果表明：上市银行中控制活动与职责划分是最重要的内部控制组成部分，是实质性漏洞影响最严重的区域；其次重要的内部控制组成部分是风险评估、管理监督、控制文化、监督评审与纠正措施；信息与交流沟通实质性漏洞影响则较轻。

对于内部控制评价新技术手段研究，王留根（2010）构建了商业银行内部控制评价综合模型对内部控制体系进行测评。他基于商业银行内部控制制度的构成要素多、影响因素多的特点，认为要对内部控制制度做出全面、客观和综合的评价并进行相关决策，不能只对其做出笼统的定性评价，而必须建立一套能反映内部控制本质特征的指标体系，并且利用科学的方法对这些指标体系的评价结果进行定量分析，以提高内部控制评价的科学性和可比性。他认为商业银行内部控制评价标准制定应考虑获利能力指标、资产质量指标、资本充足指标、流动能力指标、案件损失指标五大类因素，并进行定量和定性评价；其后，在确定商业银行内部控制评价指标权数后，引入商业银行内部控制评价综合模型进行评测检验。

2.2 ———————————— 同业经验 ————

2004年12月，中国银行业监督管理委员会颁布《商业银行内部控制评价试行办法》，各商业银行依照评价办法对内部控制评价出台了各自的评价细则，积累了宝贵经验。他山之石可以攻玉，积极借鉴同业好的做法是各类商业银行改进工作的捷径。

---

① 李克特量表（Likert Scale）是属评分加总式量表最常用的一种，属同一构念的这些项目是用加总方式来计分，单独或个别项目是无意义的。它是由美国社会心理学家李克特于1932年在原有的总加量表基础上改进而成的。该量表由一组陈述组成，每一陈述有"非常同意""同意""不一定""不同意""非常不同意"五种回答，分别记为5、4、3、2、1，每个被调查者的态度总分就是他对各道题的回答所得分数的加总，这一总分可以说明他的态度强弱或在这一量表上的不同状态。

2.2.1　国有控股商业银行

依照万德（Wind）数据库 2014 年上市银行统计的实际控制人，中国银行的实际控制人为中央汇金投资有限责任公司；中国工商银行为中华人民共和国财政部和国务院国有资产监督管理委员会；中国建设银行为国务院国有资产监督管理委员会；交通银行和中信银行为中华人民共和国财政部。因此，上述商业银行都可以被列为国有控股商业银行。本书以中国银行、中国建设银行、交通银行为例。

1）中国银行

中国银行董事会稽核委员会授权稽核部作为内部控制评价工作的牵头部门，负责总体设计、组织实施、独立评价和质量监督。中国银行内部控制评价工作由该行人员自行严格完成，未聘请中介机构或外部专家参与。各机构、条线作为内部控制评价的参与者，负责开展自我评估，将评估结果报送稽核部。稽核部在各级机构和业务条线自我评估的基础上，依据稽核检查验证结果独立完成对集团内部控制体系的评价。

中国银行根据该行的内部控制制度和评价办法，在内部控制日常监督和专项监督的基础上，遵循内部控制评价全面性、重要性、客观性、统一性、持续性、效益性原则，围绕内部环境、风险评估、控制活动、信息与沟通、内部监督等五个要素，从企业层面和流程层面对内部控制设置的适当性和执行的有效性进行评价。评价工作包括财务报告内部控制和非财务报告内部控制在内的所有高风险业务和重要控制领域，涉及战略规划的制定与实施，运营的效率与效果，财务报告的真实性，合法合规经营和集团资产的安全。近期重点关注下列领域：高风险贷款、贷款管理、影子银行、新线下业务流程再造、网点增效、基层机构内部控制措施整合、业务创新发展、综合经营及海外发展、IT蓝图运营安全、新资本协议实施。

中国银行纳入评价范围的单位包括：集团境内外机构，境内机构包括总行、各一级分行（含直属分行）、二级分行及以下经营机构四个层级，境外机构包括海外分行、附属行及附属公司；高级管理层下属各委员会及各业务条线。该行纳入评价范围的业务和事项包括：公司治理、发展战略、人力资源、社会责任、企业文化、机构管理、风险管理、业务经营、集团管控、并表管理、资本管理、专项治理、关联交易、反洗钱、信息科技、集中采购、业务外包、财务报告、信息披露、内部控制检查、案件防范等经营管理的主要方面。

中国银行内部控制评价工作分为第一、二道防线自我评估和第三道防线稽核评价两大部分。第一、二道防线分别从企业层面和流程层面对所在机构和条线的内部控制状况进行自我评估。第三道防线围绕从集团层面持续动态跟踪、揭示系统性重大风险隐患的目标，将稽核日常检查作为内部控制评价工作的基础，在评价准备、评价实施、专家确认、数据采集、统计分析等阶段，运用科学的抽样方法，采取个别访谈、调查问卷、专题讨论、穿行测试、实地查验、比较分析等方法，结合稽核检查结果依照评价标准等级对各机构、条线进行评价，为年度内部控制整体评价结论的形成提供依据和数据支持。年底综合采用计量统计学原理和风险管理理念，对第一、二道防线的自我评估结果进行独立验证，形成对全行内部控制体系的整体评价结果，对集团内部控制缺陷进行确认，并报稽核委员会最终确定。

中国银行内部控制缺陷及其认定根据《企业内部控制基本规范》《企业内部控制评价指引》中对重大缺陷、重要缺陷和一般缺陷的认定要求，结合公司规模、行业特征、风险偏好和风险承受度等因素，研究确定了适用于该行的内部控制缺陷认定标准（具体见表2-1）。以操作风险事件为基础，根据对本行内部控制目标实现程度的影响大小，将操作风险事件划分为不同等级，其中因体制和制度层面的原因可能导致严重后果的事件与缺陷认定标准相对应，形成三类内部控制缺陷：重大缺陷、重要缺陷和一般缺陷（具体见表2-2）。

2）中国建设银行

中国建设银行（简称建设银行）由内部控制合规部组织内部控制评价工作。内部控制合规部牵头成立评价工作组，评价工作组成员以内部控制合规部人员为主，建设银行总行其他部门各选派一名业务骨干参加。部门具体包括：董事会办公室、人力资源部、资产负债管理部、财务会计部、风险管理部等18个部门。各机构根据评价工作的需要，成立评价工作团队，按照评价工作安排，开展本部门及分管条线、本分行、本子公司的内部控制自我评价，向工作组提交自我评价报告，提供调阅资料，填制调查问卷，并对资料的真实性、准确性、完整性负责。

表 2-1　　　　　　　　**中国银行内部控制缺陷认定标准表**

缺陷类别	认定标准
重大缺陷 （一类）	已发生10级或在分支机构、管理条线、业务流程、客户服务中再次发生9级及以上流程操作差错事项的概率极高；或在分支机构、管理条线、业务流程、客户服务中同时出现多个8级流程操作差错事项的控制缺陷组合。这些控制缺陷的存在将直接导致无法实现或偏离企业战略、运营效率和效果、财务报告的真实性、合法合规经营和财产安全等目标
重要缺陷 （二类）	已发生8级或在分支机构、管理条线、业务流程、客户服务中多次发生6～8级流程操作差错事项的概率极高；或在分支机构、管理条线、业务流程、客户服务中同时出现多个6～7级流程操作差错事项的控制缺陷组合
一般缺陷 （三类）	已发生6级或在分支机构、管理条线、业务流程、客户服务中多次发生5级及以上流程操作差错事项的概率极高；或在分支机构、管理条线、业务流程、客户服务中同时出现5级及以下流程操作差错事项的频率高的控制缺陷组合

注：数据及信息来源为中国银行官方网站。

表 2-2　　　　　　　　**中国银行流程操作差错事项影响等级定义表**

风险等级	流程操作差错事项 影响等级定义	缺陷认定标准	风险档次
1	非重要控制环节发生的问题，问题性质很轻，是操作层面的疏漏和差错，可以通过其他替代控制措施发现该问题并及时加以修正，不会给银行带来财务和非财务损失的影响	非重要控制环节发生的个案问题；无主观故意，是操作层面的疏漏和差错。该问题即使未被及时发现并加以纠正，再次发生的概率不高，不会给银行带来财务损失和其他不利影响	三类；无主观故意无损失差错或缺陷
2	非重要控制环节发生的问题，问题性质较轻，属偶发性问题，是操作层面的疏漏和差错，可及时整改，不会给银行带来直接的财务损失，不会对客户忠诚度和员工积极性造成负面影响，也不会引起监管当局的关注	非重要控制环节某一条线多次或多处发生的问题；无主观故意，是操作层面的疏漏和差错。该类问题如未被及时发现并加以纠正，再次发生的概率较高，但不会给银行带来直接的财务损失，不会对客户忠诚度和员工积极性造成现实的负面影响，不会引起监管当局的关注	三类；无主观故意无损失差错或缺陷

续表

风险等级	流程操作差错事项影响等级定义	缺陷认定标准	风险档次
3	非重要控制环节发生的问题，问题性质较轻，是操作层面的疏漏和差错，造成损失或不良影响的概率较小，就目前情况看，不影响对机构/条线整体控制有效性的评价，对客户忠诚度/员工积极性仅造成轻微的影响，不会引起监管当局的关注	非重要控制环节多机构多条线发生的问题；是管理层面的疏漏或失误所导致。该类问题如未被及时发现并加以纠正，再次发生的概率高，可能会给银行带来财务损失，或会对客户服务和员工情绪造成轻微的负面影响，不会引起监管当局的关注	三类；无主观故意无损失差错或缺陷
4	非重要控制环节发生的问题，问题性质较轻，是操作层面的疏漏和差错，发生频率有增长趋势，但仍处于可控状态，虽然仅对银行财务指标/客户忠诚度/员工积极性造成有限的影响，但需要引起管理层的关注，在引致监管当局关注之前能采取有效措施降低问题风险等级	非重要控制环节多机构、大面积、呈扩散状发生的问题，发生频率和面积呈增长趋势，但仍处于可控状态，是管理层面的疏漏或失误所导致。该类问题如未被及时发现并加以纠正，问题将会成扩散状频繁发生（极高），会给银行带来直接的轻微财务损失（增加内部控制成本支出），会对客户忠诚度和员工积极性造成现实的有限的负面影响，如能得到管理层的关注，采取有效措施化解此类问题风险，也不致会引起监管当局的关注	三类；无主观故意无损失差错或缺陷
5	重要控制环节发生的问题，问题性质一般，属于非主观违反外部监管规定和银行内部规章制度的行为；问题在某一部门具有普遍性和代表性，可能或者已经造成轻微财务损失，足以引起监管机构的关注	重要控制环节发生的个案问题；属非主观故意的违反外部监管规定和银行内部规章制度的行为；系内部控制制度设置或系统控制设计层面的疏漏和失误所致。该类控制缺陷，如未被及时发现并加以纠正，再次发生的概率较高，会导致某一产品内部控制流程关键环节控制不到位，已经或可能造成一般的财务损失和个别客户流失，有引起监管机构关注的极大可能	二类；无主观故意违规行为，导致容忍度以内损失的差错或缺陷

风险等级	流程操作差错事项影响等级定义	缺陷认定标准	风险档次
6	重要控制环节发生的问题，问题性质一般，属于非主观违反外部监管规定和银行内部规章制度的行为，可追溯到信息误导；问题在某一机构具有普遍性和代表性，可能或者已经造成一般的财务损失，曾经或将引起监管机构的关注，整改不彻底	多个条线重要控制环节发生的问题；属非主观故意的违反外部监管规定和银行内部规章制度的行为；系内部控制制度设置或系统控制设计层面的疏漏和失误所致。该类控制缺陷，如未被及时发现并加以纠正，再次发生的概率高，会导致某一机构、多个条线内部控制流程关键环节控制失效，已经或可能造成较大的财务损失和客户流失，曾经或将引起监管机构的关注，整改不彻底	二类；无主观故意违规行为，导致容忍度以内损失的差错或缺陷
7	重要控制环节发生的问题，问题性质严重，属于主观违反外部监管规定和银行内部规章制度的行为，将直接或间接导致银行运营故障，且无行之有效的措施防范风险的发生，但造成较大的财务损失在可控范围之内	多个机构的多个条线重要控制环节发生的违规问题；系内部控制制度设置或系统控制设计层面的疏漏和失误所致。该类控制缺陷如未被及时发现并加以纠正，再次发生的概率高，会导致多个机构的多个条线内部控制流程关键环节控制失效，直接或间接导致银行运营故障，造成重大的财务损失和客户流失，但程度尚在可控范围之内。该缺陷对银行实现内部控制五大目标有不利影响	二类；主观故意违规行为，导致容忍度以内损失的差错或缺陷

风险等级	流程操作差错事项 影响等级定义	缺陷认定标准	风险档次
8	重要控制环节发生的问题，问题性质严重，可追溯到决策失误；问题在某一机构具有普遍性和代表性，可能会诱发系统性风险或者影响机构经营目标的实现，若不及时制止或纠正，将会造成重大财务损失及声誉影响	多个机构的多个条线重要控制环节发生的违规问题，且呈群发、频发态势；系内部控制制度设置或系统控制设计层面的严重疏漏和重大失误所致。该类控制缺陷如未被及时发现并加以纠正，再次发生的概率极高，会导致辖内机构的内部控制流程失控，直接导致银行运营事故发生，造成巨大的财务损失和大量客户流失；对银行内部控制五大目标的实现有直接的不利影响	二类；主观故意违规行为，导致容忍度以内损失的差错或缺陷
9	重要控制环节发生的问题，问题性质严重，客户满意度和员工积极性严重受损，属于主观违规或舞弊行为，呈现出潜在的案件苗头；引起外部评级机构对本行信用评级的降低、监管机构检查、通报批评或处罚；处置不当或补救不及时将导致银行巨大财务损失或声誉影响	有组织的主观违反外部监管规定和银行内部规章制度的行为或舞弊行为；系管理层面的决策失误或系统控制设计层面人为的重大差错所导致。该类控制缺陷如未被及时发现并加以纠正，会导致辖内机构的内部控制流程失控、事故多发或发案概率极高；直接导致银行运营事故多发和案件发生；造成特大的财务损失、声誉损害和大规模的客户流失；引起外部监管机构的处罚和外部评级机构对银行信用评级的降低；导致银行内部控制五大目标不能充分实现	一类；有组织的主观故意违规行为或舞弊，导致超出容忍度损失的差错或缺陷

风险等级	流程操作差错事项影响等级定义	缺陷认定标准	风险档次
10	重要控制环节发生的问题，问题性质特别严重，属于严重违反国家法律、银行监管法规和内部规章制度或给银行经营目标的实现带来系统性影响的事件，一旦披露将给国家和本行声誉造成重大损害，引致监管机构对本行的严厉惩戒；极有可能直接或间接造成特大事故、特大财务损失，且损失超出准备金范围、直接侵蚀资本	属机构管理层有组织的舞弊行为或案件、重大事故、群体性事件。该类控制缺陷如未被及时发现并加以纠正，会导致机构的财务损失、声誉损害和客户流失不可控；引致监管机构对本行的严厉惩戒；一旦披露可能引起社会公众极大关注并导致银行股价异常波动；导致银行内部控制五大目标无法实现	一类；有组织的主观故意违规行为或舞弊，导致超出容忍度损失的差错或缺陷

注：本标准所称频率是指对已发生流程操作差错事项的统计，概率是指对可能发生的流程操作差错事项的预测。频率和概率极高是在10%（含）以上，高是在5%～10%范围以内，较高是在1%～5%范围以内，中是在千分之范围以内，低是在万分之范围以内。数据及信息来源为中国银行官方网站。

建设银行内部控制评价内容是该行及所属机构主要业务和事项的内部控制设计与运行情况。内部控制评价围绕内部环境、风险评估、控制活动、信息沟通、内部监督五个要素展开，重点关注财务报告内部控制，同时关注非财务报告内部控制。

建设银行内部控制评价方法综合运用访谈、问卷调查、调阅资料、专题讨论、穿行测试、实地查验、抽样和比较分析等方法，对相关业务进行现场测试和非现场评价。对业务流程层面，主要采取现场测试方式；对综合管理层面，主要采用问卷调查、访谈、调阅资料等方式。

建设银行内部控制评价程序包括评价准备、评价实施、缺陷初步认定、评价报告编制四个阶段，如图2-1所示。

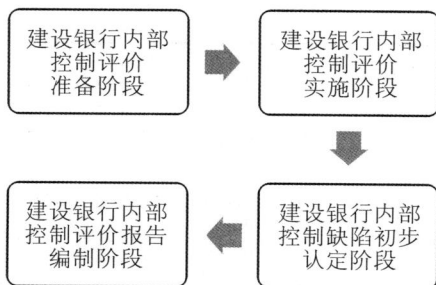

图 2-1 建设银行内部控制评价程序流程图

注：数据及信息来源为中国建设银行官方网站。

第一，评价准备阶段。建设银行内部控制合规部负责制订该行内部控制评价工作方案，并向董事会申请审核、批准。内部控制合规部成立评价工作组，收集本行内部控制相关资料，设计调查问卷的内容，向各机构下发评价工作通知。

第二，评价实施阶段。首先，各机构开展自我评价，完成自我评价报告、上报重大事项、提供调阅资料和调查问卷。其次，评价工作组实施现场测试。根据评价工作重点，遵循机构抽样和业务抽样的原则，评价工作组选取部分机构进行现场测试，具体包括部分总行部门、38家一级分行、建信信托有限责任公司和新加坡分行。再次，进行非现场分析。评价工作组根据各机构自我评价、现场测试、调阅资料、调查问卷等结果，结合内外部审计和检查，总行对各机构日常监督、专项监督等情况，汇总、分析和收集影响内部控制设计和运行有效性的必要证据，如实记录评价过程，形成工作底稿，并做出综合评价结论。

第三，缺陷初步认定阶段。首先，评价工作组对评价工作中识别出的设计缺陷和运行缺陷的成因、表现形式和影响程度进行综合分析和全面复核，编制内部控制缺陷汇总表。按照"中国建设银行内部控制缺陷认定标准（试行稿）"对内部控制缺陷汇总表列明的内部控制缺陷做出初步认定。对识别的一般缺陷进行最终认定，查验是否发现重要缺陷和重大缺陷。其次，评价工作组将缺陷认定情况提请风险管理与内部控制管理委员会审核后，以适当方式通知相关机构整改。

建设银行内部控制缺陷认定标准按影响程度将内部控制缺陷划分为重

大缺陷、重要缺陷和一般缺陷。其中：重大缺陷，是指一个或多个控制缺陷的组合，可能导致严重偏离该行内部控制目标；重要缺陷，是指一个或多个控制缺陷的组合，其严重程度和经济后果低于重大缺陷，但仍有可能导致偏离该行内部控制目标；一般缺陷，是指除重大缺陷、重要缺陷之外的其他缺陷。

第四，评价报告编制阶段。首先，评价工作组根据汇总的内部控制评价结果，对内部控制有效性做出判断，按照上海证券交易所要求的格式和内容，编制内部控制评价报告、内部控制评价工作相关情况说明；提请风险管理与内部控制管理委员会审核，将审核通过后的评价报告提交董事会审议。其次，评价工作组归集、整理评价工作相关的文件资料、工作底稿和评价报告等，建立评价工作档案。

3）交通银行

交通银行董事会授权内部审计机构负责内部控制评价的具体组织实施工作，对纳入评价范围的高风险领域和单位进行评价。董事会负责内部控制决策监督，以及对外披露内部控制自我评价报告和内部控制审计报告，下设审计委员会，负责审查全行内部控制，监督内部控制的有效实施和内部控制自我评价情况，协调内部控制审计等；高管层负责内部控制组织实施，下设全面风险管理委员会，负责全行内部控制事务；内部审计机构负责牵头推动内部控制规范实施工作和自我评价；交通银行总行各职能部门负责本条线内部控制建设达标工作，并进行自我评估。

交通银行内部控制评价的范围涵盖了全行的主要业务和事项，主要包括公司治理、公司信贷业务、个人信贷业务、小企业信贷业务、财务管理、会计营运管理、资金和市场风险、公司业务、国际业务、个金业务、信用卡业务、托管业务、中间业务、资产保全业务、资产负债管理、IT业务、电子渠道业务、关联交易管理、业务外包管理、金融创新管理、子公司管理、海外分行管理、人力资源管理、企业文化管理、内部审计监督等板块。

交通银行内部控制评价工作遵循《企业内部控制基本规范》《企业内部控制评价指引》及本行内部控制评价办法规定的程序执行。评价过程中，交通银行总行各部门完成各自业务流程的内部控制自我评估，撰写自我评估报告；内部审计机构通过成立独立的抽查测试小组，采用随机抽查、现场检查、访谈、问卷、穿行测试等不同方式进行审计验证，编制内部控制评价工作底稿；内部控制评价工作组通过评估部门内控矩阵、自我评估报告和内部控制缺陷跟踪表等，识别内控缺陷和各类问题，做出内部控制缺陷评价，提交部门进行缺陷确认和整改；内部审计机构根据内部控制自我评价工作编制内控自我评价报告，经高管层审核后报董事会批准，按要求对外披露。

　　交通银行在财务报告内部控制方面的主要措施，遵照国际和国家有关会计政策、法规及监管规定要求，通过适合的管理架构和制度程序，保障财务报告和其他管理信息的真实、完整和有效。一是，以完整的治理架构为保障。交通银行全体董事、监事和高级管理人员共同对财务报告的真实性和完整性承担责任。董事会下设的审计委员会、监事会下设的财务与内控监督委员会对全行财务及信息披露情况、所聘会计师事务所的审计工作情况进行监督。交通银行预算财务部牵头负责财务报告的编制，按照国际和中国会计准则确定会计科目体系并制定各类会计核算制度；业务处理中心及营运管理条线负责本行各类会计结算及账务的日常处理工作。二是，以系统的报告控制制度为指引。交通银行编写《交通银行会计基础工作规范》《交通银行财务管理标准手册》等多项财务管理制度及各类业务会计核算办法，指导和规范本行具体业务的会计核算和财务管理工作。三是，以配套的数据管理信息平台为支撑。交通银行开发核心账务系统、内部财务系统、OPICS系统（资金业务后台系统）、SUMMIT系统（金融衍生产品交易中后台系统）、综合报表处理系统、会计准则转换系统等，对各类会计业务核算和处理给予信息化支持，并通过数据信息的逻辑分析和验证功能，确保报表数据真实准确。四是，以严格的内外检查为监督。交通银行内部审计部门和外聘会计师事务所分别对全行的业务经营及财务报告进行审计。

2.2.2　全国性股份制商业银行

　　全国性股份制商业银行是指在全国范围内开展业务的股份制银行，主要有：上海浦东发展银行、招商银行、华夏银行、中国民生银行、兴业银行、广发银行、平安银行、渤海银行、恒丰银行等。本书以上海浦东发展银行、招商银行、平安银行为例。

1）上海浦东发展银行

上海浦东发展银行（简称浦发银行）的内部控制监督与评价工作采用常规监督评价体系和专项监督评价工作相结合的形式。一方面，公司已建立三级内部控制监督与评价体系，其中分行级监督与评价是全行内部控制监督与评价体系的基础，主要承担对分支机构的内部控制情况进行常规、持续的监督检查、分析和评价工作。总行级监督与评价是全行内部控制监督与评价体系的重要部分，对分支机构的内部控制情况进行有针对性的监督检查、分析和评价工作。审计部门是全行内部监督与评价体系的独立环节，作为内部控制的第三道防线，根据董事会的要求独立开展内部控制检查监督与评价工作。另一方面，公司根据监管要求，已在全行范围内实施《企业内部控制基本规范》，建立专业的内部控制管理工具，并由合规部牵头在全行范围内组织开展内部控制测试等专项监督评价工作，公司从总行和分行两个层面分别建立专门工作小组，主要包括牵头部门、管理部门和业务部门相关人员，保障内部控制规范的深度实施和内部控制测试的有效开展。

浦发银行内部控制评价工作以《企业内部控制基本规范》划分的内部环境、风险评估、控制活动、信息与沟通、内部监督五大要素入手，从企业层面、流程层面和信息系统一般控制层面三个方面进行内部控制设计有效性和执行有效性的评价工作。评价工作基本覆盖重要管理活动和业务流程，内部控制同时包括了财务报告类及非财务报告类。这些内部控制点在保证经营管理合法合规、资产安全、财务报告及相关信息真实完整、提高经营效率和效果的基础上，着力促进发展战略目标的实现。

浦发银行采用的常规监督和专项监督相结合的形式，最大限度将两者的优势进行整合，既通过常规监督保障了监督评价工作的及时性和深入性，又利用专项监督加强了监督评价工作的针对性和广泛性，在确保监督评价工作效果的基础上降低了整体工作的资源投入。浦发银行近年来在全行范围内深度推进内部控制规范实施、开展内部控制测试等相关工作，测试工作历程跨度全年，主要开展前期准备、现场培训、实施测试和评估分析等关键步骤。

第一，全面梳理和整合全行各项经营管理活动，将各项经营管理活动与有效规章制度进行匹配和比对。首先，梳理、识别和评估各项活动的主要步骤、关键风险点、应对控制措施和相关控制岗位，以准确验证内部控制有效性为目标，建立内部控制测试工具，明确测试方法和步骤。其次，为测试人员分析业务操作是否存在遗漏、控制措施是否被执行提供审核标准，进一步提高测试工作的标准化程度。

第二，组织实施形式多样、覆盖范围广泛的专项培训工作。培训工作多以现场实地方式进行，培训范围覆盖总行各部门相关人员、分行各部门相关人员、合规条线相关人员和控股子公司相关人员四个维度。通过培训工作帮助各级机构人员深入理解内部控制管理的基本方法和步骤，掌握专业化内部控制管理工具。

第三，在全行范围内深度推进内部控制规范的实施，积极推进内部控制流程的测试工作，范围覆盖分行和总行两个层面。针对分行层面，结合分支机构设置和分布特点，将所辖分行按照"试点先行、以点带面、全面推进"的原则，分批次、阶梯式启动测试工作。针对总行层面，分别从业务及产品类流程、管理类流程、信息科技类流程三个角度展开相关工作。通过深度推进内部控制规范实施，开展内部控制流程测试工作，进一步完成内部控制理念和方法在全行层面的传导，提升内部控制专业管理工具的适宜性和可操作性。

第四，综合收集内部审计、外部审计、监管检查和内部控制测试等各项监督评价工作发现的问题，分析评估是否存在内部控制缺陷，判断其实际影响及严重程度，就发现的问题与相关部门进行充分沟通并拟定改进计划，跟踪后续改进措施落实情况，确保相关风险被有效把控，减少可能出现的损失或避免可能造成的影响。

浦发银行针对主要管理活动和业务流程梳理形成风险控制矩阵图，集中体现各项经营活动所面临的风险及应对控制措施。在风险控制矩阵图的基础上，编制以流程为主线与控制点建立对应关系的内部控制测试工具箱，明确具体的测试方法。

浦发银行还综合运用人员访谈、问卷调查、专题讨论、穿行测试、控制测试、计算和分析性复核等方法和手段，保障监督评价过程细致有效。同时，如实编制和填写各类测试工作底稿，确保监督评价工作有据可查。

2）招商银行

招商银行高度重视内部控制评价工作，专门成立内部控制评价领导小组，并授权总行审计部负责全行内部控制评价的具体组织实施工作。根据《企业内部控制评价指引》的规定，招商银行制定《招商银行股份有限公司内部控制评价办法》和《招商银行 201X 年度内部控制评价工作方案》，并报经董事会审议通过。按照《招商银行 201X 年度内部控制评价工作方案》，招商银行成立由审计部门和相关内控部门、业务管理部门业务骨干组成的内部控制评价工作组，对公司内部控制情况进行检查评价。同时，招商银行董事按照董事内部控制评价工作底稿规定的内容，完成对公司内部控制的评价。根据评价结果，招商银行编制《招商银行股份有限公司201X 年度内部控制评价报告》，经董事会单独审议通过后对外披露。

招商银行内部控制评价是根据《企业内部控制基本规范》及其应用指引、《企业内部控制评价指引》《商业银行内部控制指引》等法规的要求，结合招商银行内部控制制度，在内部控制日常检查监督的基础上，围绕内部环境、风险评估、控制活动、信息与沟通、内部监督等要素，确定内部控制评价的具体内容，对全行截至 201X 年 12 月 31 日内部控制设计与运行的有效性进行评价。

招商银行内部控制评价的机构范围涵盖了全行及辖属子公司永隆银行、招银金融租赁有限公司、招银国际金融有限公司；按照全面性与重要性相结合的原则，评价的业务范围涵盖了公司经营管理的重要业务单元和重要流程及交易，具体为公司 201X 年实施的内部控制规范项目所梳理的公司层级、业务层级和流程层级三方面内容。

招商银行内部控制评价的程序和方法严格执行了《企业内部控制评价指引》以及公司评价办法规定的程序和方法。评价工作的主要程序为制订评价工作方案、组成评价工作组、实施现场测试、认定控制缺陷、汇总评价结果、编报评价报告等。评价过程中，内部控制评价工作组围绕内部环境、风险评估、控制活动、信息与沟通、内部监督等五个方面，综合运用个别访谈、调查问卷、审核观察、实地查验、抽样和分析性复核等方法，充分收集被评价单位内部控制设计和运行是否有效的证据，并且按照统一的格式填写评价工作底稿，按照统一的标准识别内部控制缺陷。同时，评价工作组成员对所属部门的内部控制评价工作实行了回避制度。

同时，招商银行高度重视内部控制体系的建立与完善。在日常经营管理中遵循依法、合规、稳健经营的指导思想，通过优化业务流程、完善管理措施、加强风险防范、健全管理架构，持续提升内部控制管理水平，有效促进了公司发展战略和经营目标的全面实施和充分实现。

作为 A 股和 H 股两地上市公司，招商银行全面贯彻实施《企业内部控制基本规范》及其配套指引。一是，编制《招商银行内控规范实施工作方案》，成立总行内控规范实施项目领导小组及工作小组，聘请了 Y 会计师事务所，以项目咨询的方式整体推进内部控制规范实施项目。招商银行对照《企业内部控制基本规范》及其配套指引的要求，从公司层级、业务层级和流程层级三个方面梳理、分析、完善本公司现有内部控制体系和已有内部控制成果，并编制完成本公司内部控制手册，提出进一步完善内部控制建设的总体思路和具体举措，全面推进了内部控制规范项目的实施工作。二是，对内部控制评价工作进行规范和完善，制定《招商银行股份有限公司内部控制评价办法》，明确了评价的原则、内容、程序、方法、报告形式以及相关机构的职责，并按照规定的办法、程序和要求，完成年度内部控制评价工作。三是，对内部控制梳理和内部控制评价过程中发现的内部控制缺陷及时进行整改。

招商银行在公司层面及业务流程层面的内部控制评价设计要点主要包括：

其一，内部环境。面对严峻复杂的外部形势，招商银行认真贯彻国家宏观调控政策，积极落实监管机构的各项要求，克服各种不利因素，扎实推进二次转型，实现了盈利的较大幅度增长与经营效率的持续改善。同时，招商银行不断完善健全组织架构，明晰发展战略规划，优化人力资源管理，推进良好企业文化建设，内部控制环境日趋改善。

（1）公司治理。在公司治理结构方面，招商银行建立了较为完善的董事会、监事会、管理层有效制衡、良性互动的公司治理结构和治理机制。董事会负责保证公司内部控制的建立健全和有效实施，监事会对公司建立与实施内部控制进行监督，管理层负责组织领导公司内部控制的日常运行。各部门、各级管理人员以及全体员工共同参与内部控制，基本形成了分工合理、职责明确、相互制衡、报告关系清晰的组织结构，为内部控制的有效性提供了基础。招商银行持续加强公司治理和内部控制管理，董事会审议通过《招商银行年度内部控制评价工作方案》，指导、推进内部控制建设和自我评价工作；董事会还审议修订《董事会对高管层定量授权标准》《关联交易管理办法》《董事会秘书工作制度》等相关制度，多次听取关于实施新资本协议等重大事项的汇报，参与多次相关调研和培训工作，进一步提升招商银行的公司治理和内部控制的有效性。此外，招商银行还持续强化内设机构管理，全面梳理各分行现有部门设置，并根据《招商银行内设机构管理办法》的要求，对公司组织架构设置进行规范。

（2）发展战略。招商银行董事会下设战略委员会，负责制定公司中长期发展战略，监督检查年度经营计划、投资方案的执行情况，提出需经董事会讨论决定的重大问题建议和方案等。为了强化发展战略管理工作，招商银行设有战略发展部，承担董事会战略委员会有关具体工作。招商银行还印发了《招商银行股份有限公司战略风险管理办法》，进一步提升了战略风险管理能力。

（3）人力资源管理。招商银行扎实推进人力资源管理工作。一是，加强对员工尤其是新入行员工的内控合规教育和培训，引导员工树立"内控优先""合规优先"的理念。二是，梳理人力资源管理工作内部控制要点，针对要害岗位轮换、核心人才保留、劳动合同管理等重点领域，进一步细化管理要求，健全规章制度，将要害岗位轮换、核心人才保留指标纳入平衡计分卡考核体系和操作风险管理关键指标体系。三是，完善以效能提升为导向的人员预算分配机制，加强人员总量管控和岗位管理。四是，优化和推广双维度考评方式，加强考核结果在职务职级与薪酬福利等方面的运用，进一步加强总、分行领导班子建设；同时完善了专业职务序列，稳步推进双通道建设。

（4）企业文化。招商银行一贯重视企业文化建设，经过长期积累和不断发展，形成良好的企业文化，包括"因您而变""效益、质量、规模协调发展"等经营理念，"合规是发展的基石""合规从高层做起"等合规理念，"尊重、关爱、分享"的人本理念，"风险管理与业务发展统筹兼顾"的风险理念等。同时，招商银行积极参与赈灾扶贫等社会公益活动，自觉履行企业公民的责任和义务，教育员工主动回馈社会、服务社会，持续开展定点扶贫，参与救灾赈灾等公益活动，得到了社会各界的好评，树立了良好的企业形象。

其二，风险评估。招商银行建立健全了较为完善的风险管理体系，开发和运用风险评估的方法和工具，实现对信用风险、流动性风险、市场风险、操作风险、合规风险等各类风险的识别、计量、评估和持续的监控；进行了新资本协议的全面实施与达标工作，并通过对各类风险计量模型的开发、验证和持续监控与优化，改善和提高了风险识别与评估水平。其具体包括：

（1）信用风险。招商银行建立了职能独立、相互制衡的信用风险管理体系，并执行信用风险识别、计量、监控、管理政策和流程，以确保招商银行风险和收益的均衡。招商银行通过制定和实施一系列制度、程序和方法，如健全信用风险识别机制、稳妥推进风险经理制、上线运行信用风险预警二期系统、实行家谱梳理与管理、优化评级工具与流程、构建定量与定性相结合的风险分类指标体系、建立专业审贷会、双签等授信决策机制等，持续对信用风险进行事前防范、事中控制、事后监督和纠正，有效地保证了信用风险管理体系的有效性。

（2）流动性风险和市场风险。招商银行优化了流动性限额体系及压力测试情景，加大风险监测和资金调控力度，保障了流动性安全。在市场风险管理方面，加强利率风险主动管理，实现了银行账户利率风险对冲及套期会计。通过加大固定利率贷款和持有到期账户债券配置力度，改善资产的利率敏感性；建立了金融市场业务市场风险限额体系，制定了金融市场业务限额管理办法；依托资金交易风险评估和控制系统、市场风险管理信息系统、权限额度管理手段，完善了市场风险监控体系的建设。

（3）操作风险和声誉风险。招商银行开展了操作风险识别与控制自我评估工作，进行了操作风险管理体系的推广和应用，上线了操作风险管理系统；初步搭建了操作风险损失事件及关键风险指标分析的数据库；及时进行了操作风险数据的质量检查、分析、监测和预警工作，提升了操作风险的量化管理和精细化管理程度。在声誉风险管理方面，招商银行搭建了集团层面声誉风险管理架构，上线了声誉风险管理系统，定期开展集团层面的声誉风险评估；完善了相应的管理制度、工具和流程，严密监测并有效应对声誉风险事件。

（4）合规风险。招商银行建立了完整、有效的合规风险管理体系，并通过不断改进和完善合规风险管理工作机制、防控技术和管理程序，实现对合规风险的有效识别与管控。一是，对业务产品与制度流程开展全覆盖的法律合规论证，认真识别、评估新产品新业务及重大项目的合规风险。二是，改进了合规风险管理系统功能，全面梳理合规风险点，充实完善了合规风险数据库，建立了合规风险监测与预警指标，尝试开展合规风险监测与预警工作。三是，推进实施分行合规风险管理评估工作，对合规风险状况与风险管控能力进行了全面盘点，对合规风险管理的内涵进行了更准确的界定，主动适应监管新趋势与监管达标需要。四是，突出合规风险管理的重点领域与环节，推进第一道防线合规风险识别与防控职能的充分发挥。五是，积极开展合规检查与测试，推进相关业务的合规稳健开展。

（5）关联交易风险。招商银行修订完善了关联交易管理制度；持续优化关联交易管理系统；注重做好关联交易合规性审核；加强对关联交易的监测统计；对重大关联交易进行及时报告和披露。

其三，控制活动。招商银行根据风险评估结果，设计并实施了相应的内部控制措施，以便将风险控制在可接受的范围之内。其具体包括：

（1）建章立制优化流程。招商银行高度重视制度管理工作，通过组织开展制度清理、评审和修订工作，建立和完善各项制度，适应业务发展和管理的需要。同时，招商银行还全面启动了流程优化工作，在批发条线、零售条线、信用风险条线和运营条线分别确定了具体的流程优化项目，以提高人工效能，进一步改善内控管理，降低运营成本。

（2）信贷业务控制。招商银行强化了信贷业务控制。一是，落实"三个办法、一个指引"的贷款新规，严格执行受托支付，防止贷款资金被挪用。二是，持续开展集团家谱梳理及系统开发，逐步加强在集团层面的统一授信管理，有效防止过度授信。三是，对平台贷款、房地产贷款执行上收审批权限以及逐笔核准制度，要求平台贷款总量不得新增，严格审批准入，对低层级平台企业不得介入。四是，加强委托贷款类理财业务管理等。

（3）资金业务控制。招商银行实行前、中、后台分离的风险监控体系，做到了前台交易与后台结算、业务操作与风险监控分离、自营业务与代客业务分离；各项资金业务品种根据风险程度的不同选用不同的业务审批流程，所有资金业务至少有经办和复核程序；建立了资金交易中台和后台部门对前台交易的反应和监督机制；制定了《招商银行人民币头寸管理办法》《招商银行外汇头寸管理办法》等规章制度，在总、分行计划财务部门设置了资金管理岗，指定专人负责管理总、分行清算资金，保证流动性安全。

（4）会计业务控制。招商银行推进了会计柜面流程改造项目，积极探索科学的会计运营管理模式，推动会计业务前后台分离的专业化、集中化作业；启动了全行运营优化项目，以实现后台运营集约化的目标；推进了会计条线操作风险管理和系统建设工作，加强账务控制，确保会计核算的准确。

（5）零售业务控制。招商银行加强了零售业务控制。一是，加强了系统控制，包括完成远程集中授权、集中监控系统、身份证件影像系统二期上线、柜面业务流程改造优化等项目；二是，加强了个贷风险管理，包括完成第四代个贷系统需求项目，并启动系统开发，推进内评结果的实施应用与配套系统建设；三是，强化销售风险尤其是理财产品的管理，梳理并制定代销产品的法律文件管理办法和业务操作规程；四是，加强了私人银行业务风险防控等。

（6）现金业务控制。招商银行及时修订完善了基础现金管理、网上企业银行等业务规范和制度，根据银监会和中国人民银行的要求，注重网上企业银行、网站及网络安全和反洗钱风险的防范；统一业务标准和操作要求，优化业务管理和操作流程，加强现金业务风险防范。

（7）业务连续性管理。招商银行加强业务连续性与应急管理体系化建设，满足了新资本协议的要求，充分识别业务运营可能遇到的风险，为继续转向业务主导的业务连续性管理打下了良好的基础。一是，根据统一处置原则整合了总行业务连续性与应急管理组织，在各分行、各部门建立相应架构，形成了多层次的立体管理体系。二是，修订了《招商银行业务连续性工作规定》，作为业务连续性管理工作的基本制度；制定了《招商银行业务连续性计划纲要》，作为招商银行业务连续性计划的总纲和操作指南。三是，完成了总行业务影响分析项目，增加了业务连续性工作覆盖的业务部门和重要业务类别，同时密切关注各类突发事件，提升内部对突发事件的处置能力，确保了业务运行的安全和稳定。

（8）并表管理。招商银行制定了《招商银行并表管理办法》，对并表管理的职责划分、组织架构、报告程序、并表机构及要素管理等内容进行明确，确保并表管理工作规范有序开展。目前实行董事会、高级管理层、并表管理牵头部门和要素管理部门、并表公司四级架构，明确了内部和外部报告程序。同时，在目前已有系统的基础上，正在建设全面、系统的并表管理相关信息系统，确保并表管理的有效性。

（9）信息系统控制。招商银行建立了明确的信息技术组织架构并颁布了信息技术管理制度，建立了信息系统的开发和运维管理流程，构建了较完善的信息系统运行和操作管理体系，建立了信息安全管理机构以加强信息安全管理工作，制定了计算机信息系统的持续运作管理机制，并已建立了灾备中心。招商银行制定了明确的信息安全政策，加强了计算机系统的逻辑访问安全管理，强化了数据中心的环境和物理访问安全管理。例如，201X 年着重加强了以下几方面工作：一是，重点推进 CMMI 和 ITIL 两个重大工作流程建设项目，促进了 IT 管理工作规范化。发布了软件过程管理体系 V2 版本，新增了质量管理、IT 外购管理过程文件及软件过程管理体系裁剪指南。通过集成一系列管理工具，有效地支持了开发过程的源代码控制、流程管理和缺陷管理。软件过程管理系统已完成多个模块的功能开发，正式全面推广。二是，完成了服务请求、突发事件模板的上线使用，完成了事件质量管控方案的制订及相关事件优化和质量管控功能上线，事件工单信息的有效性和准确性也显著提升。三是，对招商银行 IT 服务管理水平与国际标准符合度进行了评估，分析了通过 ISO20000 认证带来的收益及需要调整优化的事项，为招商银行启动认证工作做了基础准备。

（10）案件防控。招商银行认真贯彻银监会当年银行业案件防控和安全保卫工作要求，明确提出案防和安保的工作目标和任务，层层落实案件防控责任制，将案件防控和安全保卫的组织领导、队伍建设、案件调查和问责等纳入各单位年度绩效考核。同时，按银监会要求深入开展银行业内控和案防制度执行活动，认真组织员工开展异常行为排查，并加强安全检查与应急演练。

其四，信息与沟通。招商银行建立了顺畅的内部信息沟通机制，采取公文、会议、办公自动化系统、内部刊物等多种信息沟通渠道，确保重要信息得到及时沟通和汇报。在与外部信息交流和信息披露方面，招商银行与监管机构保持了及时畅通的信息沟通与交流渠道，并严格按照监管规定进行信息披露活动。招商银行重视与投资者的信息沟通，不断加强客户关系管理，通过定期举办业绩推介会和发布会、安排国内外路演活动、电话、柜面、网站等多种渠道，增进了与投资者和客户的沟通和交流。

其五，内部监督。招商银行审计部门负责组织检查、评价内部控制的健全性和有效性，提出改进建议，对违反规定的机构和人员提出处理意见，督促被审计单位纠正内部控制存在的隐患、缺陷和问题。审计部门进一步提升了审计手段、加大非现场审计比重，突出重点审计领域的风险揭示与整改问责，通过实施常规审计、专项审计、离任审计、牵头实施内部控制评价项目、定期组织召开内控评审会、加强对内部控制薄弱分行及异地机构的重点督导等，进一步促进了内部控制体系的完善。同时，总分行管理部门也加强了条线监督、检查的力度。

3）平安银行

平安银行开展内部控制评价采取的方法是以该行财务报表及披露事项为基础，结合该行内部控制整体目标，分管理层内部控制自评和内部控制稽核独立评价两个层面开展。

管理层内部控制自评在确定范围时，首先，采用定性分析与定量分析相结合的方法，确定关键业务指标，根据指标对分支机构进行排名并确定纳入内部控制评价项目的实体，并结合本行实际情况与财务报表科目和业务流程的关系，确定纳入项目范围内的业务流程及披露事项。其次，通过识别关键业务流程的目标、分析影响目标实现的主要因素，从中识别该业务流程中的风险点，然后通过风险评级，评估风险发生的概率及影响程度，并识别足以影响经营活动正常有序进行的重大风险。最后，在了解该行为重大风险是否建立了相适应的控制和防范措施后，进行相应的测试，对内部控制的设计有效性及执行有效性进行评估，以反映平安银行全行的风险控制水平。

内部控制稽核独立评价由稽核监察部依据该行实际情况，综合考虑财务报表科目和业务流程的关系，选择重要流程纳入稽核独立评价范围。对于纳入稽核独立评价范围的流程，稽核监察部对管理层内部控制自评工作进行全面审阅，并以风险为导向的方法进行独立测试。通过对风险评级与具体风险内容的分析，选取其中近 30% 的风险点，并将大部分风险评级为高级的风险点所对应的控制活动纳入稽核独立评价测试范围。

根据上述的方法和原则确定的公司层面、流程层面和 IT 层面评价范畴，整体涵盖了该行经营管理的主要方面，具体涉及的评价范围和流程见表 2-3。

表 2-3　　平安银行 201X 年度内部控制评价范围及流程数据表

序号	主流程名称	内部控制业务自评范围		内部控制稽核独立评价范围		
		风险数量	自评测试的控制活动数量	审阅的风险数量	审阅的控制活动数量	独立评价测试的控制活动数量
1	公司层面控制	47	101	47	101	30
2	对公贷款	46	91	46	91	44
3	票据业务	41	68	41	68	15
4	费用管理	10	20	10	20	5
5	运营管理	8	31	8	31	8
6	信用卡	22	59	22	59	18
7	电子银行	25	48	25	48	12
8	信息科技管理	42	55	42	55	8
9	存款	25	89	25	89	21
10	贸易融资	40	109	40	109	23
11	贸易结算	48	101	48	101	37
12	零售贷款	62	207	62	207	90
13	财务报告	20	60	20	60	13
14	资金同业	32	51	32	51	26
15	税务管理	7	16	7	16	2
	合计	475	1 106	475	1 106	352

注：数据及信息来源为平安银行官方网站。

平安银行成立专门的内部控制管理职能部门负责对内部控制事前、事中的统筹规划，组织推动、实时监控和评价内部控制的有效性。该行不断完善管理层内部控制自评和内部控制稽核独立评价流程，通过加强项目管理、过程管理、质量复核、固化项目方法和程序、评价结果分类等内容，规范管理层内部控制自评和内部控制稽核独立评价工作的开展。通过内部控制系统完成内部控制自评的发起、测试、汇总、复核、审批、整改追踪、结果分析等工作。

平安银行年度管理层内部控制自评分"计划""主数据更新""自评测试""整改汇报"四个阶段进行。第一，在"计划"阶段，由合规部主导，从公司层面、流程层面和IT层面确定工作范围，同时拟定年度内部控制自评的方法论、管理办法和操作手册，并组织相关的启动会议和内部控制培训。第二，在"主数据更新"阶段，合规部协调并协助各相关责任部门根据以风险为导向的方法更新风险及控制活动，同时对风险点进行风险评级。第三，在"自评测试"阶段，业务自评部门对纳入评价工作范围的控制点进行穿行测试和运行有效性测试。第四，在"整改汇报"阶段，汇总在测试阶段发现的内部控制缺陷并拟定整改方案，敦促相关责任人落实整改，并对已整改的内部控制缺陷进行进一步跟踪和测试，同时向管理层汇报各类缺陷和整改方案的实施情况。

内部控制稽核独立评价分"审阅管理层自评结果""独立测试""整改汇报""报告"四个阶段进行。第一阶段，稽核评价项目组审阅前期管理层自评的过程文件和自评结果，从独立视角予以复核。第二阶段，稽核评价项目组根据审阅的结果及审计计划，选取业务自评合计30%的关键风险点及相应控制活动，独立进行运行有效性测试并记录测试结果，同时抽检管理层自评的穿行测试及运行有效性测试记录和支持文档，通过检查和必要的抽样测试等手段确认管理层自评结论的真实性和有效性。第三阶段，稽核评价项目组根据内部控制缺陷评价标准，对稽核独立测试发现的缺陷进行汇总、验证和拟定整改计划、落实整改措施，同时对前期自评发现缺陷的整改进度进行同步追踪与复核，对整改成果进行验收。第四阶段，稽核评价项目组对本年度内部控制评价的依据、范围、程序和方法、内部控制缺陷认定及整改情况、内部控制有效性的结论等内部控制评价工作的整体情况进行梳理总结并出具年度内部控制评价报告。

平安银行在风险评估建设方面，建立了全面、规范、持续的风险管理体系，建立了以信用风险、市场风险、利率风险、流动性风险、操作风险、法律风险及声誉风险等主要风险的识别和评估工作机制，对各类风险进行持续监控。

2.2.3　城市商业银行和农村商业银行

城市商业银行（城商行）和农村商业银行（农商行）是中国银行业的重要组成和特殊群体，近年来，城商行和农商行整体规模继续保持了平稳较快增长。农村商业银行的内部控制评价处于起步和探索阶段，资料和经验相对匮乏，因此，本研究以北京银行、南京银行、宁波银行为例，作为商业银行同业经验的汲取来源。

1）北京银行

北京银行遵循全面性、重要性、客观性原则，逐步建立了一套持续有效的内部控制评价体系，主要体现在：制订了内部控制评价实施方案、程序和评价工具；明确了评价范围、工作任务、人员组织和进度安排等事项。该行成立了由内部审计人员、总行部室及各分支机构业务骨干组成的内部控制评价工作组，开展持续全年的内部控制评价工作。

在机构方面，北京银行将总行部室、各分支机构纳入评价范围。在内容方面，每年对该行业务量较大、风险较高、影响较广的业务和管理活动进行评价，主要包括授信业务、资金业务、存款及柜台业务、中间业务、计划财务、会计管理和计算机信息系统等方面的重要业务和管理活动。对业务量较小、风险相对较低的业务和管理活动进行滚动评价，即在每三年一轮的评价周期中至少覆盖一次。

北京银行内部控制评价工作围绕内部环境、风险评估、控制活动、信息与沟通、内部监督五个方面，综合运用询问、观察、调查问卷、抽样测试、实地查验等多种方法，充分收集被评价单位内部控制设计和运行是否有效的证据，分析内部控制缺陷。各内部控制评价单位在培训、辅导的基础上，利用内部控制评价工具表进行自查、互查。内审部门通过专项审计、内部控制现场测试等方式进行独立复核，并对发现的缺陷进行初步认定，同时跟踪整改落实情况。2012年，该行开发建设了内部控制评价管理信息系统，建立了风险与内部控制矩阵相应的系统风险库，实现了内部控制文档向全行机构单位和岗位人员的实时发布展示，以及对全行各单位内部控制自我评价过程工作底稿、工作进度、评价责任单位和责任人、缺陷认定跟踪和汇总统计的系统控制。

北京银行将内部控制缺陷按其影响程度分为重大缺陷、重要缺陷和一般缺陷。重大缺陷，指一项内部控制缺陷单独或连同其他缺陷具备合理可能性导致不能及时防止或发现并纠正财务报告中的重大错报，误报金额已接近甚至超过重要性水平及其他导致该行财产、声誉发生重大损失的控制缺陷。重要缺陷，指一项内部控制缺陷单独或连同其他缺陷具备合理可能性导致不能及时防止或发现并纠正财务报告中虽然未达到和超过重要性水平，但仍应引起董事会和管理层重视的错报，或误报金额已接近或达到重要性水平的5%～50%的控制缺陷及其他导致本行财产、声誉可能发生较大损失的控制缺陷。一般缺陷，指未造成或造成财务报告较小的误报，误报金额低于重要性水平的5%及未造成该行财产、声誉损失或造成损失较小的控制缺陷。

北京银行在风险评估方面，持续加强全面风险管理体系建设，对经营中面临的信用风险、市场风险、流动性风险、操作风险、合规风险、声誉风险等主要风险进行风险分析，并制定和实施相应的风险应对策略。该行董事会下设风险管理委员会，负责监督高级管理层对风险的控制情况，对该行风险管理状况及风险承受能力及水平进行定期评估，提出完善该行风险管理和内部控制的意见。

北京银行对各项业务和管理活动流程中的风险点进行梳理识别的基础上，通过采取授权审批、岗位职责分离等一系列内部控制措施，建立健全了涵盖公司业务、零售业务、金融业务等各项业务活动和会计结算、财产保护、运营分析、绩效考核等各项管理活动的内部控制机制。

北京银行内部控制评价程序遵循"以流程管理为核心、将自我评价与独立复核相结合"的指导思想，从全流程的角度进行风险控制梳理。每个流程涵盖业务和产品的全部生命周期，由北京银行总行各部室、各分支机构按照各自职责范围对内部控制设计和运行情况进行自我评价。北京银行审计部门结合内部审计工作对内部控制运行效果进行独立复核，对自我评价效果进行检验，并出具总体内部控制评价报告。北京银行具体内部控制评价程序，如图2-2所示。

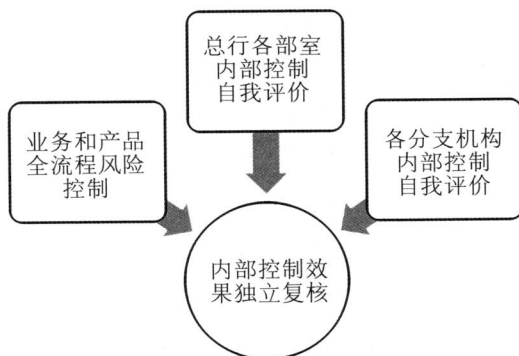

图2-2　北京银行内部控制评价程序流程图

注：数据及信息来源为北京银行官方网站。

2）南京银行

南京银行董事会授权总行审计稽核部负责内部控制评价的组织实施工作。总行各管理部门、各分行（中心支行）负责对本部门或业务条线、本机构内部控制的有效性进行自我评估，并根据评估结果出具各自的年度内部控制自我评估报告。南京银行总行审计稽核部负责对该行内部控制的有效性进行全面评价，并在此基础上拟写全行年度内部控制评价报告报董事会；董事会负责领导该行内部控制评价工作，对内部控制重大缺陷进行认定，批准该行内部控制评价报告并按照规定对外进行信息披露。

南京银行开展内部控制自我评估的机构范围包括总行所有主要条线管理部门和分行（中心支行）。评估的业务范围覆盖了组织结构、制度建设、风险识别、授信业务、资金及同业业务、存款与柜面业务、反洗钱、中间业务、财务管理、计算机信息系统安全控制、关联交易等经营管理各领域。总行审计稽核部对该行内部控制的有效性进行独立、全面评价，并对总行主要业务管理部门和部分分行（中心支行）进行现场评价。其中：总行层面偏重于内部控制设计的有效性，以定性评价为主；分行（中心支行）层面偏重于内部控制执行的有效性，以定量评价为主。同时，该行还将内外部检查、审计发现问题的整改情况和效果纳入内部控制评价范围。

南京银行结合该行内部控制体系特点，构建了内部控制评价体系，包括评价制度体系、评价标准、评价系统等。

第一，评价制度体系方面。该行制定了《南京银行内部控制评价管理办法》，明确了实施内部控制评价过程中的组织管理和职责分工，细化了评价指标、评分依据、评价标准、抽样规则等，并从定量和定性两方面明确了该行重大、重要缺陷的认定标准；制定了《南京银行内部控制评价实施规范》，统一了评价模板、工作底稿，规范了内部控制评价系统中的作业流程、方法等。

第二，评价标准方面。该行全面、系统地梳理整合了内部控制评价标准体系，并根据相关制度和监管的要求及时进行动态更新。一方面，制定了《南京银行内部控制评价要点及评分标准》，重新梳理了授信、柜面业务的评价要点。其中：授信业务包括公司贷款、个人贷款、票据业务、保函业务、贸易融资、同业业务等六大类共计18个业务品种的评价标准，增加了对同业业务、创新业务品种等的评价内容。非授信业务包括会计核算、零售柜面、财务管理、信息技术管理及综合管理等具体业务，评价范围覆盖了分行（中心支行）的主要业务领域。另一方面，在全面梳理外部监管要求及该行内部制度规定的基础上，制定了总行层面、IT层面的评价标准等。上述评价标准体系的建立，进一步规范了该行内部控制评价工作的开展。

第三，评价系统方面。该行研发了内部控制评价系统，其主要特点包括：

一是，将《南京银行内部控制指标评价要点及评分标准》中的具体评价指标、评价要点以及采用的评价方法、抽样范围、抽样标准、最低样本数量等嵌入系统，作为分行（中心支行）开展内部控制自我评估以及总行实施评价的统一标准。

二是，充分运用IT技术来量化分行（中心支行）的内部控制自我评估结果，控制并记录业务抽样，指导评价人员规范开展评价工作。

三是，统一规范评价流程及评价工作模板，以标准化方法管理内部控制评估工作，提高评估工作效率和效果。各分行（中心支行）的年度内部控制自我评估工作均通过内部控制评价系统开展，依据该系统量化评分结果进行内部控制评级并出具内部控制自我评估报告，推动该行内部控制评价工作朝着标准化、模型化、定量化的方向发展。

南京银行在评价流程和方法方面，严格按照《企业内部控制基本规范》及其配套指引、《南京银行内部控制评价管理办法》以及《南京银行内部控制评价实施规范》规定的程序和方法开展内部控制自我评估工作。具体内部控制评价流程包括：制订评价工作方案、组成评价工作组、实施测试、汇总评价结果、认定控制缺陷、出具评价报告等。评价过程中，内部控制评价工作组围绕控制环境、风险评估、控制活动、信息与沟通、内部监督等五个方面，综合运用访谈、调查问卷、穿行测试、实地查验、抽样和分析性复核等方法，充分收集被评价单位内部控制设计和运行是否有效的证据，并且按照统一的格式填写评价工作底稿，按照统一的标准识别内部控制缺陷。

南京银行董事会根据《企业内部控制基本规范》及其配套指引对重大缺陷、重要缺陷和一般缺陷的认定要求，结合该行业务规模、风险偏好和风险承受度等因素，研究确定了适用于该行的内部控制缺陷具体认定标准。该标准包括定量和定性两个方面。定量标准主要以缺陷导致的错报对利润总额、资产总额、营业收入等的影响程度，作为划分不同等级内部控制缺陷的分界点。定性标准主要以违反法律法规并导致相关的经济处罚以及对该行声誉的影响程度、重大或重要缺陷在合理期限内是否得到整改等作为认定标准。

南京银行在内部审计部门对内部控制成果的应用方面以及内部控制的监督与纠正中，总行审计稽核部作为全行内部控制监督、评价的部门之一，重点开展以下工作：一是，高度关注监管重点，实施了贸易融资、同业代付、衍生产品专项审计；二是，重点关注金融服务水平，实施了对总行客户服务中心运营管理、网点转型效果专项审计；三是，持续关注传统业务的风险管控，实施了集团客户、商品房开发贷款贷后管理专项审计；

四是，深入关注重点领域、关键内部控制点，实施银行账户管理、不相容岗位内部控制、反洗钱专项审计；五是，全面关注被审计人员的经济责任意识和风险管理意识，开展对分支行负责人、总行部门主要负责人以及总行领导的经济责任审计；六是，大力关注审计整改，全面开展经济责任审计和专项审计的后续审计；七是，切实关注内部控制存在的风险隐患，及时发布风险提示、管理建议书、非现场监控报告、问题概览等内审文书。南京银行具体内部控制评价流程，如图2-3所示。

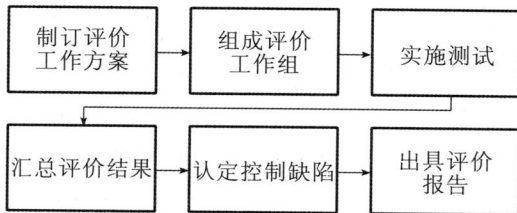

图2-3　南京银行内部控制评价流程图

注：数据及信息来源为南京银行官方网站。

3）宁波银行

宁波银行董事会制定、颁布《宁波银行股份有限公司内部控制规范实施工作方案》。根据工作方案，宁波银行内部控制委员会统筹宁波银行内部控制体系建设和评价工作，内部控制委员会由总行合规部、风险管理部、财务会计部和审计部组成。为保障《企业内部控制基本规范》的有效实施，方案明确了内部控制建设、内部控制自我评价、内部控制审计的具体工作计划。根据《企业内部控制基本规范》和《企业内部控制应用指引》的要求，宁波银行对各项业务的内部控制制度进行了梳理，宁波银行审计部负责公司内部控制自我评价工作。宁波银行审计部根据《企业内控控制评价指引》制订了内部控制自我评价工作计划。内部控制自我评价的范围为公司业务、资金业务、个人业务和存款业务，以及可能涉及的分支机构。根据风险影响因素，制定了内部缺陷评价标准，将内控缺陷分为重大缺陷、重要缺陷和一般缺陷。宁波银行审计部通过个别访谈、调查问卷、专题讨论、穿行测试、实地查验、抽样和比较分析的方法，广泛收集分支行内部控制设计和运行是否有效的证据，编制内控评价工作底稿，分析内部控制缺陷，提出整改建议。

宁波银行内部控制及其评价体系具体包含：

其一，内部环境。①控制环境。宁波银行构建了以股东大会、董事会、监事会、高级管理层为主体的宁波银行治理组织架构，各个治理主体能够按照职责规定和规范程序履行相应职责。宁波银行的内部控制管理框架由内部控制决策层、建设执行层、监督评价层三部分组成。一是，决策层。宁波银行的董事会是内部控制的决策机构，下设审计委员会、风险管理委员会、战略委员会、关联交易委员会、提名委员会、薪酬委员会等六个专业委员会。董事会及时审议宁波银行整体经营战略和重大政策，确定宁波银行总体风险承受能力，为风险控制活动确立战略目标和宗旨，定期检查经营战略和重大政策的执行情况，并通过绩效考核和经营目标督促高级管理层对内部控制的有效性。二是，建设执行层。宁波银行各级机构的管理层负责该机构的内部控制建设和执行。高级管理层按照董事会确定的战略目标和宗旨，负责执行和制定相关业务的风险管理政策和规定，建立内部控制体系，协助落实董事会各项决策的有效执行。总行各部门负责全行或本部门业务管理范围内的内部控制建设和内部控制制度执行。分支行负责人负责本分支行，制订和实施内部控制方案，识别、评估各类风险。三是，监督评价层。宁波银行审计部负责内部控制的监督和评价。根据《企业内部控制基本规范》《商业银行内部控制指引》等法规政策要求，结合业务发展及内部控制建设实际开展内控评价工作，按照全面与重点相结合、过程与结果相结合的原则，对各项规章制度的执行情况进行检查，并根据检查结果对制度进行后评价，及时发现问题和风险隐患，实现事前、事中、事后全过程动态控制。通过内部控制评价进一步促进宁波银行遵守国家法律法规和监管要求，提高风险管理水平，确保内部控制体系得到有效运行，增强业务、财务和管理信息的真实性、完整性和及时性，保证发展战略和经营目标的实现。②组织结构。宁波银行组织架构分工合理、职责明确、汇报路线清晰。宁波银行实行矩阵式管理与集中管理相结合的管理模式，从总行到分行均设立了风险管理部、合规部、审计部，负责内部控制制度建设和监督评价工作。③企业文化。宁波银行倡导诚信敬业、合规高效、融合创新的企业文化，坚持"控制风险就是减少成本"的风险理念，按照审慎管理原则，实行风险管理前置和全面、全员、全程控制，将内部控制和合规情况与分支行评价及员工评价紧密结合，有效提高了分支机构和员工的内控合规意识，为各项业务的持续健康发展保驾护航。④人力资源管理。宁波银行制定和完善了有利于企业可持续发展的人力资源政策，建立了包括职位体系、薪酬体系、绩效管理体系和培训体系等方面的人力资源管理体系，为宁波银行稳健发展提供保障。

其二，风险评估。宁波银行建立了完善的风险管理体系、风险识别和评估工作机制，继续加强对风险评估工具的研发，改进和完善识别、计量、监测和管理风险的制度、程序和方法，强化对信用风险、市场风险、流动性风险、操作风险等各类风险的管理。①信用风险管理。加强信用风险的全流程管理。前端规划层面以"授信政策"为载体，明确授信方向和准入细则，有效提升信用风险管控水平；以"行业研究"为抓手，有效提升行业风险识别能力；以"A/B预警机制"建设为手段，加强提前风险预警能力；中端执行层面编写《风险案例》，传承风险控制经验；修订《审查审批操作手册》，规范标准审查动作；开发集团管理系统、同业交易对手评级和监测系统、财务分析系统，提升审查审批的科学化水平；后端健全和完善授信监测预警体系，加强对授信后的管理力度，逐步推进风险跟踪、评审监督制度，试点风险预警叫停机制。②市场风险管理。宁波银行制定了《宁波银行市场风险管理办法》及市场风险管理政策和程序。该办法与宁波银行的业务性质、规模、复杂程度和风险特征相适应，与宁波银行总体业务发展战略、管理能力、资本实力和能够承担的总体风险水平相一致，符合银监会关于市场风险管理的有关要求。宁波银行市场风险管理部严格参照《宁波银行市场风险管理办法》执行日常管理，每工作日对资金业务进行市值重估和市场风险限额指标计量，每工作日向管理层汇报市值重估情况和市场风险限额执行情况。市场风险管理部每月对交易账户进行压力测试，并形成压力测试报告，对极端状态下宁波银行的头寸损失情况进行揭示和分析，科学有效地辅助决策判断。此外，加强了内控体系建设，制定了详尽的内控框架，每月向高级管理层报送内控实施相关报告。③操作风险管理。宁波银行风险管理部下属操作风险管理部，作为全行操作风险管理的专职机构，推动全行操作风险管理工作的有效开展，逐步建立和完善了操作风险管理政策、体系、组织架构，同时组织各部门和各分支机构做好操作风险的识别和评估工作，定期监测操作风险损失事件和关键风险指标，并及时向高级管理层报告。各部门和分支机构不断完善内部控制制度，并通过加强宣传教育、实施分支行内控评级、全员合规评价、各级检查监督等手段，强化制度执行力，规范业务操作行为，切实防范操作风险。④法律风险及声誉风险。宁波银行在总分行均设立了合规部，负责全行法律风险的持续、有效监控；宁波银行风险管理部为声誉风险的牵头管理部门，负责将声誉风险管理工作纳入全行的风险管理体系；办公室负责信息发布和新闻工作归口管理，统一管理全行的危机事件和负面曝光事件。宁波银行制定了《宁波银行声誉风险管理办法》《宁波银行案件及重大突发事件处置规定》《宁波银行投诉处理管理办法》等制度，明确了在声誉风险管理中总分行各部门的具体职责。⑤流动性风险管理。宁波银行已制定了《宁波银行流动性风险管理办法》《宁波银行流动性风险应急预案》《宁波银行流动性风险压力测试指引》《现金流量管理规定》等管理政策，明确了总行各机构、各部门的流动性风险管理职责，规范了宁波银行流动性风险管理各项工作的开展。宁波银行加强资产负债管理，已建立完善的风险管理系统对流动性风险进行计量和监测，确保充足的现金流。

其三，控制活动。宁波银行建立了包括业务流程、内部管理、授权管理等各项活动的内部控制制度和操作流程，能够覆盖主要风险点。①流程制度梳理。宁波银行持续建立和完善各项内部控制制度，由法律合规部负责对照《企业内部控制基本规范》及其配套指引，结合宁波银行内控管理要求，对宁波银行各项业务的内部控制制度及业务操作流程进行梳理、审核，并通过合规风险管理系统全方位构建宁波银行各项业务和管理活动的管理视图，建立了内部控制流程持续改进的良性机制和合规风险的识别、监测、控制机制，并逐步开展合规风险的试评估工作。②授信业务内部控制。宁波银行建立了全面的信贷政策和贷前、贷中、贷后监督管理体系，确保授信业务内部控制的有效性；加强授信政策执行力度的监督和管理，定期对各区域授信政策的执行情况进行调研和检查，确保全行风险偏好的统一；实施"案件专项治理工作"，全面排查宁波银行案件风险隐患，确保全年无重大案件发生，推进案防重点领域风险排查，尤其是大额不良贷款的全覆盖风险排查；建立风险预警系统，做到对风险预警客户早发现、早预警、早处置，明确触发机制，形成流程管理，细化对预警客户信息传递和风险管控。③资金业务内部控制。（A）同业授信额度管理。宁波银行金融市场部负责同业客户尽职调查，统一申报同业授信额度，全行金融同业授信额度的管理、分配与调剂，以确保各项业务开展。（B）市场风险限额管理。根据《宁波银行市场风险管理办法》，董事会审批确定宁波银行可以承受的市场风险总限额和限额种类；总行市场风险管理部履行中台管理和限额监控的职能，负责监测相关业务部门的市场风险暴露；金融市场部作为交易前台，对每位交易人员都进行了市场风险限额的授权和分配；交易员严格遵守交易限额与风险限额规定，坚决杜绝任何超限交易行为。（C）授权和审批制度。宁波银行对资金业务的开展实行严格的授权和审批制度。各级业务人员只能在总行授予的经营管理权限和分配的风险限额范围内开展业务，各项业务需完成逐级审批的流程后方能最终达成。宁波银行实行明确的前、中、后台分离制度，保证内部部门、岗位及职责权限的合理设置，形成互相制约、互相监督的机制，通过制定各类业务管理办法和操作规程、各种风险规定和行为准则以及加强系统控制、人工监测等手段，规范和约束业务人员的行为。④中间业务内部控制。宁波银行已制定了各类中间业务规章制度和行为规范，对各类中间业务的服务范围、业务流程、收费标准进行了明确。宁波银行建立了严格的会计制度，对各类中间业务进行了核算。对于表外或有项目，宁波银行建立相应的风险识别、计量和检测报告等制度，防范各类风险。⑤柜台、会计业务及操作风险内部控制。宁波银行建立了"事前预防、事中控制、事后监督"一体化内部控制体系，确保规范操作和各项制度的有效落实。（A）在事前预防方面。建立内控风险评估机制，重点查找系统、流程以及执行力的缺陷，提出流程优化建议和制度改进措施，强化风险源头把控；收集操作风险案例，实时下发风险提示；稳步实现核心系统的优化升级，达到"人防"到"技防"的风险控制提升；完善员工轮岗制度，按岗位性质明确轮岗期限和方式。（B）在事中控制方面。搭建"T+0"预警模型，通过设立预警规则强化对重点业务、特殊业务以及易发案件环节控制；落实大额核实制度，规定对非本人或有权人办理的大额支付业务，执行事中核实，确保客户资金安全；同时逐步成立分行授权中心，对部分高风险业务和特殊业务，提高授权权限，达到事中风险控制的目的。（C）在事后监督方面。一是，根据监管机构及总行各项工作的要求，落实各类现场检查，形成支行自查、分行复查、总行抽查的"自下而上"检查模式，并通过建立查后动态跟踪机制，关注整改落实情况；二是，依托"T+1"监控模式，加强非现场警示力度，通过指定专人开展主题检查，及时纠偏纠错，提升后台的事后监督能力；三是，通过不同的对账方式，对客户进行定期综合余额对账，充分发挥对账在案件防范工作中的积极作用；四是，加快电子档案后督管理系统的建设，提升事后监督作用，强化事后控制防线。⑥信用卡业务内部控制。（A）在业务发展策略上，通过市场细分对信用卡产品进行精确定位，明确发卡对象和发卡范围，并制定不同的风险控制措施；（B）在客户风险管控上，严格执行全行统一授信管理，建立和落实经办人员责任追究制度；（C）在运维管理上，对不相容岗位严格执行分离制度，对信用卡从申请到发放，实施全流程互相关联、互相制约的安全控制管理模式；（D）在系统管理上，通过对交易和授权的科学合理设计，实现操作风险的刚性控制，并且对各类交易、操作保留完整的系统日志。⑦财务管理内部控制。（A）通过对分支机构费用的静态分析和动态监控，提高全行成本节约意识，不断提高投入产出效率，提升全行盈利水平；（B）按照跨区域机构建设的要求，进一步规范分行财务管理制度，加强财务人员培训，切实提升各分行财务管理水平；（C）按照发展要求和产品创新，不断完善各类新产品、新流程的财务会计核算制度，加强会计核算控制；（D）完善财务授权审批制度，严格规范审批权限，强化审批环节控制，提升财务内部控制的水平。⑧法律风险内部控制。总分行合规部是全行法律风险的管理部门，日常管理职能主要涵盖法律审查、合同管理、案件管理、司法协助管理等方面。法律事务部门通过参与谈判、实地调研等方式提前介入业务流程，并通过对协议条款事前审查、事后抽查的方式确保宁波银行不出现重大法律风险。同时，对可能出现诉讼纠纷的投诉等事件进行持续跟踪，提前化解和规避法律诉讼与纠纷事件。⑨突发事件风险内部控制。宁波银行建立以"规范报告程序和规范处置步骤"为核心内容的突发事件处理机制。一是，修订完善了《宁波银行案件（风险）信息报告及登记管理规定》和《宁波银行案件及重大突发事件处置规定》

等内控制度，明确了突发事件处置的组织领导和责任分工；二是，以"保人、息事、护物"为出发点，细化了各类突发事件应急预案，使突发事件处置具有更强的操作性；三是，加大培训力度、开展常态化的突发事件处置演练，切实提升了全员应对突发事件的能力；四是，将风险处置纳入内控评价，进一步增强了员工落实应对突发事件制度的责任意识；五是，建立了IT安全应急协调机制，保障生产系统的安全运行和业务的顺利进行，规定生产系统出现故障时的详细应急方案，同时建立了灾备系统，并按计划进行灾备切换演练。

其四，信息与沟通。一方面，宁波银行建立了顺畅的内部信息沟通机制，通过公文系统、OA办公系统、内部刊物等多种信息沟通渠道，确保重要信息得到及时沟通和汇报。另一方面，在对外信息与沟通方面，宁波银行按照监管要求完善信息披露制度、准确及时披露有关信息，通过在巨潮网和宁波银行门户网站及时公告经营信息和公开联系方式等，保证投资者及时了解宁波银行的经营动态，通过互动加强对宁波银行的理解和信任。

其五，内部监督。①宁波银行审计部定位及设置情况。宁波银行建立独立垂直的内部审计管理体系。董事会负责建立和维护健全有效的内部审计体系；董事会下设审计委员会，董事会审计委员会对董事会负责；审计部是宁波银行内部审计部门，负责审计宁波银行的经营管理行为，并对董事会和董事会审计委员会负责。内部审计依照董事会授权独立行使内部审计权，不受其他部门和个人干预。内部审计部门不参与其他部门职责范围内的具体经营活动，以确保内部审计工作的独立性。宁波银行按照员工总人数的2%配备内部审计人员，并建立内部岗位轮换制度。②内部审计工作履职情况。（A）加强内审队伍建设，加强分行审计工作指导和管理。完善组织架构和人员配置，实施审计官专业序列管理；制定分行审计工作指导意见和考核办法，指导分行审计部完善审计平台和内部审计监测体系的建设。（B）开展以风险为导向的业务专项审计，防控风险。内部审计着重重点业务领域和重要风险环节的审计工作，重点关注操作风险、流动性风险、员工道德风险和舞弊风险等，开展涉及宁波银行银行业务、零售业务、个人银行业务、运营管理、信息科技、财务综合等审计项目，同时开展高级经营管理人员强制休假审计和分支行内控评价审计。通过审计及时发现问题、揭示风险，督促和引导规范操作，为全行建立健全有效的内部控制机制提供系统、全面的支持。（C）积极推进内部控制自我评价工作。从定性和定量两方面制定并明确重大缺陷、重要缺陷和一般缺陷的标准，对宁波银行业务、资金业务、个人业务和存款业务四类主要业务开展内部控制自我评价；编制内控缺陷评价汇总表，同时提出整改建议，最后形成内部控制自我评价报告。（D）加快审计信息化建设步伐，提升审计技术手段。完成审计管理信息系统的建设和推广；推进分行审计数据服务平台的开放和应用；进一步完善非现场审计监测体系。（E）完善审计方法论体系建设。完善审计质量管理机制和标准化审计手册，明确审计项目操作流程；完善业务风险控制矩阵，明确关键风险点和控制环节；修订全行内控评价办法，评价范围覆盖内部控制活动的全过程及所有的业务环节、部门和岗位。（F）加强整改跟踪管理，促进审计成果应用。加强整改进程管理，明确整改期限；严格落实整改方案，对违规行为进行责任追究和处理；整改成效与内控评价挂钩，年度整改率纳入分支行内控评价。

2.3　本章小结

本书的部分观点具有总结性，源于商业银行内部控制评价发展和同业经验借鉴的脉络，本章即是总结综述的前人研究成果和中国银行业内部控制评价的同业经验。

国外研究文献综述中，国外对银行内部控制进行评价形成了商业银行内部控制的内部评价层面、商业银行内部控制的外部评价层面和商业银行内部控制的成果在内部审计应用层面三个层面的若干方法。

国内研究文献依照商业银行内部控制评价框架、内部控制风险模型研究、商业银行内部控制评价、内部控制缺陷和漏洞研究、商业银行内部控制评价新技术手段五方面的最新研究进展予以综述。

中国银行业内部控制评价的同业经验，是各种类型的商业银行依照2004 年 12 月中国银行业监督管理委员会颁布《商业银行内部控制评价试行办法》对内部控制评价出台了各自评价细则，积累了宝贵经验。本章分别依照国有控股商业银行、全国性股份制商业银行、城市商业银行和农村商业银行的大类各选取三家商业银行进行同业经验总结，这些示例银行包括：三家国有控股商业银行，即中国银行、中国建设银行、交通银行；三家全国性股份制商业银行，即上海浦东发展银行、招商银行、平安银行；三家城市商业银行，即北京银行、南京银行、宁波银行。本章分别介绍了上述商业银行的内部控制基本情况，特别是内部控制评价流程和具体的内部控制评价方法和技术手段。

　　本章的写作目的是向读者大致介绍商业银行内部控制评价领域的最新科研成果，以及中国不同类别商业银行内部控制评价大致的经验做法，为其后各章关于内部控制多维评价和内部审计研究的具体内容作铺垫。

第 3 章

商业银行内部控制多维评价概述

内部控制多维评价针对商业银行经营管理的实际需要，它根植于改革开放以来数十年的实践经验，是中国商业银行从实际出发大胆创新的管理智慧。商业银行内部控制多维评价，总结和升华商业银行在内部控制评价建设中所积累的成功经验，积极探索和试图解决商业银行群体在内部控制评价建设中遇到的问题。

3.1 商业银行探索内部控制评价的三个阶段

中国商业银行对内部控制评价的探索，可以分为以下三个阶段：

3.1.1 粗放式评价探索阶段：改革开放初期至 1998 年

中国商业银行对内部控制评价工作开始重视的起点是 20 世纪 90 年代初期。彼时，中国四大国有银行（中国银行、中国农业银行、中国工商银行、中国建设银行）的严重不良贷款比例高于 20%，连同逾期、展期的不良贷款比例甚至超过 40%。因此，当时的中国商业银行对内部控制评价工作的重心是对呆滞账和不良贷款的控制。

1992年，COSO委员会[①]发布《内部控制——整体框架》，包括概括、定义框架、对外报告和评价工具四部分内容，带给全球企业和银行业界内部控制评价极大的触动。然而，这一部分触动并没有表现在中国商业银行内部控制治理效果的提升之中。

20世纪90年代中期，中国的国有企业面临改制艰难，为其贷款的商业银行受到政府政策的影响及缺乏有效的内部控制制度，不良贷款频发，信用风险首当其冲。1997年，亚洲金融危机更是加剧了中国银行业的市场风险、信用风险和操作风险。

彼时的中国商业银行由于忙于处理不良贷款、治理结构限制和技术限制，没有系统归纳内部控制评价的具体办法，也没有提出解决内部控制和内部控制评价相关的系统办法。因此，改革开放初期至1997年，内部控制方式是粗放式的，内部控制评价也是粗放式的。

3.1.2 精细化评价探索阶段：1999年至2011年

1998年9月，巴塞尔委员会[②]发布了银行内部控制系统框架（Framework for Internal Control Systems in Banking Organizations）。该系统框架初步描述了银行业内部控制体系的设计标准，由此，全球银行业内部控制评价进入精细化阶段。

2002年，中国人民银行颁布《商业银行内部控制指引》，中国商业银行根据中国人民银行的要求，开始进行内部控制的系统性理解和构建。

同年，美国《萨班斯–奥克斯利法案》（SOX法案）[③]强制要求美国上市公司披露内部控制自我评价报告及外部审计报告，其中包括美国众多金融和银行业上市公司，被认为是最具开拓性的内部控制评价及其对外信息

---

① COSO委员会是美国反虚假财务报告委员会下属的发起人委员会（The Committee of Sponsoring Organizations of the National Commission of Fraudulent Financial Reporting）的英文缩写。COSO委员会是美国研究内部控制问题的专门机构。

② Basel（巴塞尔）是瑞士的第三大城市（仅次于苏黎世和日内瓦）。"巴塞尔委员会"是国际清算银行（BIS）的巴塞尔银行业条例和监督委员会的常设委员会，该委员会于1988年7月在瑞士的巴塞尔通过了"关于统一国际银行的资本计算和资本标准的协议"，简称《巴塞尔协议》。《巴塞尔协议》现共有Ⅰ、Ⅱ、Ⅲ三版。

③ 《Sarbanes-Oxley》法案，简称SOX法案，即《萨班斯–奥克斯利法案》，由参议院银行委员会主席萨班斯（Paul Sarbanes）和众议院金融服务委员会主席奥克斯利（Mike Oxley）联合提案，其全称为《2002年公众公司会计改革和投资者保护法案》。该法案对美国《1933年证券法》《1934年证券交易法》做出大幅修订，在内部控制、信息披露、公司治理、会计职业监管、证券市场监管等方面出台了许多新规定，特别是强制要求上市公司披露内部控制自我评价报告及外部审计报告。

披露的标杆。

2004 年，中国银行业监督管理委员会颁布《商业银行内部控制评价试行办法》，该办法包括：第一章总则；第二章评价目标和原则；第三章评价内容；第四章评价程序和方法；第五章评分标准和评价等级；第六章组织和实施；第七章罚则；第八章附则。这也成为中国商业银行内部控制评价实践的理论基础。该办法旨在通过建立一套对商业银行内部控制评价的框架和方法，规范和加强对商业银行内部控制的评价，督促其进一步建立内部控制体系，健全内部控制机制，形成风险管理的长效机制。

2004 年，COSO 委员会发布《企业风险管理——整合框架》，该框架拓展了内部控制，用更广义的风险管理来表达，包括八大要素：内部环境、目标设定、事项识别、风险评估、风险应对、控制活动、信息与沟通、监控。这些要素将企业和全球银行业内部控制评价工作更加具体化和精细化。

2007 年，中国银行业监督管理委员会修订了 2002 年颁布的《商业银行内部控制指引》，包括：第一章总则；第二章内部控制的基本要求；第三章授信的内部控制；第四章资金业务的内部控制；第五章存款和柜台业务的内部控制；第六章中间业务的内部控制；第七章会计的内部控制；第八章计算机信息系统的内部控制；第九章内部控制的监督与纠正；第十章附则。这可以看作是中国银行业内部控制评价精细化的具体体现。

2010 年，财政部、证监会、审计署、银监会、保监会五部委联合发布了《企业内部控制配套指引》，包括：《企业内部控制应用指引》《企业内部控制评价指引》《企业内部控制审计指引》及企业内部控制规范体系实施中相关问题解释第 1 号、第 2 号。这使得我国企业界和中国银行业内部控制评价又提升了一个层次。

3.1.3 多维化评价探索阶段：2012 年之后

财政部、证监会、审计署、银监会、保监会决定自 2012 年 1 月 1 日起在上交所、深交所主板上市公司开始实施《企业内部控制基本规范》和《企业内部控制配套指引》，强制要求中国上市公司分阶段披露内部控制自我评价报告及外部审计报告。中国上市银行也是一马当先，率先自愿披露了内部控制自我评价报告及外部审计报告。这主要源于一部分银行已经在境外上市，已经按照上市要求定期披露内部控制信息；另一部分上市银行由于此前内部控制评价的基础工作相对于其他上市企业更扎实，也能够从容应对。此外，中国商业银行内部控制评价体系是中国内部控制评价中最全面、系统的评价体系，其完善性超越了普遍的企业财务内部控制。

在积淀了数年的内部控制评价理论和《商业银行内部控制评价试行办法》《商业银行内部控制指引》《企业内部控制评价指引》等指引方法后，随着诸多商业银行筹备 A 股上市、H 股上市以及赴境外上市等需要，上市所需的《内部控制自我评价报告》相关材料对完善中国商业银行整体内部控制和评价标准化起到推波助澜的作用。

我国的银行内部控制评价是对银行内部控制体系建设、实施和运行结果独立开展的调查、测试、分析和评估等系统性活动。其过程评价和结果评价具备完备性：过程评价对内部控制环境、风险识别与评估、内部控制措施、监督评价与纠正、信息交流与反馈等体系要素评价；结果评价对内部控制主要目标实现程度评价。并且，我国商业银行内部控制评价更重视对内部控制过程的充分性、合规性、有效性、适宜性的评价。

进入 21 世纪 10 年代，我国商业银行的风险管理在全球银行业中进入了较好的阶段，内部控制评价的具体环节因此得到系统性梳理和扩展。内部控制评价中，评价方法、评价手段、风险控制、信息披露形成了多维化的评价特征。

3.2 ———— 商业银行内部控制多维评价的基本内涵 ————

商业银行内部控制多维评价，从商业银行内部控制评价成长历程和内部控制多维评价的基本内涵出发，深入至商业银行公司层面和业务流程层面内部控制评价指标设置、计分方法与指标赋权方法。同时，扩展至内部控制自我评价、信息沟通保障与信息披露以及内部控制多维评价的管理机制，并将内部控制成果应用于内部审计。内部控制多维评价的具体内涵，可以从内部控制评价内容、内部控制评价方法和内部控制评价应用三个层次理解。

3.2.1　内部控制评价内容的多维特性

内部控制多维评价具体内涵的第一层次，即内部控制多维评价主要从内部控制评价内容的角度进行定义。

第一，企业内部控制评价主要关注财务报告的内部控制，商业银行内部控制评价有着更早的历史沿革和更高的评价标准，不仅需要关注财务报告的内部控制，同时需要关注非财务报告的内部控制。

企业内部控制评价主要源于美国 COSO 报告的建设进展，COSO 委员会是美国研究内部控制问题的专门机构，见表 3-1。早在 1992 年，COSO 报告《内部控制——整体框架》中即对内部控制的评价工具进行了规范和论述。2004 年，COSO 报告《企业风险管理——整合框架》拓展了内部控制的范围，从应对企业广义风险的角度对内部控制和内部控制评价进行了表达。

表 3-1　　　　　　　　**美国内部控制官方公告及建设进展表**

时间	机构	方案名称	方案内容
1992年	COSO委员会	《内部控制——整体框架》	第一部分概括；第二部分定义框架；第三部分对外报告；第四部分评价工具
1996年	美国审计委员会	认可COSO的研究成果	修改相应的审计公告内容
2004年	COSO委员会	《企业风险管理——整合框架》	拓展了内部控制，用更广义的风险管理来表达，包括八大要素：内部环境、目标设定、事项识别、风险评估、风险应对、控制活动、信息与沟通、监控

我国商业银行内部控制评价，受到《商业银行内部控制指引》《商业银行内部控制评价试行办法》以及《企业内部控制配套指引》中《企业内部控制评价指引》《企业内部控制审计指引》的具体影响，见表 3-2。

同时，商业银行内部控制评价还受到《巴塞尔协议》的影响。《巴塞尔协议》是国际清算银行（BIS）的巴塞尔银行业条例和监督委员会的常

表 3-2　　　　　中国商业银行内部控制评价相关法规一览表

时间	机构	方案名称	方案内容
2002年	中国人民银行	《商业银行内部控制指引》	已于2007年修订
2004年	中国银行业监督管理委员会	《商业银行内部控制评价试行办法》	第一章总则；第二章评价目标和原则；第三章评价内容；第四章评价程序和方法；第五章评分标准和评价等级；第六章组织和实施；第七章罚则；第八章附则
2007年	中国银行业监督管理委员会	《商业银行内部控制指引》	第一章总则；第二章内部控制的基本要求；第三章授信的内部控制；第四章资金业务的内部控制；第五章存款和柜台业务的内部控制；第六章中间业务的内部控制；第七章会计的内部控制；第八章计算机信息系统的内部控制；第九章内部控制的监督与纠正；第十章附则
2010年	财政部等五部委	《企业内部控制配套指引》	《企业内部控制应用指引》《企业内部控制评价指引》《企业内部控制审计指引》及企业内部控制规范体系实施中相关问题解释第1号、第2号

设委员会——"巴塞尔委员会"于1988年7月在瑞士的巴塞尔通过的"关于统一国际银行的资本计算和资本标准的协议"的简称。《巴塞尔协议》现共有Ⅰ、Ⅱ、Ⅲ三版，主要职能是资本充足和风险控制的银行监管国际标准的非官方制定。我国银行业协会、中国人民银行充分肯定并积极参与《巴塞尔协议》的推行，为我国商业银行内部控制评价标准的国际趋同夯实了技术基础。

　　因此，商业银行内部控制评价相对于企业内部控制评价历史更早、评价内容更丰富、评价标准更高。商业银行内部控制评价不仅需要关注财务报告的内部控制，同时需要关注非财务报告的内部控制。与企业内部控制相比，商业银行内部控制评价内容更多维。

　　第二，商业银行内部控制评价内容中需要应对信用风险、市场风险、操作风险、流动性风险、财务风险、信息科技风险、声誉风险等多重风险，因此需要应对各种风险的多维评价。

第三，商业银行内部控制评价体系本身的类别具备多样性，因此评价内容也是多维的。

3.2.2　内部控制评价方法的多维特性

内部控制多维评价具体内涵的第二层次，即内部控制多维评价需要从内部控制评价方法的角度进行定义。

商业银行内部控制评价方法，以《商业银行内部控制评价试行办法》中"评价程序和方法""评分标准和评价等级"为指导，并结合计分、赋权等领域的最新科研成果，其评价方法是多维的。

第一，内部控制评价方法的技术和手段具备多样性特征。商业银行内部控制评价方法的技术和手段是对被评价机构内部控制体系进行分析和评价而采取的技术和手段，这种技术和手段复杂而多样。例如，达标计分法虽然是现阶段内部控制整体评价的主要计分方法，然而，比率计分法、赛马计分法等不同的计分方法的引入，能够产生不同的内部控制评价效果，能够为商业银行内部控制评价带来新的方法工具。

第二，内部控制评价计分标准存在《商业银行内部控制评价试行办法》中的指导情形，以及各商业银行因地制宜的具体应用，具备多样性和可扩展性。

《商业银行内部控制评价试行办法》指导中，内部控制评价采取评分制。对内部控制的过程和结果分别设置一定的标准分值，并根据评价得分确定被评价机构的内部控制等级。内部控制过程评价的标准分为500分，其中：内部控制环境100分、风险识别与评估100分、内部控制措施100分、信息交流与反馈100分、监督评价与纠正100分。上述五部分评价得分加总除以5，得到过程评价的实际得分。内部控制的结果评价主要评价内部控制目标的实现情况，对这些指标的量化评价可以通过非现场的方式进行。结果评价主要包括十项指标：资本利润率、资产利润率、成本收入比、大额风险集中度指标、关联方交易指标、资产质量指标、不良贷款拨备覆盖率、资本充足指标、流动性指标、案件指标等。内部控制结果评价指标的标准分值为500分，转化为百分制后得出实际得分。根据过程评价和结果评价综合确定内部控制体系的总分。其中，过程评价的权重为70%，结果评价的权重为30%，两项得分加总得出综合评价总分。

然而，各商业银行还有一些因地制宜的具体应用。例如，不同规模、不同业务类型的商业银行，其整体风险情况、经济金融情况和彼时银监会工作的重点，都会因地制宜地补充、修订或调整有关评价指标及其标准分值。又例如，《商业银行内部控制评价试行办法》指导中，建议根据综合评价总分确定被评价机构的内部控制体系评价等级，包括：一级，综合评分90分以上（含90分）；二级，综合评分80～89分；三级，综合评分70～79分；四级，综合评分60～69分；五级，综合评分60分以下（不含60分）。然而，上述等级也适用于单项评级，单项评级结果主要用于对比分析。但是，并不是每项评级都代表一个时期的达标状况。有时，因为市场环境、监管要求的变化，评级结果也会产生变化。如果采用赛马计分法等新型计分评价方法，则可以督促银行各分支机构加强内部控制建设，达到同期最优的经营状态。

第三，内部控制评价赋权方法既需要重视主观赋权法，又需要尊重历史数据的客观赋权法，并且商业银行赋权方法趋向多维化和组合赋权。

主观赋权法在内部控制评价中的应用，是基于商业银行现实系统运行过程中受环境、评价者主观愿望等因素影响，内部控制评价权重系数存在确定难点。在具体环境中，通过主观途径来确定权重系数，即根据人们主观上对各评价指标的重视程度来确定权重系数的一类方法。《商业银行内部控制评价试行办法》中规定的情形大部分采用了平均化的数值处理，带有明显的主观特性。

然而，大量的历史数据可能将具体指标的赋权精细化，以突出重点。客观赋权法能够避免确定权重系数时受人为的干扰，其主要依据是差异驱动原理，基本思想是：权重系数应当是各个指标在指标总体中的变异程度和对其他指标影响程度的度量，赋权的原始信息应当直接来源于客观环境，可根据各指标所提供的信息量的大小来决定相应指标的权重系数。

不仅如此，具备客观性的数据可能不能完全体现内部控制评价的监管重点和特别风险。对于经济管理中的综合评价问题来说，现实中往往需要能同时体现主、客观信息的权重系数。于是，从逻辑上将主观赋权法和客观赋权法有机地结合起来，使所确定的权重系数同时体现出主观信息和客观信息。由此，商业银行赋权方法趋向多维化和组合赋权。

3.2.3　内部控制评价应用的多维特性

内部控制多维评价具体内涵的第三层次，即内部控制多维评价还要从内部控制评价应用的角度进行定义。

商业银行内部控制评价及其结果应用，在商业银行总行及分支机构的绩效考核维度，针对内部控制风险评估和内部审计应用维度，以及针对商业银行上市需求和对外信息披露的维度观测，其评价应用同样是多维的。

第一，商业银行内部控制评价及其结果，在商业银行总行及分支机构的绩效考核中具备重要的应用价值。例如，2010 年中国银行业监督管理委员会颁布施行《商业银行稳健薪酬监管指引》，各商业银行总分行各级部门对风险有重要影响的管理人员，其薪酬发放采取延期支付的方式。其目的是发挥薪酬在商业银行公司治理和风险管理中的导向作用，防止激励不当或激励过度与风险挂钩不足而导致员工不审慎行为的出现。商业银行公司治理和风险管理的成果评价正是来源于内部控制评价结果。商业银行对风险有重要影响岗位的员工在职期间，因个人本身的言行、工作表现或工作能力等方面的原因，造成企业声誉风险、信用风险、操作风险及市场风险超常暴露的，将对引致风险主体剩余绩效薪酬实施止付。在止付的同时，将对风险对应的期限内已发放的绩效薪酬进行回扣及追索，追索行为不因中高层管理者及员工的离职行为而终止。其中，商业银行声誉风险、信用风险、操作风险及市场风险暴露的评价均来源于商业银行内部控制评价及其结果。

第二，商业银行内部控制风险评估及其结果，在内部审计中具备重要的应用价值。2006 年 6 月 27 日，中国银行业监督管理委员会颁布的《银行业金融机构内部审计指引》中阐述：其一，"内部审计是独立、客观的监督、评价和咨询活动，是银行业金融机构内部控制的重要组成部分"。内部审计通过系统化和规范化的方法，审查评价并改善银行业金融机构经营活动、风险状况、内部控制和公司治理效果，促进银行业金融机构稳健发展。其二，"内部审计事项主要包括：经营管理的合规性及合规部门工作情况、内部控制的健全性和有效性、风险状况及风险识别、计量、监控程序的适用性和有效性、信息系统规划设计、开发运行和管理维护的情况、会计记录和财务报告的准确性和可靠性、与风险相关的资本评估系统情况、机构运营绩效和管理人员履职情况等"。这些职能与商业银行内部控制本身的职能具备重复性和覆盖性。其三，"内部审计部门应在年度风险评估的基础上确定审计重点，审计频率和程度应与银行业金融机构业务性质、复杂程度、风险状况和管理水平相一致。对每一营业机构的风险评估每年至少一次，审计每两年至少一次"。商业银行内部控制同样需要风险评估，这些评估结果可以应用于内部审计，提高审计效率。内部审计可以看作是商业银行内部控制的一种延伸，是不可分割的组成部分。因此，将内部控制评价和风险评估及其结果应用于内部审计之中，能够降低银行成本、提高审计效率，最终能够提升银行内部控制体系的完善性。

第三，商业银行内部控制评价及其结果，在满足商业银行上市需求和对外信息披露的维度具备重要的应用价值。商业银行群体于21世纪纷纷启动上市计划，需要完成该行上市所需的内部控制自我评价报告，由此准备的上市相关材料包括：《内部控制情况调查大纲》《协助构建内部控制机制访谈时间表》《内部控制制度梳理清单》《内部控制制度梳理工作人员登记表》《内部控制自我评价报告更新参考内容》等资料。这些内容充分应用了商业银行内部控制评价及其结果。

综上所述，商业银行内部控制多维评价的具体内涵，可以从内部控制评价内容、内部控制评价方法和内部控制评价应用三个层次理解。第一层次，内部控制评价内容。其一，商业银行内部控制评价相对于企业内部控制评价历史更早、评价内容更丰富、评价标准更高。商业银行内部控制评价不仅需要关注财务报告的内部控制，同时需要关注非财务报告的内部控制。与企业内部控制相比，商业银行内部控制评价内容更多维。其二，商业银行内部控制评价内容中需要应对信用风险、市场风险、操作风险、流动性风险、财务风险、信息科技风险等多重风险，因此需要应对各种风险的多维评价。其三，商业银行内部控制评价体系本身的类别具备多样性，因此评价内容也是多维的。第二层次，内部控制评价方法。商业银行内部控制多维评价方法，以《商业银行内部控制评价试行办法》中"评价程序和方法""评分标准和评价等级"为指导，并结合计分、赋权等领域的最新科研成果，其评价方法是多维的。其一，内部控制评价方法的技术和手段具备多样性特征。其二，内部控制评价计分标准存在《商业银行内部控制评价试行办法》中的指导情形，以及各商业银行因地制宜的具体应用，具备多样性和可扩展性。其三，内部控制评价赋权方法既需要重视主观赋权法，又需要尊重历史数据的客观赋权法，并且商业银行赋权方法趋向多维化和组合赋权。第三层次，内部控制评价应用。商业银行内部控制多维评价及其结果应用，在商业银行总行及分支机构的绩效考核维度，针对内部控制风险评估和内部审计应用维度，以及针对商业银行上市需求和对外信息披露的维度观测，其评价应用同样是多维的。其一，商业银行内部控制多维评价及其结果，在商业银行总行及分支机构的绩效考核中具备重要的应用价值。其二，商业银行内部控制风险评估及其结果，在内部审计中具备重要的应用价值。其三，商业银行内部控制多维评价及其结果，在满足商业银行上市需求和对外信息披露的需求中具备重要的应用价值。

63

内部控制多维评价的内容是丰富和开放的，是不断发展变化的。在此，本书从框架图和基本构成两方面进行简要归纳，具体如图3-1所示，并待后续章节进行详述。

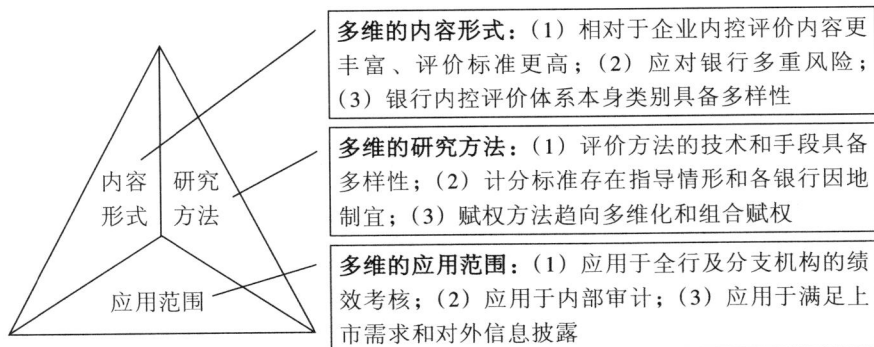

多维的内容形式：（1）相对于企业内控评价内容更丰富、评价标准更高；（2）应对银行多重风险；（3）银行内控评价体系本身类别具备多样性

多维的研究方法：（1）评价方法的技术和手段具备多样性；（2）计分标准存在指导情形和各银行因地制宜；（3）赋权方法趋向多维化和组合赋权

多维的应用范围：（1）应用于全行及分支机构的绩效考核；（2）应用于内部审计；（3）应用于满足上市需求和对外信息披露

内容形式　研究方法　应用范围

图 3-1 商业银行内部控制多维评价内涵框架图

商业银行内部控制多维评价是一个开放的理论体系，评价内容、计分方法、赋权方法上的多样性和评价机制上的灵活性等，既方便具体银行落实其独特的经营战略，又使该评价机制对其他各类型商业银行的内部控制评价工作具有普遍借鉴意义。

例如，商业银行内部控制评价指标设置，应该和具体银行的内部控制环境、风险评估、监督与控制活动等公司层面企业特征相适应；应该和具体银行的业务开展与管理流程制度设计相适应。商业银行增加内部控制评价指标设置数量，应该有助于新兴业务开展，有助于整体评价的贡献度；同时，减少内部控制评价指标设置数量，也能够压缩流程、提高效率、降低成本。因此，高效的、适量的内部控制评价指标设置数量才最适合商业银行的具体应用。

又如，在内部控制整体计分评价方法中应用比率计分法和赛马计分法的创新思维。比率计分法是绩效考核中最常用的计分方法，应用于商业银行内部控制整体评价主要是各单项或组成部分的加总阶段。商业银行内部控制使用比率计分法能够合理设置"达标"的目标值，适用于内部控制的连续年份考核或者单项重点指标达标考核。赛马计分法的引入，很好地契合商业银行通过内部控制评价鼓励被考核者突破评价环境和监管要求的心理束缚、紧紧把握各种市场机会、全力做大做强的实际需要。

再如，商业银行现行内部控制评价指标赋权主要采用主观赋权法，然而，银行业未来的发展要求我们充分重视和利用客观赋权法。为了避免机械地套用客观赋权法，我们还要根据商业银行应用实践采用结合了主观赋权法和客观赋权法优点的组合赋权法。

此外，探讨商业银行内部控制多维评价结果在确定内部审计范围和重点中的应用，探讨商业银行内部控制多维评价结果在内部审计中的需求，都有助于商业银行自身提高审计效率、降低审计成本。商业银行内部控制多维评价理论，当下和将来仍会不断完善、不断前行。

3.3　本章小结

内部控制多维评价针对商业银行经营管理的实际需要，它根植于改革开放以来数十年的实践经验，是中国商业银行从实际出发大胆创新的管理智慧。商业银行内部控制多维评价，总结和升华商业银行在内部控制评价建设中所积累的成功经验，积极探索和试图解决商业银行群体在内部控制评价建设中遇到的问题。

　　中国商业银行对内部控制评价的探索，可以分为以下三个阶段：第一阶段为粗放式评价探索阶段，时间为改革开放初期至 1998 年；第二阶段为精细化评价探索阶段，时间为 1999 年至 2011 年；第三阶段为多维化评价探索阶段，时间为 2012 年之后。

　　进入 21 世纪 10 年代，我国商业银行的风险管理在全球银行业中进入了较好的阶段，内部控制评价的具体环节因此得到系统性梳理和扩展，内部控制评价中，评价方法、评价手段、风险控制、信息披露形成了多维化的评价特征。

　　商业银行内部控制多维评价，从商业银行内部控制评价成长历程和内部控制多维评价的基本内涵出发，深入至商业银行公司层面和业务流程层面内部控制评价指标设置、计分方法与指标赋权方法。同时，扩展至内部控制自我评价、信息沟通保障与信息披露以及内部控制多维评价的管理机制，并将内部控制成果应用于内部审计。

━ **65** ━

　　商业银行内部控制多维评价的具体内涵，可以从内部控制评价内容、内部控制评价方法和内部控制评价应用三个层次理解。

　　第一层次，内部控制评价内容。其一，商业银行内部控制评价相对于企业内部控制评价历史更早、评价内容更丰富、评价标准更高。商业银行内部控制评价不仅需要关注财务报告的内部控制，同时需要关注非财务报告的内部控制。与企业内部控制相比，商业银行内部控制评价内容更多维。其二，商业银行内部控制评价内容中需要应对信用风险、市场风险、操作风险、流动性风险、财务风险、信息科技风险等多重风险，因此需要应对各种风险的多维评价。其三，商业银行内部控制评价体系本身的类别具备多样性，因此评价内容也是多维的。

　　第二层次，内部控制评价方法。商业银行内部控制多维评价方法，以《商业银行内部控制评价试行办法》中"评价程序和方法""评分标准和评价等级"为指导，并结合计分、赋权等领域的最新科研成果，其评价方法是多维的。其一，内部控制评价方法的技术和手段具备多样性特征。其二，内部控制评价计分标准存在《商业银行内部控制评价试行办法》中的指导情形，以及各商业银行因地制宜的具体应用，具备多样性和可扩展性。其三，内部控制评价赋权方法既需要重视主观赋权法，又需要尊重历史数据的客观赋权法，并且商业银行赋权方法趋向多维化和组合赋权。

第三层次，内部控制评价应用。商业银行内部控制多维评价及其结果应用，在商业银行总行及分支机构的绩效考核维度，针对内部控制风险评估和内部审计应用维度，以及针对商业银行上市需求和对外信息披露的维度观测，其评价应用同样是多维的。其一，商业银行内部控制多维评价及其结果，在商业银行总行及分支机构的绩效考核中具备重要的应用价值。其二，商业银行内部控制风险评估及其结果，在内部审计中具备重要的应用价值。其三，商业银行内部控制多维评价及其结果，在满足商业银行上市需求和对外信息披露的需求中具备重要的应用价值。

商业银行内部控制多维评价是一个开放的理论体系，评价内容、计分方法、赋权方法上的多样性和评价机制上的灵活性等既方便具体银行落实其独特的经营战略，又使该评价机制对其他各类型商业银行的内部控制评价工作具有普遍借鉴意义。

商业银行内部控制多维评价指标设置的原则与考量

商业银行内部控制多维评价的指标设置，依据《商业银行内部控制评价试行办法》及监管部门的相关要求，又依据商业银行经营环境、资产规模和工作实践，来源于具体商业银行内部控制评价试行办法及其分支机构年度内部控制评价实施方案等文件内容汇总、提炼和升华，是商业银行工作实践的积累和智慧的结晶，是商业银行内部控制体系的重要组成部分。此外，本章还对内部控制评价指标设置进行了外延性的思考。

本书认为，商业银行内部控制多维评价的指标设置总体应该区分为公司层面评价指标和业务流程层面评价指标，公司层面具体评价指标设置将在第 5 章详细剖析，业务流程层面评价指标设置将在第 6 章进行探讨。

4.1 ———— 内部控制多维评价指标设置的原则 ————

商业银行在对内部控制评价指标设置的过程中，需要突出对重要风险的控制，并保证总分行内部控制管理体系框架设计的一致性。内部控制评价指标设置分别满足中国人民银行和银监会的监管要求，充分体现重要性原则、具体银行问题库及内部控制和风险管理工具的成果。内部控制多维评价指标设置的原则包括理论原则和实践原则。

4.1.1　内部控制多维评价指标设置的理论原则

商业银行内部控制多维评价指标设置的理论原则是，商业银行应当根据《企业内部控制基本规范》《企业内部控制评价指引》《商业银行内部控制指引》以及企业制定的内部控制制度，围绕内部环境、风险评估、控制活动、信息与沟通、内部监督等要素，确定内部控制评价的具体指标设置，对内部控制设计与运行情况进行全面评价。

第一，商业银行组织开展内部环境评价，应当以组织架构、发展战略、人力资源、企业文化、社会责任等应用指引为依据，结合企业制定的内部控制制度，对内部环境的设计及实际运行情况进行认定和评价。

第二，商业银行组织开展风险评估机制评价，应当以《企业内部控制基本规范》《商业银行内部控制指引》有关风险评估的要求，以及各项应用指引中所列主要风险为依据，结合企业制定的内部控制制度，对日常经营管理过程中的风险识别、风险分析、应对策略等进行认定和评价。

第三，商业银行组织开展控制活动评价，应当以《企业内部控制基本规范》《商业银行内部控制指引》和各项应用指引中的控制措施为依据，结合企业制定的内部控制制度，对相关控制措施的设计和运行情况进行认定和评价。

第四，商业银行组织开展信息与沟通评价，应当以内部信息传递、财务报告、信息系统等相关应用指引为依据，结合企业制定的内部控制制度，对信息收集、处理和传递的及时性、反舞弊机制的健全性、财务报告的真实性、信息系统的安全性，以及利用信息系统实施内部控制的有效性等进行认定和评价。

第五，商业银行组织开展内部监督评价，应当以《企业内部控制基本规范》《商业银行内部控制指引》有关内部监督的要求，以及各项应用指引中有关日常管控的规定为依据，结合企业制定的内部控制制度，对内部监督机制的有效性进行认定和评价，重点关注监事会、审计委员会、内部审计机构等是否在内部控制设计和运行中有效发挥监督作用。

4.1.2　内部控制多维评价指标设置的实践原则

商业银行内部控制多维评价指标设置的实践原则是，商业银行在内部控制评价的指标设置实践中应遵循《商业银行内部控制指引》《商业银行内部控制评价试行办法》以及具体银行的内部控制基本制度，从充分性、合规性、有效性和适宜性等四个方面进行考量，包括：（A）过程和风险是否已被充分识别；（B）过程和风险的控制措施是否遵循相关要求，得到明确规定并得以实施和保持；（C）控制措施是否有效；（D）控制措施是否适宜。

商业银行内部控制评价的指标设置在具体的操作中，需要从内部控制环境、风险识别与评估、内部控制措施、监督评价与纠正、信息交流与反馈五个要素环节进行设置。

1）内部控制环境

（1）商业银行公司治理结构与责权。

商业银行应建立以股东大会、董事会、监事会、高级管理层等为主体的公司治理组织架构，保证各机构规范运作，分权制衡，包括：（A）完善股东大会、董事会、监事会及下设的议事和决策机构，建立议事规则和决策程序；（B）明确董事会和董事、监事会和监事、高级管理层和高级管理人员在内部控制中的责任；（C）建立独立董事制度，对董事会讨论事项发表客观、公正的意见；（D）建立外部监事制度，对董事会、董事、高级管理层及其成员进行监督。

董事会负责保证商业银行建立并实施充分而有效的内部控制体系；负责审批整体经营战略和重大政策并定期检查、评价执行情况；负责确保商业银行在法律和政策的框架内审慎经营，明确设定可接受的风险程度，确保高级管理层采取必要措施识别、计量、监测并控制风险；负责审批组织机构；负责保证高级管理层对内部控制体系的充分性与有效性进行监测和评估。

监事会负责监督董事会、高级管理层完善内部控制体系；负责监督董事会及董事、高级管理层及高级管理人员履行内部控制职责；负责要求董事、董事长及高级管理人员纠正其损害商业银行利益的行为并监督执行。

高级管理层负责制定内部控制政策，对内部控制体系的充分性与有效性进行监测和评估；负责执行董事会决策；负责建立识别、计量、监测并控制风险的程序和措施；负责建立和完善内部组织机构，保证内部控制的各项职责得到有效履行。

董事会和高级管理层还应培育良好的内部控制文化，提高员工的风险意识和职业道德素质，建立通畅的内外部信息沟通渠道，确保及时获取与内部控制有关的人力、物力、财力、信息以及技术等资源。

（2）内部控制政策。

商业银行应在各项业务和管理活动中制定明确的内部控制政策，规定内部控制的原则和基本要求，并为制定和评审内部控制目标提供指导。内部控制政策应：（A）与商业银行的经营宗旨和发展战略相一致；（B）体现持续改进内部控制的要求；（C）符合现行法律法规和监管要求；（D）体现出侧重控制的风险类型；（E）体现出对不同地区、行业、产品的风险控制要求；（F）传达给适用岗位的员工，指导员工实施风险控制措施；（G）可为风险相关方所获取，并寻求互利合作；（H）定期进行评审，确保其持续的适宜性和有效性。

（3）内部控制目标。

商业银行应在相关职能和层次上建立并保持内部控制目标。内部控制目标应符合内部控制政策，并体现对持续改进的要求。

在建立和评审内部控制目标时，应考虑法律法规、监管要求和其他要求，以及技术、财务、经营和风险相关方等因素，尤其应考虑监管部门的内部控制指标要求。内部控制目标应可测量，有条件时，目标应用指标予以量化。

（4）组织结构。

商业银行应建立分工合理、职责明确、报告关系清晰的组织结构，明确所有与风险和内部控制有关的部门、岗位、人员的职责和权限，并形成文件予以传达。特别应考虑：（A）建立相应的授权体系，实行统一法人管理和法人授权；（B）必要的职责分离，以及横向与纵向相互监督制约关系；（C）涉及资产、负债、财务和人员等重要事项变动均不得由一人独自决定；（D）明确关键岗位、特殊岗位、不相容岗位及其控制要求；

（E）建立关键岗位定期或不定期的人员轮换和强制休假制度。

商业银行应设立负有内部控制体系建立、实施特殊责任的专门委员会或部门，明确其责任、权限和报告路线。

商业银行应设立全行系统垂直管理、具有充分独立性的内部审计部门。内部审计部门应配备具有相应资质和能力的审计人员；应有权获得商业银行的所有经营、管理信息；应根据对辖属机构的风险评级结果确定审计频率，以及对机构和业务的审计覆盖率，定期或不定期对内部控制的健全性和有效性实施检查、评价；应及时向董事会或董事会审计委员会提交审计报告。董事会及高级管理层应保证审计报告中指出的内部控制的缺失得到及时纠正整改。总行内部审计负责人的聘任和解聘应当经董事会或监事会同意。

（5）企业文化。

商业银行应培育健康的企业文化，对企业文化的内涵及其策划、渗透、评估与改进做出明确的规定；应向员工传达遵守法律法规和实施内部控制的重要性，引导员工树立合规意识和风险意识，提高员工职业道德水准，规范员工职业行为。

（6）人力资源。

商业银行应完善人力资源政策和程序，确保与风险和内部控制有关人员具备相应的能力和意识。

商业银行应明确与风险和内部控制有关人员的适任条件，明确有关教育、工作经历、培训和技能等方面的要求，以确保相关人员的胜任。高级管理人员必须满足监管机构对高级管理人员资质的要求。

商业银行应制订并保持培训计划，以确保高级管理层和全体员工能够完成其承担的内部控制方面的任务和职责。培训计划应定期评审，并应考虑不同层次员工的职责、能力和文化程度以及所面临的风险。

商业银行应对员工引进、退出、选拔、绩效考核、薪酬、福利、专业技术职务管理处罚等日常人事管理做出详细规定，充分考虑人力资源管理过程中的风险。

2）风险识别与评估

（1）经营管理活动风险识别与评估。

商业银行应建立和保持书面程序，以持续对各类风险进行有效的识别与评估。商业银行的主要风险包括信用风险、市场风险（含利率风险）、操作风险、国家和转移风险、流动性风险、法律风险以及声誉风险等。

商业银行应识别并确定常规和非常规的业务和管理活动，并识别这些活动中的风险（无论是否由内部产生），考虑其类型、来源及影响范围，特别应考虑计算机系统运用可能带来的风险。

商业银行应依据法律法规、监管要求以及内部控制政策确定风险是否可接受，以确定是否进一步采取措施。风险可接受时，应监测并定期评审，以确保其持续可接受；风险不可接受时，应制定控制措施。

商业银行对各类风险进行识别与评估时应充分考虑内部和外部因素。其中，内部因素包括组织结构的复杂程度、银行业务性质、机构变革以及员工的流动等；外部因素包括经济形势波动、行业变动趋势等。

当环境和条件发生变化时，商业银行应及时对风险进行再识别和再评估，以确保任何新的和以前未曾予以控制的风险得到识别和控制。风险识别与评估应：（A）依据业务范围、性质和时限主动进行；（B）评估风险的后果、概率和风险级别；（C）必要时开发并运用风险量化评估的方法和模型。

（2）法律法规、监管要求和其他要求的识别。

商业银行应建立并保持识别和获取适用法律法规、监管要求和其他要求的程序，作为风险识别与评估、制定控制目标和控制方案的依据。

商业银行应及时更新法律法规、监管要求和其他要求的信息，并将这些信息传达给相关员工和其他风险相关方。

（3）内部控制方案。

商业银行应该制订内部控制方案，以控制已识别的不可接受风险。内部控制措施方案应包括以下内容：（A）为实现对风险的控制而规定的相关职责与权限；（B）控制的策略、方法、资源需求和时限要求。若涉及组织结构、流程、计算机系统等方面的重大变更，应考虑可能产生的新风险。

3）内部控制措施

（1）运行控制。

商业银行应确定需要采取控制措施的业务和管理活动，依据所策划的控制措施或已有的控制程序对这些活动加以控制。

①控制措施包括：（A）高层检查。董事会与高级管理层应要求下级部门及时报告经营管理情况和特别情况，以检查内部控制的实施状况以及在实现内部控制目标方面的进展。高级管理层应根据检查情况提出内部控制缺失情况，督促职能管理部门改进。（B）行为控制。各级职能管理部门审查每天、每周或每月收到的经营管理情况和特别情况专项报表或报告，提出问题，要求采取纠正整改措施。（C）实物控制。主要的控制措施包括实物限制、双重保管和定期盘存等。（D）风险暴露限制的审查。审查遵循风险暴露限制方面的合规性，违规时继续跟踪检查。（E）审批与授权。根据若干限制条件对各项业务、管理活动进行审批与授权，明确各级的管理责任。（F）验证与核实。验证各项业务、管理活动以及所采用的风险管理模型结果，并定期核实相关情况，及时发现需要修正的问题，并向职能管理部门报告。（G）不兼容岗位的适当分离。实行适当的职责分工，认定潜在的利益冲突并使之最小化。

②控制要点包括：（A）对可能导致偏离内部控制政策、目标的运行情况，应建立并保持书面程序和要求，并在程序中规定操作和控制标准。（B）对重要活动应实施连续记录和监督检查。（C）在可能的情况下，应考虑运用计算机系统进行控制。（D）对采购或外包的设施、设备、系统和服务中已识别的风险，应建立并保持控制程序，并将有关程序和要求通报供方，确保其遵守商业银行相关的控制要求。（E）对产品、组织结构、流程、计算机系统的设计过程，应建立有效的控制程序。

（2）计算机系统环境下的控制。

商业银行应考虑计算机系统环境下的业务运行特征，建立信息安全管理体系，对硬件、操作系统和应用程序、数据和操作环境，以及设计、采购、安全和使用实施控制，确保信息的完整性、安全性和可用性。明确计算机信息系统开发部门、管理部门与应用部门的职责，建立和健全计算机信息系统风险防范的制度，确保计算机信息系统设备、数据、系统运行和系统环境的安全。

（3）应急准备与处置。

商业银行应建立并保持预案和程序，以识别可能发生的意外事件或紧急情况（包括计算机系统）。意外事件和紧急情况发生时，应及时做出应急处置，以预防或减少可能造成的损失，确保业务持续开展。

商业银行应定期检查、维护应急的设施、设备和系统，确保其处于适用状态。如可行，应定期测试应急预案。

商业银行应评审其应急预案，特别是意外事件或紧急情况发生之后。应急准备应与可能发生的意外事件或紧急情况（包括事故、险情）的性质相适应。

4）监督评价与纠正

（1）内部控制绩效监测。

商业银行应建立并保持书面程序，通过适宜的监测活动，对内部控制绩效进行持续监测。商业银行内部控制监测内容包括：（A）内部控制目标实现程度；（B）法律、法规及监管要求的遵循程度；（C）事故、险情和其他不良的内部控制绩效的历史情况。

（2）违规、险情、事故处置和纠正及预防措施。

商业银行应建立并保持书面程序，对违规、险情、事故的发现、报告、处置和纠正及预防措施做出规定，包括：（A）发现违规、险情、事故并及时报告，必要时，可越级报告；（B）及时处置违规、险情、事故；（C）制定纠正与预防措施，防止违规、险情、事故的发生和再发生，并与问题的大小和风险危害程度相一致；（D）纠正与预防措施在实施之前应进行风险评估；（E）实施并跟踪、验证纠正与预防措施；（F）险情和事故的责任追究。

（3）管理评审。

董事会应采取措施保证定期对内部控制状况进行评审，确保体系得到持续、有效的改进。管理评审应包括以下方面的内容：（A）内部控制体系评价的结果；（B）内部控制政策执行情况和内部控制目标实现情况；（C）对内部控制体系有重要影响的外部信息，如法律、法规的重大变化；（D）组织结构的重大调整；（E）事故和险情以及重大纠正和预防措施的状况；（F）以往管理评审的跟踪情况；（G）内部控制体系改进的建议。

管理评审应就以下方面提出改进措施并落实：（A）内部控制体系及其过程的改进；（B）内部控制政策、目标的变更；（C）与内部控制有关资源的需求。

5）信息交流与反馈

（1）交流与沟通。

商业银行应建立并保持信息交流与沟通的程序，明确对财务、管理、业务、重大事件和市场信息等相关信息识别、收集、处理、交流、沟通、反馈、披露的渠道和方式。

商业银行应识别其内部和外部的风险相关方，考虑他们的要求和目标，建立与这些相关方进行信息交流的机制，确保：（A）董事会和高级管理层能够及时了解业务信息、管理信息以及其他重要风险信息；（B）所有员工充分了解相关信息、遵守涉及其责任和义务的政策和程序；（C）险情、事故发生时，相关信息能得到及时报告和有效沟通；（D）及时、真实、完整地向监管机构和外界报告、披露相关信息；（E）国内外经济、金融动态信息的取得和处理，并及时把与企业既定经营目标有关的信息提供给各级管理层。

信息交流与沟通应考虑信息的安全性和保密性要求，相关信息的报告、发布、披露应经过授权。为保持信息交流沟通的可追溯性，必要时，应保持相关信息交流与沟通的记录。

（2）内部控制体系对文件体系的要求。

建立和保持文件化体系是实现信息交流与反馈的重要途径。商业银行应建立并保持必要的内部控制体系文件，包括：（A）对内部控制体系要素及其相互作用的描述；（B）内部控制政策和目标；（C）关键岗位及其职责与权限；（D）不可接受的风险及其预防和控制措施；（E）控制程序、作业指导、方案和其他内部文件。

商业银行应建立并保持书面程序，以确保内部控制体系所要求的文件满足下列要求：（A）易于查询；（B）实施前得到授权人的批准；（C）定期评审，必要时予以修订并由授权人员确认其适宜性；（D）所有相关岗位都能得到有效版本；（E）失效时，及时从所有发放处和使用处收回，或采取其他措施防止误用；（F）及时识别、处置外来文件并进行标识，必要时转化为内部文件；（G）留存的档案性文件和资料应予以适当标识。

（3）记录控制。

商业银行应建立并保持书面程序，以规定内部控制相关活动中所涉及记录的标识、生成、贮存、保护、检索、保存期限和处置。

商业银行的记录应保持清晰、易于识别和检索，以提供符合要求和内部控制体系有效运行的证据，并可追溯到相关的活动。

4.2 ———— 内部控制多维评价指标设置的具体考量 ————

商业银行内部控制多维评价指标设置考量时，一方面，以业务内部控制评价和非业务内部控制评价作为基本分类；另一方面，依照监管要求和内部控制理论成果，将内部控制多维评价内容设置为内部控制环境、风险识别与评估、内部控制措施、监督评价与纠正和信息交流与反馈五大类。

1）商业银行内部控制多维评价基本分类

商业银行内部控制多维评价分为业务内部控制评价和非业务内部控制评价。其中：

业务内部控制评价主要包括但不限于以下范围：（A）存款和柜面业务内部控制评价；（B）授权授信业务内部控制评价（对公、对私）；（C）国际业务内部控制评价；（D）银行卡业务内部控制评价；（E）电子银行业务内部控制评价；（F）资金营运业务内部控制评价；（G）中间业务内部控制评价（理财业务）；（H）信息科技运营内部控制评价。

非业务内部控制评价主要是指针对除业务条线以外的其他银行管理活动所开展的专项评价工作。

2）商业银行内部控制多维评价内容

（1）内部控制环境。

内部控制环境是决定银行内部控制水平的关键要素之一。商业银行内部控制环境根据被评价对象的层级不同而有所区别。以下所列项目为针对全行相关业务条线或各分支机构开展内部控制评价时的通用构成要素。全行整体内部控制评价环境部分应包括银行公司治理，董事会、监事会、高级管理层的责任等事项。

①内部控制政策：被评价单位（或条线）是否按照外部法律、法规的

变化、监管要求等，制定符合管理要求和实际需要的各项内部制度，包括操作流程及实施细则，是否适时进行废止、更新等工作；分支机构是否根据总行各主管部门制定下发的各类内部制度制定具体的控制要点和实施细则，并及时组织学习、传达至各级营业机构和业务人员。

②目标设定：被评价单位（或条线）是否根据全行的发展目标和战略，建立切实可行的业务目标和管理目标；是否根据政策变化和实际情况进行调整并及时有效传达到各级管理层和员工；是否根据目标的重要性合理配置相关资源。

③组织结构及职责分离：被评价单位（或条线）是否制定及执行关于不相容岗位及重要岗位轮岗轮换的相关管理办法，建立分工合理、职责明确、报告路线清晰的各类业务和管理活动的组织结构；是否明确所有与风险和内部控制有关的机构、部门、岗位的职责和权限，并根据业务变化及时做出调整；是否重点加强对授权和关键岗位的控制管理。

④人力资源：被评价单位（或条线）是否建立明确的员工聘用、薪酬和晋升的制度和程序，是否针对不同条线制定准入要求，人员配备是否充足及是否胜任；分支机构是否根据《商业银行全员问责管理暂行规定》《商业银行员工行为准则》等办法建立健全并实施合理、有效的激励约束机制；是否建立员工培训机制，并开展形式多样的培训工作，不断提高员工的业务素质和工作能力。

⑤内部控制文化：被评价单位（或条线）是否充分重视内部控制文化建设，定期组织培训、引导员工职业行为规范，注重培养员工树立正确的价值观和职业道德，提高员工的风险防范意识和合规意识；相关员工是否熟知相关业务的主要风险点等。

（2）风险识别与评估。

①风险识别：被评价单位（或条线）是否及时、准确、充分识别出影响内部控制目标实现的各类内部、外部风险因素；各级管理人员是否对各条线及重大风险隐患或事项按照一定的频率和内容持续进行风险排查。

②风险评估：被评价单位（或条线）是否采用恰当的定性和定量方法评估风险，充分考虑固有风险和剩余风险及风险之间的关联性，并当环境和条件变化时，及时对风险进行再识别和再评估。

③风险应对：被评价单位（或条线）是否针对已识别、评估的风险以及外部监管部门、内部提示的风险，及时采取风险应对措施，针对可能出现的紧急情况制定应急预案。

④风险监测：被评价单位（或条线）是否建立完善的风险监控手段和流程，建立并执行风险预警机制，及时对重大风险事项进行评估和预警。

（3）内部控制措施。

被评价单位（或条线）是否以业务流程为导向，以环节和事项为重点，针对各类专业条线的经营管理活动中所存在的各种风险采取恰当的内部控制措施，上述措施是否被有效执行。评价具体过程包括但不限于下述业务条线和具体控制措施的内容：

①存款和柜面业务：被评价单位（或条线）是否严格按照规定对账户、印鉴、重要凭证、现金、上门服务、轮岗休假、对账、事后监督、大额交易等业务和事项进行风险控制。

②授权授信业务：被评价单位（或条线）是否严格按照授权管理办法进行授权或转授权；是否按规定对客户进行信用等级评定和实行统一的授信控制；是否严格按照工作规程审议重要事项；是否按规定对各类授信业务进行全过程管理，并重点监控授信大户的信贷风险；是否对贷款呆账核销工作严格管理及对抵贷资产的受偿、处置按规定审查、审批管理等。

③国际业务：被评价单位（或条线）是否按规定办理结售汇及相关业务；对贸易融资、国际结算、外汇担保等业务是否有严格的控制措施并执行。

④银行卡业务：被评价单位（或条线）是否按规定对领卡、制卡、发卡、保管等风险环节进行严格控制；是否有严格的发卡审核流程和客户回访制度，并有效执行；是否强化透支催收管理等。

⑤电子银行业务：被评价单位（或条线）是否按规定对电子银行柜员签发、注册、变更、注销，网上银行客户注册、信息变更，客户证书制作、保管、传递等风险环节进行控制。

⑥资金营运业务：被评价条线是否按规定对资金营运进行控制，严格执行资金头寸管理，岗位设置是否符合规定，授权内限额及授权外限额业务是否有相应的管理制度及是否严格执行。

⑦中间业务：被评价单位（或条线）在开办中间业务时是否经过审批与报备，是否建立完善的业务操作流程并严格执行，是否按规定制定收费标准并严格执行。

⑧信息科技运营业务：被评价单位（或条线）是否建立严密的内部制度对计算机硬件和软件进行严格控制，并是否严格执行；对数据、网络、机房等方面的安全是否有相应的控制；针对营业机构及重要部位的紧急突发事件，是否建立有效的应急预案和措施。

（4）监督评价与纠正。

①监督评价：被评价单位（或条线）是否建立并履行各业务和管理条线的检查制度和程序；事后监督是否有严密的操作流程，能否及时、全面、有效地监督各项业务；是否建立健全会计或运营部门的检查制度，保证检查记录真实、有效。

②报告缺陷：被评价单位（或条线）是否建立各项内外部审计、检查制度，是否建立发现控制缺陷的交流渠道和报告路径，并有跟踪落实措施。

③缺陷纠正：被评价单位（或条线）是否建立缺陷纠正程序，是否在所辖范围部署整改工作，是否实现责任到人，是否杜绝屡查屡犯情况，是否有缺陷纠正的后评价机制等。

（5）信息交流与反馈。

①信息管理机制：被评价单位（或条线）是否建立内外部信息反馈与交流的制度和渠道，进行必要的资源配置和系统建设；是否建立并有效执行信息安全和保密机制。

②信息质量：被评价单位（或条线）是否保证经营、风险管理等各类有效信息的真实、准确、完整、有效利用及管理。

③信息沟通：被评价单位（或条线）是否保证内部、外部的信息传输与反馈的及时、准确、充分。

4.3　商业银行内部控制评价指标设置的思考

商业银行对于内部控制评价指标的设置基于2004年《商业银行内部

控制评价试行办法》、2007年《商业银行内部控制指引》和2010年《企业内部控制配套指引》中的《企业内部控制评价指引》等官方指导标准和原则；也受到巴塞尔协议（Basel Ⅰ、Basel Ⅱ和Basel Ⅲ）的约束；同时，更是中国银行业，特别是起步较早的国有银行和部分股份制银行多年经营经验的积累和推广。

　　商业银行内部控制评价指标设置可以说是各具特色。然而，下述原因制约着商业银行内部控制评价指标设置的同业研究：

　　其一，内部控制评价指标设置的具体细节并不是上市商业银行在内部控制评价报告中强制披露的内容。根据16家上市银行的统计，截至2016年年末，仅北京银行具体披露了内部控制评价指标设置的大类与评价点数量。

　　其二，内部控制评价报告也仅在上市公司分类分批执行，非上市银行基本不对外披露内部控制评价报告，或仅在年度财务报告中提及内部控制建设的基本内容，因此，内部控制评价指标设置的具体细节无从获取。

　　本书以北京银行和D银行[①]为例，对商业银行内部控制评价指标设置进行思考，如图4-1、图4-2所示。

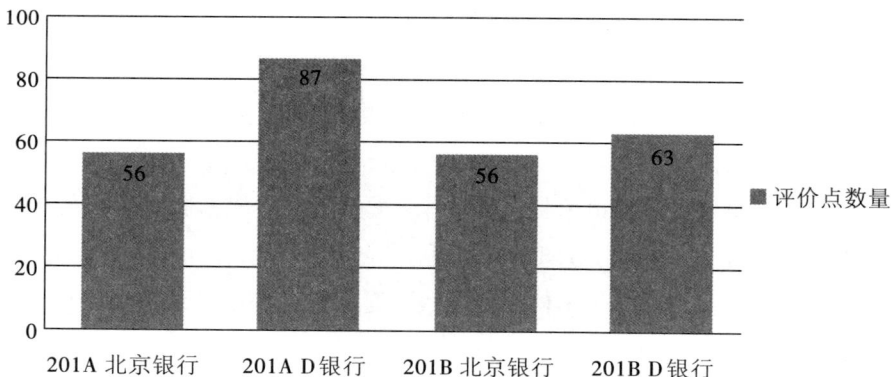

评价点数量（公司层面）

图4-1　北京银行和D银行公司层面内部控制评价指标设置对比图

注：数据及信息来源为北京银行官方网站和D银行内部数据。

---

　　① D银行是本书研究虚拟的一个商业银行集合体，详见第12章。

评价点数量（业务和管理流程层面）

图4-2　北京银行和D银行业务和管理流程层面内部控制评价指标设置对比图

注：数据及信息来源为北京银行官方网站和D银行内部数据。

由于内部控制建设与信息披露源于2010年之后，因此，本书选择201A年和201B年两个会计年度进行比对。

由图4-1可以看出，201A年和201B年，北京银行公司层面内部控制评价指标设置数量相同，为56个评价点；D银行公司层面内部控制评价指标设置数量有所下降，减少了27.59%。

由图4-2可以观测到，201A年和201B年，北京银行业务和管理流程层面内部控制评价指标设置数量由201A年的94个评价点跃升为201B年的1 187个评价点，业务和管理流程层面评价点激增1 262.77%；D银行业务和管理流程层面内部控制评价指标设置数量同样有所增加，由201A年的249个评价点跃升为201B年的287个评价点，增加了15.26%。

根据图4-1和图4-2的趋势，很难发现北京银行和D银行内部控制评价指标设置数量（评价点）的具体趋势。然而，可以由此看出一些端倪，内部控制评价的有效性并不能因为内部控制评价指标设置的数量决定，也不能由内部控制评价总体的评价点数量决定。

商业银行内部控制评价指标设置，应该和具体银行的内部控制环境、风险评估、监督与控制活动等公司层面企业特征相适应；应该和具体银行的业务开展与管理流程制度设计相适应。

商业银行增加内部控制评价指标设置数量，应该有助于新兴业务开展，有助于整体评价的贡献度；同时，减少内部控制评价指标设置数量，也能够压缩流程、提高效率、降低成本。因此，高效的、适量的内部控制评价指标设置数量才最适合商业银行的具体应用。

4.4 本章小结

商业银行内部控制多维评价的指标设置，依据《商业银行内部控制评价试行办法》及监管部门的相关要求，又依据商业银行经营环境、资产规模和工作实践，来源于具体商业银行内部控制评价试行办法及其分支机构年度内部控制评价实施方案等文件内容汇总、提炼和升华，是商业银行工作实践的积累和智慧的结晶，是商业银行内部控制体系的重要组成部分。

商业银行在对内部控制评价指标设置的过程中，需要突出对重要风险的控制，并保证总分行内部控制管理体系框架设计的一致性。内部控制评价指标设置分别满足中国人民银行和银监会的监管要求，充分体现重要性原则、具体银行问题库及内部控制和风险管理工具的成果。本书认为，商业银行内部控制多维评价的指标设置总体区分为公司层面评价指标和业务流程层面评价指标。

内部控制多维评价的指标设置原则包括理论原则、实践原则和内部控制多维评价指标设置的具体考量。其中：

商业银行内部控制多维评价指标设置的理论原则是，商业银行应当根据《企业内部控制基本规范》《企业内部控制评价指引》《商业银行内部控制指引》以及企业制定的内部控制制度，围绕内部环境、风险评估、控制活动、信息与沟通、内部监督等要素，确定内部控制评价的具体指标设置原则。

商业银行内部控制多维评价指标设置的理论原则是，商业银行在内部控制评价的指标设置实践中，应当遵循《商业银行内部控制指引》《商业银行内部控制评价试行办法》以及具体银行的内部控制基本制度，从充分性、合规性、有效性和适宜性等四个方面进行考量，并在具体的操作中从内部控制环境、风险识别与评估、内部控制措施、监督评价与纠正、信息交流与反馈五个要素环节进行设置。

第4章　商业银行内部控制多维评价指标设置的原则与考量

内部控制多维评价指标设置的具体考量中，一方面，以商业银行业务内部控制评价和非业务内部控制评价作为基本分类；另一方面，依照监管要求和内部控制理论成果，将内部控制多维评价内容设置为内部控制环境、风险识别与评估、内部控制措施、监督评价与纠正和信息交流与反馈五大类。

商业银行对于内部控制评价指标的设置基于2004年《商业银行内部控制评价试行办法》、2007年《商业银行内部控制指引》和2010年《企业内部控制配套指引》中的《企业内部控制评价指引》等官方指导标准和原则；也受到巴塞尔协议（Basel Ⅰ、Basel Ⅱ和Basel Ⅲ）的约束；同时，更是中国银行业，特别是起步较早的国有银行和部分股份制银行多年经营经验的积累和推广。

本书还以北京银行和D银行为例，对商业银行内部控制评价指标设置进行思考。通过比对研究发现，商业银行内部控制评价指标设置，应该和具体银行的内部控制环境、风险评估、监督与控制活动等公司层面企业特征相适应；应该和具体银行的业务开展与管理流程制度设计相适应。商业银行增加内部控制评价指标设置数量，应该有助于新兴业务开展，有助于整体评价的贡献度；同时，减少内部控制评价指标设置数量，也能够压缩流程、提高效率、降低成本。因此，高效的、适量的内部控制评价指标设置数量才最适合商业银行具体应用。

▶ 第 5 章 ◀

商业银行公司层面内部控制多维评价指标设置

商业银行对内部控制多维评价指标的设置，需要分别满足监管要求、重要性原则、具体银行问题库及内部控制和风险管理工具的成果，将内部控制多维评价指标设置总体区分为公司层面评价指标和业务流程层面评价指标。本章重点探讨公司层面内部控制多维评价指标设置；业务流程层面多维评价指标设置随后探讨。

5.1 概 述

商业银行内部控制多维评价公司层面评价指标包括内部控制环境、风险识别与评估、监督评价与纠正、信息交流与反馈四个部分，本书设计了近百个评价点。其中，监督评价与纠正项目中突出了对一道防线履职尽责的考核。

公司层面内部控制多维评价指标分类与分值见表5-1。

表5-1　　**商业银行公司层面内部控制多维评价指标分类与分值表**

评价指标	标准分值
内部控制环境	30分
风险识别与评估	30分
信息交流与反馈	10分
监督评价与纠正（含互评价10分）	30分
小计	100分

5.2 　内部控制环境指标

商业银行内部控制多维评价内部控制环境指标包括六条共 24 个评价点，六条评价大类具体分别为：高级管理层责任、内部控制政策、内部控制目标、组织结构、企业文化和人力资源。以下以表格的形式列示各指标设置与评价的具体方法。

1）第一条　高级管理层责任

高级管理层责任指标的评价要点包括：高级管理层职责分工是否全面和明晰；高级管理层是否重视内部控制；高级管理层是否及时掌握和处理内外部监管检查发现的问题；高级管理层是否采取措施引导管理人员和全体员工参与到内部控制活动中，以保证内部控制的各项职责得到有效履行（见表 5-2）。

表 5-2　　　　　　　　　高级管理层责任指标设置与评价表

评价要点	评价方法	应调阅资料
（1）高级管理层职责分工是否全面和明晰	（1）查阅高级管理层是否有职责分工文件，确认职责划分是否全面，是否存在重复或有歧义的情况，前台和后台、经营和监管职责是否分离	（1）高级管理层职责分工文件
（2）高级管理层是否重视内部控制	（2）查阅年初和年中行长会议、各项业务年度会议、评价期内被评价行制定出台的内部控制规章制度等有关资料，检查高级管理层是否强调内部控制、风险防范工作重要性、要求、措施等	（2）行长会议、各项业务年度会议记录
（3）高级管理层是否及时掌握和处理内外部监管检查发现的问题	（3）查阅高级管理层针对内外部监管检查发现的问题审阅和批示情况，确认是否提出明确的处理意见，是否根据发现的问题及时做出处理决定，是否交办并督促有关部门认真落实整改	（3）对内外部监管检查发现问题的批示及处理意见
（4）高级管理层是否采取措施引导管理人员和全体员工参与到内部控制活动中，以保证内部控制的各项职责得到有效履行	（4）询问并查阅高级管理层采取的具体措施以及措施具体实施的佐证	（4）内部控制活动方案及措施

2） 第二条　内部控制政策

内部控制政策指标的评价要点包括：是否建立较完善的、文件化的内部控制制度；内部控制制度内容是否体现出对重要业务操作环节的风险控制要求；内部控制制度是否为员工所了解和掌握；总行制定的员工轻微违规积分制度和违规处罚处理规定是否传达到员工，并为员工所熟知（见表5-3）。

表5-3　　　　　　　　内部控制政策指标设置与评价表

评价要点	评价方法	应调阅资料
（1） 是否建立较完善的、文件化的内部控制制度	（1） 查阅分行内部控制制度，重点检查总行已制定明确内部控制制度的，分行是否按要求制定相关的实施细则，或根据本行实际业务制定落实相关内部控制制度的办法和措施	（1） 各类业务的操作实施细则、操作手册等
（2） 内部控制制度内容是否体现出对重要业务操作环节的风险控制要求	（2） 查阅分行内部控制制度，确认是否制定风险控制要求	（2） 分行内部控制制度、风险控制要求
（3） 内部控制制度是否为员工所了解和掌握	（3） 通过笔试进行测试，测试范围包括总行下发的各类禁止性规定和内部控制要求等	（3） 下发测试卷进行评分
（4） 总行制定的员工轻微违规积分制度和违规处罚处理规定是否传达到员工，并为员工所熟知	（4） 通过谈话、笔试等方式，了解员工是否熟知职业道德标准和违规行为的界限及后果，了解员工是否明白其职权范围违规违纪行为的表现形式	（4） 违规计分相关文件和通知、轻微违规处罚记录

3） 第三条　内部控制目标

内部控制目标指标的评价要点包括：是否建立明确、有效的内部控制目标；内部控制目标是否可测量或可考核；内部控制目标是否落实到相关职能部门和营业网点（见表5-4）。

4） 第四条　组织结构

组织结构指标的评价要点包括：是否设立分工合理、职责明确、报告关系清晰的存款和柜台业务组织体系并形成书面文件；是否考虑职责分离

表5-4　　　　　　　　　　内部控制目标指标设置与评价表

评价要点	评价方法	应调阅资料
（1）是否建立明确、有效的内部控制目标	（1）查阅评价期被评价行内部控制目标或规划文件等资料，检查是否提出明确的内部控制目标，目标是否考虑法律法规、监管部门等要求，以及技术、财务、经营和风险相关方等因素	（1）设立内部控制目标相关的文件
（2）内部控制目标是否可测量或可考核	（2）查阅职能部门管理办法和工作意见，检查内部控制目标是否能够测量，是否可以量化考核	（2）各职能部门内部控制相关管理办法和工作意见
（3）内部控制目标是否落实到相关职能部门和营业网点	（3）查阅有关部门工作意见和管理办法，检查内部控制目标是否全面落实，营业网点工作意见和考核办法是否体现内部控制目标	（3）营业网点工作意见和考核办法

87

以及横向与纵向的相互监督制约关系；岗位职责规定是否全面、有可操作性，不流于形式，员工是否了解自身岗位职责，正确履行职责（见表5-5）。

表5-5　　　　　　　　　　组织结构指标设置与评价表

评价要点	评价方法	应调阅资料
（1）是否设立分工合理、职责明确、报告关系清晰的存款和柜台业务组织体系并形成书面文件	（1）查阅分行职能部门设置和职能分工文件，检查各部门职责是否明确，符合监管要求	（1）各职能部门职责分工文件
（2）是否考虑职责分离以及横向与纵向的相互监督制约关系	（2）查阅分行各职能部门职能分工文件，检查分行是否建立职责分离、横向与纵向相互监督制约机制	（2）各职能部门职责分工文件
（3）岗位职责规定是否全面、有可操作性，不流于形式，员工是否了解自身岗位职责，正确履行职责	（3）查阅岗位职责说明书或内部控制制度，检查岗位职责的设定是否合理	（3）岗位职责说明书

5）第五条　企业文化

企业文化指标的评价要点包括：是否制订了内部控制合规文化建设方案，采取宣传、培训和研讨等形式传播内部控制合规理念；是否对内部控制先进的机构、部门或员工予以奖励，树立内部控制合规典型（见表5-6）。

表5-6　　　　　　　　　**企业文化指标设置与评价表**

评价要点	评价方法	应调阅资料
（1）是否制订了内部控制合规文化建设方案，采取宣传、培训和研讨等形式传播内部控制合规理念	（1）查阅内部控制合规文化相关文档，重点查看是否把内部控制原则、风险意识、风险控制、风险防范，以及出现险情或损失的对策等概念作为合规文化建设重点和对员工的教育内容。开展内部控制文化宣传活动的相关佐证，包括会议记录、照片等	（1）开展内部控制合规文化的方案。开展内部控制文化宣传活动的相关佐证，包括会议记录、照片等
（2）是否对内部控制先进的机构、部门或员工予以奖励，树立内部控制合规典型	（2）对优秀兼职合规员和合规先进员工进行激励（奖励或表彰）的相关佐证，包括会议记录、奖状、照片等	（2）对优秀兼职合规员和合规先进员工进行激励（奖励或表彰）的相关佐证，包括会议记录、奖状、照片等

6）第六条　人力资源

人力资源指标的评价要点包括：是否建立了重要岗位人员的准入、退出机制；重要岗位人员是否具备胜任能力并充分履职尽职；是否将合规执行情况纳入员工绩效考评体系；是否按规定进行重要岗位人员轮岗；是否实行强制休假制度；是否制订并完成年度或期间培训计划以保证员工不断提升履岗能力；开展业务培训的同时进行考核验收，考试内容、管理是否流于形式；是否专门开展员工职业道德教育或案例警示教育活动（见表5-7）。

表 5-7　　　　　　　　　　**人力资源指标设置与评价表**

评价要点	评价方法	应调阅资料
（1）是否建立了重要岗位人员的准入、退出机制	（1）查阅重要岗位人员准入时的录用手续，确认是否对其从业背景及经历进行审核，查阅专业人员资格证书等，审查其是否取得从业资格；是否实行严格的准入和退出制度；对掌握本行重要商业秘密的员工是否建立和执行离岗限制规定	（1）重要岗位人员从业资格证书、录用手续、准入及离岗相关规章制度
（2）重要岗位人员是否具备胜任能力并充分履职尽职	（2）查阅重要岗位人员半年度及年度的考核评价结果，确认重要岗位人员是否胜任本职工作	（2）重要岗位人员半年度及年度考核评价结果
（3）是否将合规执行情况纳入员工绩效考评体系	（3）查阅绩效考核方案，检查方案的科学性、合理性以及执行情况	（3）绩效考核方案
（4）是否按规定进行重要岗位人员轮岗	（4）查阅重要岗位人员轮岗资料，了解重要岗位人员任职年限，确认是否按规定对重要岗位人员进行定期或不定期的岗位轮换	（4）重要岗位人员轮岗资料
（5）是否实行强制休假制度	（5）查阅强制休假资料，检查强制休假制度执行情况	（5）强制休假资料
（6）是否制订并完成年度或期间培训计划以保证员工不断提升履岗能力	（6）查阅员工年度培训计划及完成情况	（6）员工年度培训计划及完成情况
（7）开展业务培训的同时进行考核验收，考试内容、管理是否流于形式	（7）查阅相关考试档案，必要时通过口试再次核查	（7）业务培训的考试档案
（8）是否专门开展员工职业道德教育或案例警示教育活动	（8）查阅相关记录、照片、录像等资料，确认是否开展活动	（8）开展员工职业道德或案例警示教育活动的相关记录

89

5.3　风险识别与评估指标

商业银行内部控制多维评价风险识别与评估指标包括三条共 17 个评价点，三条评价大类具体分别为：经营管理活动的风险识别与评估；法律法规、监管要求和其他要求的识别；内部控制方案。以下仍以表格的形式列示各指标设置与评价的具体方法。

1）第一条　经营管理活动的风险识别与评估

经营管理活动的风险识别与评估指标的评价要点包括：是否建立有效识别风险的机制；是否建立覆盖主要业务条线的风险点清单；风险识别与评估是否考虑经济形势波动、行业变动趋势等外部因素；风险识别与评估是否考虑组织结构、业务性质、机构变革以及员工流动等内部因素；当外部环境和条件发生变化时，是否及时对风险进行再识别和再评估，并能够及时传达和改进到位；是否对各类业务风险的后果及发生的可能性等进行评估，评估的结果是否形成文件；在设计新的分支机构或开办新的业务时，是否事先制定各业务操作的制度和程序，是否对潜在风险提出防范措施；能否及时发现由于员工的思想道德及业务素质问题所产生的风险，并重视对员工的法制教育和职业道德教育；是否建立并保持应急预案及程序，应对已识别的重大违规、意外和紧急事件；对已识别或已发生的风险是否及时、明确地进行提示。上述评价点的具体指标设置与评价见表 5-8。

表 5-8　　**经营管理活动的风险识别与评估指标设置与评价表**

评价要点	评价方法	应调阅资料
（1）是否建立有效识别风险的机制	（1）查阅各主要业务部门风险识别的规章制度、风险报告等，检查各项业务是否建立识别市场风险、信用风险、操作风险、利率风险、流动性风险、法律风险、信誉风险等主要风险的程序、途径	（1）各主要业务部门规章制度、风险报告
（2）是否建立覆盖主要业务条线的风险点清单	（2）查阅相关风险清单	（2）各业务条线风险清单

评价要点	评价方法	应调阅资料
（3）风险识别与评估是否考虑经济形势波动、行业变动趋势等外部因素	（3）查阅有关部门风险报告，报告内容是否包括宏观经济政策、产业政策及时调整风险监测重点领域、范围和内容；对经济形势、行业变动趋势和法律法规、监管要求、内部控制政策以及银行组织结构、业务性质、机构变革和员工流动等事项变化，是否进行风险的再识别和再评估，确保新的和以前未曾予以控制的风险得到识别和控制	（3）各主要业务部门风险报告
（4）风险识别与评估是否考虑组织结构、业务性质、机构变革以及员工流动等内部因素	（4）查阅有关部门风险报告，报告内容是否包括宏观经济政策、产业政策及时调整风险监测重点领域、范围和内容；对经济形势、行业变动趋势和法律法规、监管要求、内部控制政策以及银行组织结构、业务性质、机构变革和员工流动等事项变化，是否进行风险的再识别和再评估，确保新的和以前未曾予以控制的风险得到识别和控制	（4）相关文件
（5）当外部环境和条件发生变化时，是否及时对风险进行再识别和再评估，并能够及时传达和改进到位	（5）查阅有关部门风险报告，报告内容是否包括宏观经济政策、产业政策及时调整风险监测重点领域、范围和内容；对经济形势、行业变动趋势和法律法规、监管要求、内部控制政策以及银行组织结构、业务性质、机构变革和员工流动等事项变化，是否进行风险的再识别和再评估，确保新的和以前未曾予以控制的风险得到识别和控制	（5）相关文件
（6）是否对各类业务风险的后果及发生的可能性等进行评估，评估的结果是否形成文件	（6）查阅各类业务风险评估报告，确认报告内容是否涵盖了各类风险发生的后果及可能性	（6）各类业务风险评估报告

评价要点	评价方法	应调阅资料
（7）在设计新的分支机构或开办新的业务时，是否事先制定各业务操作的制度和程序，是否对潜在风险提出防范措施	（7）查阅开办分支机构或新业务时的相关手续，确认是否包括了各业务操作的制度和程序	（7）开办分支机构或新业务的相关手续，各类业务操作手册
（8）能否及时发现由于员工的思想道德及业务素质问题所产生的风险，并重视对员工的法制教育和职业道德教育	（8）查阅对员工开展法制教育及职业道德教育的相关业务记录、照片等资料	（8）开展法制教育及职业道德教育的相关业务资料
（9）是否建立并保持应急预案及程序，应对已识别的重大违规、意外和紧急事件	（9）查阅被评价行应急预案，检查是否识别潜在的事故（风险）和紧急情况；是否明确意外、紧急情况发生时负责人；是否制订各类人员行动计划；是否明确紧急情况发生时特定作用人员职责、权限、义务；是否明确与外部应急机构接口；是否安排重要记录和重要设备的保护；是否明确紧急情况发生时可利用的必要设备和资料，如报警设备和电话号码；是否定期检查和更新应急预案	（9）应急预案
（10）对已识别或已发生的风险是否及时、明确地进行提示	（10）查阅有关部门资料，检查对产生和存在的风险是否明确揭示，并发出预警提示。如查阅贷后管理检查报告等，检查被评价行是否对信用风险及时提示	（10）各主要业务条线风险提示报告

2）第二条 法律法规、监管要求和其他要求的识别

法律法规、监管要求和其他要求的识别指标的评价要点包括：是否已建立了相应的程序，已确保中心支行（分行）能够及时识别和获取适用的法律法规、监管要求和其他要求；是否及时更新法律法规、监管要求和其他要求的信息，并将这些信息及时传达给相关员工；是否在已制定的规章制度体系中充分体现应遵循的法律法规要求；内外部监管提示的风险是否得到及时处理和落实。上述评价点的具体指标设置与评价见表 5-9。

表 5-9　法律法规、监管要求和其他要求的识别指标设置与评价表

评价要点	评价方法	应调阅资料
（1）是否已建立了相应的程序，已确保中心支行（分行）能够及时识别和获取适用的法律法规、监管要求和其他要求	（1）查阅被评价行识别和获取法律法规、监管要求的操作流程，确认是否建立了相应程序	（1）获取外部监管文件的操作流程
（2）是否及时更新法律法规、监管要求和其他要求的信息，并将这些信息及时传达给相关员工	（2）查阅传达法律法规、监管要求的相关通知、文件，确认是否及时传达给相关员工	（2）传达法律法规、监管要求的相关通知、文件
（3）是否在已制定的规章制度体系中充分体现应遵循的法律法规要求	（3）抽查被评价行的规章制度	（3）各主要业务条线的规章制度
（4）内外部监管提示的风险是否得到及时处理和落实	（4）查阅监管部门、内审机构检查报告、整改意见书，职能部门专项检查报告、整改意见书，检查有关部门是否及时将内外部监督发现的各种风险向高级管理层报告，并落实有效整改措施，所提示的控制缺陷是否按要求整改	（4）各类外部及内部检查相关的整改报告

3）第三条　内部控制方案

内部控制方案指标的评价要点包括：是否为实现内部控制目标制订了内部控制方案；确定了哪些控制要点和控制措施；内部控制方案是否包括了各项任务的职责权限和相应的控制策略、方法、资源要求并形成了文件；内部控制方案是否考虑了由方案自身带来的新风险；方案是否涉及业务流程、管理活动等重大变化等。上述评价点的具体指标设置与评价见表 5-10。

表5-10　　　　　　　　　内部控制方案指标设置与评价表

评价要点	评价方法	应调阅资料
（1）是否为实现内部控制目标制订了内部控制方案，确定了哪些控制要点和控制措施	（1）查阅被评价行的内部控制方案，确认内部控制方案是否涵盖了控制要点和控制措施	（1）全行内部控制方案
（2）内部控制方案是否包括了各项任务的职责权限和相应的控制策略、方法、资源要求并形成了文件	（2）查阅被评价行的内部控制方案，确认内部控制方案是否包括了各项任务的职责权限和相应的控制策略、方法、资源要求并形成了文件	（2）全行内部控制方案
（3）内部控制方案是否考虑了由方案自身带来的新风险，方案是否涉及业务流程、管理活动等重大变化	（3）查阅被评价行的内部控制方案，确认内部控制方案的内容是否涉及业务流程、管理活动等重大变化	（3）全行内部控制方案

5.4 ———————— 监督评价与纠正指标 ————————

商业银行内部控制多维评价监督评价与纠正指标包括三条共17个评价点，三条评价大类具体分别为：内部控制绩效监测；违规的纠正及预防措施；持续改进。以下仍以表格的形式列示各指标设置与评价的具体方法。

1）第一条　内部控制绩效监测

内部控制绩效监测指标的评价要点包括：是否建立了自律监管规章制度；是否制订了业务检查计划，业务检查计划是否按期完成（见表5-11）。

2）第二条　违规的纠正及预防措施

违规的纠正及预防措施指标的评价要点包括：业务管理部门是否定期对本条线的内部控制情况进行自评，并出具自评报告；自律监管检查的程序是否符合要求；是否对上次检查发现问题的整改情况进行检查；每次自律监管检查是否都形成书面检查报告；检查发现的重要问题在报告中是否

表 5-11　　　　　　　内部控制绩效监测指标设置与评价表

评价要点	评价方法	应调阅资料
（1）是否建立了自律监管规章制度	（1）查阅被评价行的自律监管制度	被评价行业务自查计划及完成情况
（2）是否制订了业务检查计划，业务检查计划是否按期完成	（2）查阅被评价行的业务检查计划，确认完成情况	

如实予以反映；需要向上级行上报的自律监管材料是否按规定及时、真实、全面报送；自律监管检查发现的问题是否登记《整改问题台账》；业务管理部门对自律监管检查发现的问题是否及时下发整改通知书；业务管理部门是否监督被查单位按照要求及时反馈问题整改情况；总行金融同业部实施检查的情况等（见表 5-12）。

表 5-12　　　　　　　违规的纠正及预防措施指标设置与评价表

评价要点	评价方法	应调阅资料
（1）业务管理部门是否定期对本条线的内部控制情况进行自评，并出具自评报告	（1）查阅自评方案、工作计划、工作记录及报告，重点查看评估的过程是否合理	（1）被评价行自评方案、工作计划、工作记录及报告
（2）自律监管检查的程序是否符合要求	（2）重点检查自律监管的方案、记录、底稿、报告、反馈等资料，评价自律监管检查程序的合规性	（2）被评价行自律检查报告、检查方案等
（3）是否对上次检查发现问题的整改情况进行检查	（3）检查监管记录及上次的自律监管报告或问题底稿，确定本次监管时是否对上次的检查的问题整改情况进行检查	（3）自律检查的方案、底稿、报告及反馈材料
（4）每次自律监管检查是否都形成书面检查报告	（4）查阅自律监管检查报告	（4）自律检查的记录及底稿
（5）检查发现的重要问题在报告中是否如实予以反映	（5）将业务管理部门留存的监管报告、报表与其上报的报告、报表进行核对，评价其及时性、真实性和全面性	（5）自律检查的记录及上次检查的报告或问题底稿
（6）需要向上级行上报的自律监管材料是否按规定及时、真实、全面报送	（6）查阅检查监管资料，确认是否包括自律监管年度工作计划、监管实施方案、监管检查记录、底稿、监管报告、问题整改通知书等	（6）自律检查问题整改通知书

评价要点	评价方法	应调阅资料
（7）自律监管检查发现的问题是否登记《整改问题台账》	（7）查阅《整改问题台账》	（7）自律监管检查报告
（8）业务管理部门对自律监管检查发现的问题是否及时下发整改通知书	（8）查阅监管记录、底稿、整改通知书或通报，确认下发是否及时，整改期限设置是否合理	（8）《整改问题台账》
（9）业务管理部门是否监督被查单位按照要求及时反馈问题整改情况	（9）查阅问题整改报告，确认是否在整改意见书规定的时间内反馈；同时，抽查整改支行反馈的整改情况是否真实	（9）问题整改报告
（10）总行金融同业部实施检查的情况	（10）查阅总行金融同业部实施检查后的报告，确认检查结果及整改情况	（10）金融同业部实施检查后的整改报告

96

3）第三条　持续改进

持续改进指标的评价要点包括：是否根据工作计划，制定、落实整改措施，进一步整章建制，规范管理，改进工作；整改督办职能部门是否按规定对被检查单位的整改情况进行跟踪检查；是否按规定对外部监管和内部检查的结果进行报告、通报；被评价单位是否建立整改台账；被检查单位是否及时、完整、真实地向整改督办职能部门反馈整改结果（见表5-13）。

表5-13　　　　　　　　**持续改进指标设置与评价表**

评价要点	评价方法	应调阅资料
（1）是否根据工作计划，制定、落实整改措施，进一步整章建制，规范管理，改进工作	（1）查阅整改台账及针对外部监管和内部检查结果制定的总体整改措施资料、会议记录	（1）自律检查整改台账、整改措施资料、会议记录
（2）整改督办职能部门是否按规定对被检查单位的整改情况进行跟踪检查	（2）查阅整改台账及整改督办职能部门的跟踪检查记录、报告等资料，确认是否及时进行跟踪检查，检查内容是否符合规定要求	（2）跟踪检查记录、报告

评价要点	评价方法	应调阅资料
（3）是否按规定对外部监管和内部检查的结果进行报告、通报	（3）查阅外部监管和内部检查报告收发文记录，查看外部监管、内部检查报告是否有行长或分管行长签批，并按规定进行通报。调阅内外部检查结果的报告、通报记录	（3）外部监管和内部检查报告收发文记录。内外部检查结果的通报记录
（4）被评价单位是否建立整改台账	（4）查阅整改台账等资料	（4）整改台账
（5）被检查单位是否及时、完整、真实地向整改督办职能部门反馈整改结果	（5）查阅被检查单位的整改报告，查看是否在规定期限内真实、完整地向整改督办职能部门反馈整改结果	（5）内外部检查的整改报告

5.5　　信息交流与反馈指标

商业银行内部控制多维评价信息交流与反馈指标包括两条共5个评价点，两条评价大类具体分别为：交流与沟通和反舞弊机制建设。以下仍以表格的形式列示各指标设置与评价的具体方法。

1）第一条　交流与沟通

交流与沟通指标的评价要点包括：管理层能否获得内部控制状况信息；是否及时向监管机构及总行提交报告，披露内部控制信息；中心支行、分行主要负责人是否深入基层，通过开展合规宣讲等方式进行信息交流与沟通（见表5–14）。

2）第二条　反舞弊机制建设

反舞弊机制建设指标的评价要点包括：是否建立了反舞弊机制，坚持惩防并举、重在预防的原则；举报投诉制度和举报人保护制度是否及时准确传达至本行全体员工（见表5–15）。

表5-14 **交流与沟通指标设置与评价表**

评价要点	评价方法	应调阅资料
（1）管理层能否获得内部控制状况信息	（1）提交的合规总结、操作风险报告是否真实、完整、及时	（1）合规总结、操作风险报告
（2）是否及时向监管机构及总行提交报告，披露内部控制信息	（2）提交的专兼职合规报告是否真实、完整、及时	（2）专兼职合规报告
（3）中心支行、分行主要负责人是否深入基层，通过开展合规宣讲等方式进行信息交流与沟通	（3）应提交的内部控制合规动态及反洗钱动态等信息是否充分、合格	（3）内部控制合规动态及反洗钱动态信息

表5-15 **反舞弊机制建设指标设置与评价表**

评价要点	评价方法	应调阅资料
（1）是否建立了反舞弊机制，坚持惩防并举、重在预防的原则	（1）是否建立了反舞弊机制，坚持惩防并举、重在预防的原则	（1）反舞弊相关的规章制度
（2）举报投诉制度和举报人保护制度是否及时准确传达至本行全体员工	（2）举报投诉制度和举报人保护制度是否及时准确传达至本行全体员工	（2）举报投诉制度和举报人保护制度的传达记录

5.6 本章小结

　　商业银行对内部控制多维评价指标的设置，需要分别满足监管要求、重要性原则、具体银行问题库及内部控制和风险管理工具的成果，将内部控制多维评价指标设置总体区分为公司层面评价指标和业务流程层面评价指标。本章重点探讨公司层面内部控制多维评价指标设置；业务流程层面多维评价指标设置随后探讨。

　　商业银行公司层面内部控制多维评价指标包括内部控制环境、风险识别与评估、监督评价与纠正、信息交流与反馈四个部分，本书设计了近百个评价点。其中，监督评价与纠正项目中突出了对一道防线履职尽责的考核。

商业银行内部控制多维评价内部控制环境指标包括六条共24个评价点，六条评价大类具体分别为：高级管理层责任、内部控制政策、内部控制目标、组织结构、企业文化和人力资源。

商业银行内部控制多维评价风险识别与评估指标包括三条共17个评价点，三条评价大类具体分别为：经营管理活动的风险识别与评估；法律法规、监管要求和其他要求的识别；内部控制方案。

商业银行内部控制多维评价内部控制环境指标包括三条共17个评价点，三条评价大类具体分别为：内部控制绩效监测；违规的纠正及预防措施；持续改进。

商业银行内部控制多维评价信息交流与反馈指标包括两条共5个评价点，两条评价大类具体分别为：交流与沟通和反舞弊机制建设。

第 6 章

商业银行业务流程层面内部控制多维评价指标设置

商业银行业务流程层面内部控制多维评价指标类型众多，涉及具体商业银行众多业务的具体环节，因此，其业务流程层面内部控制多维评价指标设置各具特色。此外，业务流程也受到监管部门、具体业务发展和具体银行内部控制体系不断完善的推动，其考核指标的变化速度也较快。本章以商业银行电子银行业务、授信业务、柜面业务、公章及合同管理、反洗钱评价五个业务流程层面的主要部分为例，窥一斑而见业务流程层面内部控制多维评价指标设置的全貌。

6.1 概　述

商业银行内部控制多维评价指标设置的业务流程层面，包括个人业务、电子银行业务、金融同业业务、小企业业务、风险专项排查、公章及合同管理、反洗钱等部分。总行内部控制评价小组主要对公司层面、流程层面中的风险专项排查、公章管理、合同管理、反洗钱等开展现场评价。

同时，为推动一道防线充分履职尽责，有效实现"自己管理自己"，内部控制多维评价的评价方案对业务流程层面中的电子银行业务和运营管理等环节的评价方式进行了调整，即由商业银行总行对口管理部门开展业务检查，评价考核结果直接计入商业银行分支行流程层面评价考核分值计算。业务流程层面内部控制评价指标分类与分值见表6-1。

表6-1　商业银行业务流程层面内部控制多维评价指标分类与分值表

评价指标	标准分值
小企业业务	10分
个人业务	15分
电子银行业务	10分
金融同业业务	10分
运营管理	15分
反洗钱管理	10分
合同及公章管理	10分
风险专项排查	20分
小计	100分

6.2　电子银行业务内部控制指标

商业银行电子银行业务的内部控制多维评价指标设置的原则是为切实履行电子银行条线风险管理第一道防线的职责，加强电子银行业务风险管理，不断完善全行电子银行业务内部控制体系、优化内部控制环境，提高各项制度设计的严谨性及制度执行的有效性，强化合规管理，防控电子银行业务操作风险，确保电子银行业务安全、有效运行。

商业银行电子银行业务的内部控制多维评价指标包括网上银行（包含手机银行）和自助银行共14个评价点。以下以表格的形式列示各指标设置与评价的具体方法。

1）网上银行（包含手机银行）

网上银行（包含手机银行）指标的评价要点包括：企业网银申请客户是否符合相关要求；网银及手机银行开户资料是否真实、完整、合规性；网银开户是否验印；网银客户信息维护、变更、申请注销等业务是否按规定程序操作；密码信封与证书两码的发放是否符合规定；企业网银额度调整是否符合规定；是否存在其他未按规定办理业务的现象（见表6-2）。

表6-2　　　网上银行（包含手机银行）指标设置与评价表

评价内容	评价点
企业网银申请客户是否符合相关要求	（1）是否为结算正常的单位结算账户或个人储蓄账户
	（2）限制类账户开通网银是否有相关证明材料
网银及手机银行开户资料是否真实、完整、合规性	（1）客户提供资料是否真实、完整、有效
	（2）申请书开通项目与系统开通是否一致
网银开户是否验印	（1）是否验印
	（2）验印时间是否滞后
网银客户信息维护、变更、申请注销等业务是否按规定程序操作	客户信息维护、变更、申请注销等业务是否按规定程序操作
密码信封与证书两码的发放是否符合规定	（1）客户领取人是否具有领取资格
	（2）是否核对企业预留印鉴
	（3）客户是否签字确认
企业网银额度调整是否符合规定	（1）有无企业网银业务申请表
	（2）是否使用预留印鉴
	（3）是否标明调整的额度
	（4）是否经有权人审批
	（5）系统处理流程是否合规
是否存在其他未按规定办理业务的现象	是或否

2）自助银行

自助银行指标的评价要点包括：自动柜员机的钥匙、密码（含备用）管理流程是否合规；清机流程和频率是否符合要求；长短款挂账转出时账务处理是否准确；吞卡处理流程是否合规；是否严格执行查库制度；账簿管理是否合规；是否存在其他未按规定办理业务的现象（见表6-3）。

表 6-3   **自助银行指标设置与评价表**

评价内容	评价点
自动柜员机的钥匙、密码（含备用）管理流程是否合规	（1）钥匙、密码是否分别保管，使用完毕是否及时入库
	（2）备用钥匙、密码是否在启用当天或次日密封后交由不同人员入保险库保管
	（3）启用备用钥匙、密码是否经领导审批
	（4）是否定期 3 个月更换密码
	（5）人员变更是否更换密码
清机流程和频率是否符合要求	（1）清机、加钞时是否双人操作
	（2）是否在录像监控下进行
	（3）废钞是否由钱箱管理员取出，加钞完毕操作管理员是否进行试钞
	（4）是否保证每周至少两次清机
	（5）钞箱装钞是否分双人初点、复核
	（6）打开在行式自动柜员机保险柜时，是否至少有一名警卫人员在场；离行式自动柜员机，钱箱是否护运车双人双警押运
	（7）回收钱是否进行清点
长短款挂账转出时账务处理是否准确	长短款挂账转出时账务处理是否准确
吞卡处理流程是否合规	（1）是否本人领取吞卡并进行身份核实
	（2）吞卡保管人员和销毁人员是否在总行备案
	（3）上缴吞卡时，是否有两个经办人签字
	（4）吞卡保管人员是否分类登记并放入保险柜保管 3 个月后进行统一销毁
	（5）吞卡销毁是否经负责人签字，在监控下由双人使用碎卡机进行统一销毁
	（6）处理吞卡是否由双人执行
是否严格执行查库制度	（1）管理行会计主管每月是否至少查库一次
	（2）管理行负责人是否每季度至少查库一次
	（3）自动柜员机运营中心负责人或业务管理人员是否定期对自动柜员机的运行、库存及登记簿管理情况进行检查
	（4）更换流水纸是否按规定操作（记录设备号、日期、加盖公章）
	（5）ATM 保险库门密码是否打乱，放在开锁位置
	（6）检查各个监控摄像头位置录像是否清晰，有无跳帧现象
	（7）管理员是否固定，变更时是否备案
账簿管理是否合规	《商业银行自动柜员机库存现金登记簿》《自动柜员机长短款登记簿》是否按年更换
是否存在其他未按规定办理业务的现象	是或否

103

6.3 —————— 授信业务内部控制指标 ——————

商业银行授信业务的内部控制多维评价指标设置包括授信流程管理、房屋按揭贷款管理和票据融资三部分。以下仍以表格的形式列示各指标设置与评价的具体方法。

1）授信流程管理

授信流程管理的评价具体包括：客户调查和业务受理不尽职；分析与评价不尽职；授信决策与实施不尽职；未按规定进行贷款资金支付管理与控制；授信后管理和问题授信处理不尽职五个部分（见表6-4）。

表6-4   **授信流程管理指标设置与评价表**

评价内容	评价点
客户调查和业务受理不尽职	（1）没有对客户提供的身份证明、授信主体资格、财务状况等资料的合法性、真实性和有效性进行认真核实
	（2）没有将核实过程和结果以书面形式进行有效记载
分析与评价不尽职	（1）没有根据不同授信品种的特点，对客户申请的授信业务进行分析评价
	（2）没有认真评估客户的财务报表和对客户的非财务因素进行分析评价
	（3）没有对客户的信用等级进行评定并予以记载
	（4）没有对授信项目的技术、市场、财务等方面的可行性进行评审，并以书面形式予以记载
	（5）没有对第二还款来源进行分析评价
	（6）没有形成书面的分析评价报告
	（7）在客户信用等级和客户评价报告的有效期内，对发生影响客户资信的重大事项，没有重新进行授信分析评价
	（8）对发生变动或信用等级已失效的客户评价报告，没有随时进行审查并及时做出相应的评审意见

评价内容	评价点
授信决策与实施不尽职	（1）授信决策没有在书面授权范围内进行，超越权限进行授信
	（2）授信决策没有依据规定的程序进行，违反程序或减少程序进行授信
	（3）对以下用途的业务进行授信：一是国家明令禁止的产品或项目；二是违反国家有关规定从事股本权益性投资，以授信作为注册资本金、注册验资和增资扩股；三是违反国家有关规定从事股票、期货、金融衍生产品等投资；四是其他违反国家法律法规和政策的项目
	（4）客户未按国家规定取得以下有效批准文件之一的，或虽然取得但属于化整为零、越权或变相越权和超授权批准的，商业银行提供授信：一是项目批准文件；二是环保批准文件；三是土地批准文件；四是其他按国家规定需具备的批准文件
	（5）授信决策做出后，授信条件发生变更的，没有依有关法律、法规或相应的合同条款重新决策或变更授信
	（6）实施有条件授信时没有遵循"先落实条件，后实施授信"的原则，授信条件未落实或条件发生变更未重新决策的，实施授信
未按规定进行贷款资金支付管理与控制	（1）在发放贷款前没有确认借款人是否满足合同约定的提款条件
	（2）没有按照合同约定的支付方式对贷款资金的支付进行管理与控制
	（3）固定资产贷款单笔金额超过项目总投资5%或超过500万元人民币的贷款资金支付，没有采用贷款人受托支付方式
	（4）没有合理约定贷款资金支付方式及贷款人受托支付的金额标准
	（5）与借款人新建立信贷业务关系且借款人信用状况一般、支付对象明确且单笔支付金额较大的流动资金贷款没有采用贷款人受托支付方式
	（6）采用贷款人受托支付的，贷款发放前没有审核借款人提供的相关交易资料是否符合合同约定条件

评价内容	评价点
未按规定进行贷款资金支付管理与控制	（7）采用借款人自主支付的，没有要求借款人定期汇总报告贷款资金支付情况，并通过账户分析、凭证查验、现场调查等方式核查贷款支付是否符合约定用途
	（8）固定资产贷款发放和支付过程中，没有确认与拟发放贷款同比例的项目资本金足额到位，并与贷款配套使用
	（9）在贷款发放和支付过程中，借款人出现信用状况下降、主营业务盈利能力不强、贷款资金使用出现异常、项目进度落后于资金使用进度、违反合同约定情况的，贷款人没有与借款人协商补充贷款发放和支付条件，或根据合同约定变更贷款支付方式、停止贷款资金的发放和支付
授信后管理和问题授信处理不尽职	（1）授信实施后，没有对所有可能影响还款的因素进行持续监测，并形成书面监测报告，没有重点监测以下内容：一是客户是否按约定用途使用授信，是否诚实全面履行合同；二是授信项目是否正常进行；三是客户的法律地位是否发生变化；四是客户的财务状况是否发生变化；五是授信的偿还情况；六是抵押品可获得情况和质量、价值等情况
	（2）没有严格按照风险管理的原则，对已实施授信进行准确分类，并建立客户情况变化报告制度
	（3）没有通过非现场和现场检查，及时发现授信主体的潜在风险并发出预警风险提示

2）房屋按揭贷款管理

房屋按揭贷款管理的评价具体包括：个人住房贷款不合规和商业用房贷款不合规两个部分（见表6-5）。

3）票据融资

票据融资的评价具体包括：违规办理伪贸易背景或贸易背景不清的承兑、贴现；违反程序和超权限办理承兑、贴现；承兑、贴现资金用途不合规；保证金管理不规范四个部分（见表6-6）。

表 6-5　　　　　　　　　　**房屋按揭贷款管理指标设置与评价表**

评价内容	评价点
个人住房贷款不合规	（1）发放居民家庭购买第三套及以上住房贷款
	（2）对不能提供 1 年以上当地纳税证明或社会保险缴纳证明的非本地居民发放购房贷款
	（3）对贷款购买商品住房，首付款比例没有调整到 30% 及以上
	（4）对贷款购买第二套住房的家庭，首付款比例低于 60%，贷款利率低于基准利率的 1.1 倍
	（5）消费性贷款用于购买住房
	（6）发放贷款额度随房产评估价值浮动、不指明用途的住房抵押贷款
	（7）没有以借款人家庭（包括借款人、配偶及未成年子女）为单位认定房贷次数
	（8）商业性个人住房贷款中居民家庭住房套数没有依据拟购房家庭（包括借款人、配偶及未成年子女，下同）成员名下实际拥有的成套住房数量进行认定
	（9）因当地暂不具备查询条件而不能提供家庭住房登记查询结果的，借款人没有向贷款人提交家庭住房实有套数书面诚信保证
	（10）有下列情形之一的，贷款人没有对借款人执行第二套（及以上）差别化住房信贷政策：一是借款人首次申请利用贷款购买住房，如在拟购房所在地房屋登记信息系统（含预售合同登记备案系统，下同）中其家庭已登记有一套（及以上）成套住房的；二是借款人已利用贷款购买过一套（及以上）住房，又申请贷款购买住房的；三是贷款人通过查询征信记录、面测、面谈（必要时居访）等形式的尽责调查，确信借款人家庭已有一套（及以上）住房的
	（11）对能提供 1 年以上当地纳税证明或社会保险缴纳证明的非本地居民申请住房贷款的，贷款人没有按上述第（10）点执行差别化住房信贷政策
	（12）没有做到"面测、面试、居访"
	（13）存在假按揭贷款行为的
商业用房贷款不合规	（1）利用贷款购买的商业用房为没有竣工验收的房屋
	（2）商业用房购房贷款首付款比例低于 50%，期限超过 10 年，贷款利率低于中国人民银行公布的同期同档次利率的 1.1 倍
	（3）对以"商住两用房"名义申请贷款的，首付款比例低于 45%，贷款期限和利率水平没有按照商业性用房贷款管理规定执行
	（4）存在假按揭贷款行为的

表6-6 **票据融资指标设置与评价表**

评价内容	评价点
违规办理伪贸易背景或贸易背景不清的承兑、贴现	（1）未严格审查购销合同项下货物的运输单据、出入库单据，检验验收单据等
	（2）企业提交的商品劳务交易合同要素不全，合同效力存在问题
	（3）企业客户身份识别不清，身份证明无效，未按规定年检；贷款证存在缺陷
	（4）贸易合同虚构或增值税发票虚假
	（5）增值税发票与贸易合同显示的交易时间不匹配，金额或产品不符
	（6）承兑汇票所附交易凭证为收据而非发票
	（7）贴现资金回流到贴现申请人前手或票据记载收款人等
违反程序和超权限办理承兑、贴现	（1）与承兑申请人及保证人签订《银行承兑协议》和相关的担保合同早于审批时间
	（2）未经审批办理承兑或贴现
	（3）超业务权限或审批权限办理承兑或贴现
	（4）化整为零办理承兑或贴现等
承兑、贴现资金用途不合规	（1）承兑、贴现资金投向不符合国家产业政策和信贷政策，用于国家明令禁止的产品购销或项目
	（2）承兑、贴现资金用于股本权益性投资，如作为注册资本金、注册验资和增资扩股等
	（3）承兑、贴现资金用于股票、期货、金融衍生产品等投资；承兑、贴现资金为证券、期货或衍生金融工具交易提供资金
	（4）承兑、贴现资金用于非自用不动产、股权、实业等投资活动
	（5）其他违反国家法律法规和政策的资金用途等
保证金管理不规范	（1）未按照客户信用等级收取承兑保证金
	（2）未按规定比例收取承兑保证金
	（3）免收或减收保证金不符合规定
	（4）承兑保证金来源不合规，以信贷资金冲抵保证金
	（5）串用、挪用或提前支取保证金
	（6）保证金账户设置不规范，未实行"专户管理、专款专用"；保证金专户与客户结算户串用、各子账户之间相互挪用等

6.4 ———————— **柜面业务内部控制指标** ————————

　　商业银行柜面业务的内部控制多维评价指标设置包括账户管理、印鉴管理、重空管理、印章管理、现金管理、对账管理、上门服务、代发代扣、事后监督、抵质押品和其他业务等内部控制指标共十一部分。以下仍以表格的形式列示各指标设置与评价的具体方法。

1）账户管理

　　账户管理指标的评价具体包括：开立、变更、注销管理；账户使用管理；验资账户管理；支付密码器管理；挂失业务管理；查询、冻结、扣划业务管理；查询查复管理（见表6-7）。

表6-7　　　　　　　　　　　　**账户管理指标设置与评价表**

评价内容	评价点	主要评价点
1）开立、变更、注销管理	账户开立、变更、注销资料是否真实、完整、有效（包括个人结算账户）	（1）账户资料是否真实、有效、完整。 （2）营业机构或营销人员是否对客户资料进行核实。 （3）岗位设置是否合规，核查岗是否审核原件。 （4）是否对经办人进行拍照。 （5）是否进行电话核实并录音。 （6）代理人开立个人结算账户是否填写开户申请书
2）账户使用管理	是否对大额付款业务进行核实或存在未按规定为客户办理资金划转、套现等现象	（1）是否保存录音记录。 （2）大额资金划转是否建立与客户两个以上主管热线联系查证制度。 （3）是否存在内部员工将本人身份证借用给客户开卡，帮助客户进行大额资金转账
3）验资账户管理	是否按规定办理验资账户	（1）相关部门的批文是否合规、有效，户名是否与批文一致，证明文件是否齐全；注册验资账户在验资期间款项是否只收不付；个人增资是否由本人亲自办理；是否执行三日付款制。 （2）注册验资账户预留印鉴是否为各股东本人签名或出资单位预留印鉴，款项划转凭证上的签章是否与预留印鉴核对相符

评价内容	评价点	主要评价点
3）验资账户管理	是否按规定办理验资账户	（3）验资账户撤销手续是否齐全，款项是否划转到同名基本存款账户；验资户是否及时销户，相关资料是否齐全。 （4）科目归属是否正确，账户性质选择是否为"临时存款账户"。 （5）验资账户工商核准后，若继续使用该账户是否及时完善了相关手续。 （6）是否按验资管理办法要求手续和流程进行开立和注销账户，账户资料及预留印鉴是否合规，验资款是否由出资人转入，资金转出（非本行基本户）是否完善基本户手续并本息转入该户，退资手续符合要求
4）支付密码器管理	是否按规定办理支付密码器	（1）企业签订支付密码协议时，提供手续是否齐全、完整。 （2）如代办人来办理支付密码相关业务时，柜员是否均同法人进行电话核实。 （3）柜员办理支付密码相关业务时是否均按照操作要求及流程进行操作，是否出现逆流程现象
5）挂失业务管理	是否按规定办理挂失解挂业务	（1）是否按规定办理储蓄挂失解挂业务。 （2）是否按规定核实客户身份信息
6）查询、冻结、扣划业务管理	是否存在无正当理由、手续不全或审核不严即办理存款的查询、冻结、扣划手续业务	（1）对于对公、对私存款的查询、冻结、扣划手续是否合法、有效。 （2）存款冻结期间，是否存在自行解冻，计划解冻日期是否正确
7）查询查复管理	是否按规定办理银承的查询查复业务	（1）是否按照流程查询他行签发及本行签发的银行承兑汇票。 （2）在进行票据查询时，是否将"有无他查"作为必查项；对查复方回复"有他行查询"及审核过程中发现疑点的票据采用实地查询、传真查询等多种方式进一步核查

2）印鉴管理

印鉴管理的评价具体包括：预留印鉴的核验；预留印鉴变更管理；预

留印鉴的建库、保管与使用（见表6-8）。

表6-8 　　　　　　　　　　　**印鉴管理指标设置与评价表**

评价内容	评价点	主要评价点
1）预留印鉴的核验	是否按业务发生流程对预留印鉴进行核验	（1）是否所有印鉴审核业务均使用电子验印系统核验，大额支付及未自动通过的验印业务确认。 （2）是否换人核印验印，时间是否滞后于业务发生时间
2）预留印鉴变更管理	是否按规定办理预留印鉴的变更	（1）对公账户申请变更预留印鉴，是否出具变更印鉴的书面申请、原预留印章等相关证明材料，证明资料完整有效。 （2）对公账户因预留印鉴丢失无法提供原印章的，是否出具书面申请、开户许可证正本、营业执照正本及司法部门的证明等相关证明文件原件，出具原件后方可申请办理印鉴挂失及印鉴变更。 （3）对公账户申请变更或挂失预留印鉴，是否由法定代表人或单位负责人本人办理、授权他人办理。对于本人办理的，是否出具相应的证明文件、书面申请及法定代表人或单位负责人的身份证件原件；授权他人办理的，在备齐上述资料的基础上，是否审核法定代表人或单位负责人出具的授权书及被授权人的身份证件原件。 （4）个人账户申请变更预留印鉴，是否由存款人本人亲自办理。因更换个人印章而申请变更预留印鉴的，是否出具加盖原预留印鉴的书面申请、原预留印章及本人有效身份证件原件；因遗失个人印章而申请变更预留印鉴的，是否出具经本人签字确认的书面申请以及本人有效身份证件原件。 （5）受理印鉴变更（挂失）业务，临柜会计人员是否按规定实行双人审核变更资料。对于符合变更条件的，是否对存款人所提供的变更前的印鉴进行核验；对于符合挂失条件的，是否按照规定进行挂失和解挂处理。 （6）办理印鉴变更（挂失）是否对经办人员进行拍照

续表

评价内容	评价点	主要评价点
3）预留印鉴的建库、保管与使用	印鉴卡实物的建库、保管流程是否规范	（1）是否将本行开立的账户预留印鉴全部上报录入验印库。 （2）是否由审查岗或运营部人员保管，建库人员岗位是否合规。 （3）新建、变更、销户是否及时作科目账务处理，确保账实相符。 （4）是否做到按规定对印鉴卡不定期进行查库，是否履行层级查库制度

3）重空管理和印章管理

重空管理的评价具体包括：重空凭证的保管、出售、使用；重空凭证的作废、收回、销毁。印章管理的评价具体包括：印章的保管、使用；停用及销毁印章的管理。其具体指标设置与评价见表6-9。

表6-9　　　　　　　　**重空管理和印章管理指标设置与评价表**

评价环节	评价内容	评价点	主要评价点
1）重空管理	（1）重空凭证的保管、出售、使用	是否存在代客户保管卡、折等重要凭证及物品	是否存在代客户保管卡、折、身份证、章等重要凭证及物品
		重空凭证（银承）领取、保管、交接、结账、查库等环节是否合规（包括早、晚出入库情况）	（1）支行营业机构是否按流程领取重空凭证，99库管员是否核对支行预留印鉴； （2）营业终了营业或往来钱箱重空凭证是否双人交叉核对，并由会计主管集中入库保管； （3）99库重空凭证柜员的设置是否符合账账、账实、章证分管的要求； （4）营业期间钱箱重空凭证是否专人使用并保管，交接时是否清点实物并登记《工作交接登记簿》； （5）各级人员是否严格执行查库制度

评价环节	评价内容	评价点	主要评价点
1）重空管理	（1）重空凭证的保管、出售、使用	是否按流程出售重空凭证	（1）重空管理是否规范，有无客户签字或行内人员代签字的现象； （2）出售重空凭证时是否核对存款人预留印鉴后再出售（包括支付密码器）； （3）是否出现跳号现象
	（2）重空凭证的作废、收回、销毁	是否对作废重空凭证进行账务核对	作废及销户收回的重空凭证是否按要求登记、装订或保管、上缴
2）印章管理	（1）印章的保管、使用	保管人与实际使用人是否一致	（1）印章是否专属，有无串用现象； （2）保管人与实际使用人是否一致，是否按规定进行交接
		印章保管、查库等环节是否合规（包括早、晚出入库情况）	（1）是否集中出入库保管，入库时是否经有权人查看； （2）各层级人员是否严格履行查库制度
	（2）停用及销毁印章的管理	停用、作废印章管理是否符合要求	（1）是否由管理部门集中管理，账实是否相符； （2）交接记录中登记的保管人员是否为实际保管人； （3）是否符合印章保管条件，重要空白凭证及印章相分离

▆▆ 113 ▆▆

4）现金管理和对账管理

现金管理的评价具体包括：现金收付管理；款箱、尾箱管理；卡封锁管理。对账管理的评价具体包括：银企对账；内部对账。其具体指标设置与评价见表6-10。

5）上门服务和代发代扣

上门服务的评价具体包括：服务流程；账务流程。代发代扣的评价具体包括：申请开办；交接；账务核对。其具体指标设置与评价见表6-11。

表6-10　　　　　　现金管理和对账管理指标设置与评价表

评价环节	评价内容	评价点	主要评价点
1）现金管理	（1）现金收付管理	是否严格执行现金收付业务管理原则	（1）现金业务是否坚持收款时先收款后记账、付款时先记账后付款的原则或者存在逆流程操作现象； （2）柜员临时离岗是否将现金、章、证、凭条入箱加锁保； （3）现金调剂是否有授权员签章，是否与现金收付同步进行； （4）大额现金支取时，授权员是否核实大额现金款项
	（2）款箱、尾箱管理	款箱、金库尾箱的日常管理是否按规定执行	（1）款箱交接是否符合规定； （2）营业前、护运车辆到达后，营业终了、护运车辆到达前款箱是否放在监控下妥善保管； （3）现金柜员是否坚持每日至少两次轧账，尾箱现金、凭证是否坚持交叉清点； （4）出纳柜员尾箱是否由授权员核点； （5）出纳库（柜）是否实行双人管库及"五同"原则，是否坚持"五同"原则，库钥匙与密码是否分离保管，有无代开库（柜）现象； （6）各层级人员是否按规定严格执行查库制度
	（3）卡封锁管理	是否按规定对卡封锁进行管理	（1）款箱使用是否实行双人双锁、双锁双封、双人开启； （2）卡封锁、片的使用、交接、管理是否符合要求
2）对账管理	（1）银企对账	对账率是否达到规定标准	（1）对账期内对账率是否达标； （2）对账结束后未对账账户的自查比例是否达标； （3）分支行对银企对账的检查比例是否达到10%
		对账、印鉴不符的是否按规定进行处理	（1）是否逐笔勾挑未达款项； （2）调账是否经有权人审批； （3）对账及印鉴不符处理是否正确
	（2）内部对账	内部往来、挂账科目对账与处理是否及时（403、262等科目）	是否进行内部账务的核对，挂账科目进行有效的监督，挂账处理是否及时、有效

表6-11　　　　　　　上门服务和代发代扣指标设置与评价表

评价 环节	评价内容	评价点	主要评价点
1）上门 服务	（1）服务 流程	是否按规定办理 上门服务业务	（1）是否认真落实上门服务业务管理规定，上门服务业务是否存在收款人员由单人上锁、保管环节其中一人离岗现象； （2）上门服务岗位是否与其他岗位兼容，人员是否在总行备案； （3）上门服务款箱由双人分别使用寄库柜员锁同时加锁、封签
	（2）账务 流程	是否按规定进行 上门服务款项的 账务处理	（1）上门服务收取款项入账是否及时，当天来不及清点入账时是否未经授权员签章同意将款包交出纳部门入库保管； （2）支行负责人是否按规定走访客户，是否指定非上门服务人员按月到企业进行上门对账； （3）交接手续是否合规、完整，是否存在逆流程交接
2）代发 代扣	（1）申请 开办	客户提供的资料 是否齐全有效	（1）是否与代发企业签订《商业银行代发、代扣业务协议书》，协议是否在有效期内； （2）首次办理业务时所提供的资料是否齐全、有效并核查
	（2）交接	单据、重空等的 传递、交接过程 是否有清晰的 记录	（1）客户与柜员间、柜员与柜员间的交接是否清晰； （2）批量开户的凭证处理是否规范； （3）领取批量客户凭证的客户是否是企业的被授权人
	（3）账务 核对	在批量业务完成 前后是否对数据 进行有效核对， 批量业务失败 后处理程序是否 正确	（1）是否核对委托单位提交的电子和纸制清单数据； （2）是否指定专人负责对批量数据与原始数据进行抽检核对； （3）抽检比率是否达到30%； （4）批量业务失败时是否按规定进行处理

6）事后监督、抵质押品和其他业务

事后监督的评价具体包括：监督时效；监督管理。抵质押品的评价具体为：抵质押品出入库。其他业务的评价具体为：其他业务管理。其具体指标设置与评价见表6-12。

表6-12　　事后监督、抵质押品和其他业务指标设置与评价表

评价环节	评价内容	评价点	主要评价点
1）事后监督	（1）监督时效	是否在规定时间内完成业务的监督审核并对更正情况进行跟踪	（1）业务传票是否在2日内完成业务监督审核； （2）监督范围是否全面、有效，是否将挂失业务、作废重空凭证、验印日志等纳入日常业务审核； （3）是否及时下发"差错查询通知单"并登记事后监督差错登记簿，事后监督人员是否对更正情况进行跟踪
	（2）监督管理	业务管理部门是否对事后监督工作进行有效管理	（1）是否建立事后监督工作日志，并根据工作日志定期对事后监督工作进行总结与分析，日志及分析报告不流于形式； （2）主管部门对事后监督工作是否定期进行检查，并建立监督质量的考核规定
2）抵质押品	抵质押品出入库	抵质押品出入库、查库的流程是否正确	保险库管理及出入库及查库流程是否规范
		抵质押品及有价单证账实是否相符	抵质押品及有价单证的实物、登记簿、核心系统内的余额是否相符，贷款科目中是否有对应的贷款余额，比例是否对应
3）其他业务	其他业务管理	是否存在其他未按规定办理业务的现象	是否存在其他未按规定办理业务的现象

6.5 ——————— 公章及合同管理内部控制指标 ———————

商业银行公章及合同管理的内部控制多维评价指标设置包括合同管理内部控制指标和公章管理内部控制指标两部分。以下仍以表格的形式列示各指标设置与评价的具体方法。

1）合同管理

合同管理指标的评价具体包括：合同制度的建设、人员管理、签署、履行、登记与保管（见表6-13）。

表6-13　　　　　　　　　　　合同管理指标设置与评价表

评价要点	评价方法	应调阅资料
（1）是否与总行同步对合同制度进行及时修订、完善	（1）查阅分支行有无新修订的合同管理实施细则	（1）合同管理相关制度
（2）是否配备具有合同审核能力的法律专业人员	（2）询问法律人员配备情况，查阅相关人员资质材料	（2）部门岗位设置及职责相关文件
（3）是否在合同签署前履行审核手续，是否落实了审核修改意见	（3）查阅分支行协同及审批流程，查阅合同原件及法律意见（如有需落实的法律意见没有落实及修改，则从合同管理检查项分值中直接扣分）	（3）合同签署审批单、合同原件、合同审核意见材料
（4）是否有完备的档案，是否有专人保管，是否有完整的工作交接记录	（4）询问并查阅合同档案及合同登记簿	（4）合同档案登记簿、借阅登记簿、交接登记簿等

2）公章管理

公章管理指标的评价具体包括：公章的使用及保管（见表6-14）。

表6-14　　　　　　　　　**公章管理指标设置与评价表**

评价要点	评价方法	应调阅资料
（1）是否专人保管，是否有交接，是否在监控范围内的保险箱或密码柜内	（1）查阅盖印流程及查看登记簿	（1）监控录像、用印登记簿等
（2）是否有用印审批单，是否由有权人签字后对应盖章，用印事项与签章文件内容是否一致	（2）检查用印明细与实际用印文件的对应性（如存在用印事项与用印文件内容不符，则本项公章管理分值直接扣分）	（2）用印审批单或用印登记簿，实际盖章文本

6.6　————————　**反洗钱评价内部控制指标**　————

　　商业银行反洗钱评价指标设置本身就是基于内部控制完整体系的评价序列，包括控制环境、政策法规执行、风险管理、监督评价与纠正、信息交流与反馈五部分。本节结合××市反洗钱机构洗钱风险评估相关文件分别列示和介绍各指标设置与评价的具体方法。

1）反洗钱评价控制环境

　　反洗钱评价控制环境指标的评价具体包括：风险管控、组织体系、培训宣传三个部分（见表6-15）。

表6-15　　　　　　**反洗钱评价控制环境指标设置与评价表**

评价内容	评价要点	评价方法	评价依据示例
风险管控	机构主要负责人是否对反洗钱工作有足够的重视并进行有效管控，切实履行反洗钱"一把手负责制"，确保足够人员从事反洗钱工作，并履职有效	查阅各项会议和工作记录，是否对反洗钱工作有明确的指示等。管理层讨论反洗钱事项会议年均少于三次的扣0.05分，少于两次的扣0.1分，少于一次的扣0.15分	××市反洗钱机构洗钱风险评估指标（试行）

评价内容	评价要点	评价方法	评价依据示例
组织体系	建立反洗钱工作领导小组，设立反洗钱牵头部门，领导小组涵盖了各相关业务部门（或岗位），其职责明确、适当并得到有效履行，内部控制制度健全并执行有效	查阅领导小组设置及组织架构图，调阅柜员登记簿等。架构不清晰未涵盖相关部门的扣0.05分，业务条线人员参加反洗钱知识测试（按优秀、良好、及格、不及格分类）及格扣0.05分，不及格扣0.1分	××市反洗钱机构洗钱风险评估指标（试行）
培训宣传	1.实施反洗钱培训计划，培训对象、培训内容充分、适当、有针对性；人员相对稳定符合上岗要求，能够充分了解履职所需的反洗钱政策法规和相关反洗钱信息	查阅人员设置及变更档案、各项培训和考核记录，调阅参加中国人民银行及总行考试成绩等。缺失档案和考核记录的每少一项扣0.05分；柜员违规登录系统的扣0.25分；重要岗位人员培训次数少于制度和法规规定的每少一次扣0.05分；参加中国人民银行及总行各项考核成绩不合格每人次扣0.25分，扣完为止	××市反洗钱机构洗钱风险评估指标（试行）
	2.建立反洗钱宣传工作领导小组，每年至少开展两次宣传活动，并及时报送总结、计划等资料；建立宣传长效化机制和日常宣传常态化机制，并得到有效落实	查阅反洗钱宣传方案、宣传计划、宣传总结、宣传记录等上报是否超时限，缺失或报送不及时每项扣0.1分	××市反洗钱机构洗钱风险评估指标（试行）

2）反洗钱评价政策法规执行

反洗钱评价政策法规执行指标的评价具体包括：身份识别和资料保管、大额和可疑交易报告两个部分（见表6-16）。

表6-16 反洗钱评价政策法规执行指标设置与评价表

评价内容	评价要点	评价方法	评价依据
身份识别和资料保管	1.客户身份识别勤勉尽责，相关登记表或业务凭证身份识别要素完整，相关档案信息完整、更新及时，便于反洗钱工作应用；客户识别和尽职调查有合理的复核、授权、审批流程安排	查阅客户档案、反洗钱各项工作记录、客户风险等级评定表，检查各项工作记录是否齐全，是否应用机构信用代码辅助开展客户身份识别和风险等级划分工作，通过非现场方式调取分支机构的客户信息录入情况，现场进行核实等。现场查看已建立业务关系客户是否存在未按规定留存身份证明文件、登记身份基本信息、联网核查、机构信用代码查询等，发现一例扣0.25分，扣完为止；系统信息录入有误的，发现一例扣0.25分，扣完为止；风险等级划分不及时、等级划分与报送案例情况不符的，发现一例扣0.25分，扣完为止	××市反洗钱机构洗钱风险评估指标（试行）
	2.客户身份资料和交易记录保存完整，相关业务系统信息录入准确、完整		
	3.客户风险等级划分及时，对高风险等级的客户或账户的客户基本信息审核严格有效，并适时进行调整		
大额和可疑交易报告	1.大额和可疑交易报告是否存在迟报、错报、漏报、防卫性报告和补正不及时、不准确等问题	反洗钱监测系统每日核查是否有超时限处理的数据、交易补正是否正确、可疑交易分析记录、机构信用代码登记表、重点可疑交易报告记录等。存在迟报、漏报、补正不及时的，发现一例扣0.5分；可疑交易报告未经人工有效分析甄别的，发现一例扣0.25分，扣完为止；重点可疑交易报送有误的，发现一例扣0.5分，扣完为止	××市反洗钱机构洗钱风险评估指标（试行）
	2.可疑交易报告是否经过必要的人工分析判断，银行机构是否结合机构信用代码信息进行充分分析		
	3.重点可疑交易报告报送及时，资料齐全，分析合理		

3）反洗钱评价风险管理、监督评价与纠正、信息交流与反馈

反洗钱评价风险管理、监督评价与纠正、信息交流与反馈指标的评价具体包括：风险管理中的风险识别、监督评价与纠正中的内部监督、信息交流与反馈中的统计报表与信息报送三个部分（见表6-17）。

120

表6-17 反洗钱评价风管、监评与纠正、信息交流
与反馈指标设置与评价表

评价内容	评价要点	评价方法	评价依据
风险识别	对于可疑交易、案件协查等涉及的客户和账户是否采取了相应的风险处理和防控措施，即对可疑交易、案件协查涉及客户的风险等级是否予以调整，涉及的账户和交易是否进行持续监控；依托反洗钱监测分析系统所提取的各项数据是否妥善保管，符合保密措施	现场问询反洗钱从业人员、各业务条线人员对反洗钱客户风险分类的了解，可疑交易的分析是否与业务部门进行有效沟通并留有工作记录，是否根据总行要求对涉及反洗钱行政调查的客户进行有效的交易监测；对网银业务、大额现金交易、集中开立账户、代发工资等是否建立有效的监测。相关人员对本条线反洗钱风险点的了解和掌握不全面的扣0.25分，不知晓的扣0.5分；对高风险业务未建立排查机制的扣0.25分	××市反洗钱机构洗钱风险评估指标（试行）
内部监督	1.对辖内分支机构是否开展反洗钱专项检查或自查，并达到一定的覆盖面，涵括合规性和洗钱风险防范措施的健全性、有效性并真正发现已显现的或潜在的合规问题和洗钱风险防范问题	查阅各项内外部检查报告、问题通报、检查整改报告，检查分支行是否及时向总行报告外部检查结果，是否及时开展内部检查，发现问题并及时整改。未建立内部检查机制或检查覆盖面不全的扣0.25分；问题未解决处理或有效整改的扣0.25分；检查问题履查履犯的扣0.5分	××市反洗钱机构洗钱风险评估指标（试行）
	2.内外部监督检查中发现的问题是否及时完整报告总行及相关领导、通报并进行责任追究，能够及时、有效地整改反洗钱内部、外部监督检查中发现的问题或隐患		

评价内容	评价要点	评价方法	评价依据
统计报表与信息报送	1.反洗钱相关统计表是否报送及时、准确	报送不及时扣0.05分；数据不准确扣0.2分	《关于应用机构信用代码辅助开展客户身份识别的通知》《××市反洗钱宣传工作方案》《××市反洗钱信息工作管理暂行办法》《××市关于开展201X年度反洗钱信息调研工作的通知》
	2.相关计划和总结是否报送及时，并按计划有效组织实施	报送不及时扣0.05分；未有效实施扣0.2分	
	3.反洗钱宣传类动态、工作动态、调研文章是否报送及时	每少报送一篇扣0.2分，扣完为止	

6.7 ——————— 本章小结 ———————

商业银行内部控制多维评价指标设置的业务流程层面，包括个人业务、电子银行业务、金融同业业务、小企业业务、风险专项排查、公章及合同管理、反洗钱等部分。总行内部控制评价小组主要对公司层面、流程层面中的风险专项排查、公章管理、合同管理、反洗钱等开展现场评价。同时，为推动一道防线充分履职尽责，有效实现"自己管理自己"，评价方案对业务流程层面中的小企业业务、个人业务、电子银行业务、金融同业业务、运营管理五个环节的评价方式进行调整，即由商业银行总行对口管理部门开展业务检查，评价考核结果直接计入商业银行分支行流程层面评价考核分值计算。

商业银行业务流程层面内部控制多维评价指标类型众多，涉及具体商业银行众多业务的具体环节，因此，其业务流程层面内部控制多维评价指标设置各具特色。此外，业务流程也受到监管部门、具体业务发展和银行内部控制体系不断完善的推动，其考核指标的变化速度也较快。本章以商业银行电子银行业务、授信业务、柜面业务、公章及合同管理、反洗钱评价五个业务流程层面的主要部分为例进行了归纳和示例，窥一斑而见业务流程层面内部控制多维评价指标设置的全貌。

　　商业银行电子银行业务的内部控制多维评价指标设置的原则是为切实履行电子银行条线风险管理第一道防线的职责，加强电子银行业务风险管理，不断完善全行电子银行业务内部控制体系、优化内部控制环境，提高各项制度设计的严谨性及制度执行的有效性，强化合规管理，防控电子银行业务操作风险，确保电子银行业务安全、有效运行。

　　商业银行电子银行业务的内部控制多维评价指标包括网上银行（包含手机银行）和自助银行共14个评价点。网上银行（包含手机银行）指标的评价要点包括：企业网银申请客户是否符合相关要求；网银及手机银行开户资料是否真实、完整、合规性；网银开户是否验印；网银客户信息维护、变更、申请注销等业务是否按规定程序操作；密码信封与证书两码的发放是否符合规定；企业网银额度调整是否符合规定；是否存在其他未按规定办理业务的现象。自助银行指标的评价要点包括：自动柜员机的钥匙、密码（含备用）管理流程是否合规；清机流程和频率是否符合要求；长短款挂账转出时账务处理是否准确；吞卡处理流程是否合规；是否严格执行查库制度；账簿管理是否合规；是否存在其他未按规定办理业务的现象。

　　商业银行授信业务的内部控制多维评价指标设置包括授信流程管理、房屋按揭贷款管理和票据融资三部分。授信流程管理的评价具体包括：客户调查和业务受理不尽职；分析与评价不尽职；授信决策与实施不尽职；未按规定进行贷款资金支付管理与控制；授信后管理和问题授信处理不尽职五个部分。房屋按揭贷款管理的评价具体包括：个人住房贷款不合规和商业用房贷款不合规两个部分。票据融资的评价具体包括：违规办理伪贸易背景或贸易背景不清的承兑、贴现；违反程序和超权限办理承兑、贴现；承兑、贴现资金用途不合规；保证金管理不规范四个部分。

　　商业银行柜面业务的内部控制多维评价指标设置包括账户管理、印鉴管理、重空管理、印章管理、现金管理、对账管理、上门服务、代发代扣、事后监督、抵质押品和其他业务等内部控制指标共十一部分。

商业银行公章及合同管理的内部控制多维评价指标设置包括合同管理内部控制指标和公章管理内部控制指标两部分。合同管理指标的评价具体包括：合同制度的建设、人员管理、签署、履行、登记与保管。公章管理指标的评价具体包括：公章的使用及保管。

商业银行反洗钱评价指标设置本身就是基于内部控制完整体系的评价序列，包括控制环境、政策法规执行、风险管理、监督评价与纠正、信息交流与反馈五部分。反洗钱评价控制环境指标的评价具体包括：风险管控、组织体系、培训宣传三个部分。反洗钱评价政策法规执行指标的评价具体包括：身份识别和资料保管、大额和可疑交易报告两个部分。反洗钱评价风险管理、监督评价与纠正、信息交流与反馈指标的评价具体包括：风险管理中的风险识别、监督评价与纠正中的内部监督、信息交流与反馈中的统计报表与信息报送三个部分。

第 7 章

商业银行内部控制多维评价的计分方法和赋权方法

内部控制评价指标设置是解决考核什么问题的，而内部控制评价指标的"计分方法"则是解决如何将评价指标达成情况转化为分数的问题。计分方法在评价考核标准中起着重要的作用，不同的计分方法可以起到不同的评价取向导向性问题的作用。

商业银行内部控制评价采取评分制，无论是内部控制精细化评价还是内部控制多维评价，亦是如此。内部控制多维评价对内部控制的过程和结果分别设置一定的标准分值，并根据评价得分确定被评价机构的内部控制等级。因此，内部控制评价分值的认定、分类和计算，成为内部控制多维评价结果的重要组成部分。

指标赋权是内部控制评价和绩效考核中学术性较强的一个问题，商业银行内部控制多维评价的指标赋权中，不同的指标权重意味着不同的内部控制评价侧重，指标赋权是内部控制评价考核中不可或缺的重要组成部分。商业银行内部控制多维评价是一个开放的理论体系，根据实际需要可灵活借鉴各种指标赋权方法。

7.1 ———— 商业银行内部控制评价计分方法的原则 ————

商业银行内部控制评价的评分制原则，根据《商业银行内部控制评价试行办法》将内部控制过程评价的标准分为500分，其中：内部控制环境100分、风险识别与评估100分、内部控制措施100分、信息交流与反馈100分、监督评价与纠正100分。上述五部分评价得分加总除以5，得到过程评价的实际得分。

7.1.1 商业银行内部控制评价目标和具体评分标准原则

在对内部控制过程评价时，应按照内部控制评价内容的要求，结合充分性、合规性、有效性和适宜性等四个方面进行展开，具体包括：（1）过程和风险是否已被充分识别；（2）过程和风险的控制措施是否遵循相关要求、得到明确规定并得以实施和保持；（3）控制措施是否有效；（4）控制措施是否适宜。上述四个方面，转换为具体评价问题，并根据测试情况对被评价项目进行评分。

内部控制过程评价的具体评分标准如下：（1）被评价对象的过程和风险已被充分识别的，可得该项分值的20%。（2）在满足前项的基础上，被评价项目的过程和对风险的控制措施被规定并遵循要求的，可得该项分值的30%。（3）在满足前两项的基础上，被评价项目的规定得到实施和保持的，可再得该项分值的30%。（4）在满足前三项的基础上，被评价项目在实现风险控制的结果方面，控制措施有效且适宜的，可再得该项分值的20%。

在测试过程中遇有业务缺项或问题不适用上述评分办法时，应将涉及的分值在评价项目总分中扣减。为保持可比性，在得出其余适用项的总分后，还应将该评价项目的总得分进行调整。其用公式表示为：

调整后评价项目总得分=所有适用项目得分/（评价项目总分-不适用项目总分）×100%

$$(7-1)$$

单项分值小计和总分分值有小数时四舍五入。

若涉及需要采取抽样测试确定评价结论的，应根据以下情况确定：

（1）如果在抽样范围内未发现违规，该项评价得满分；在抽样范围内发现两项以上违规（含两项），该项评价不得分；仅发现一项违规的，应扩大一倍抽样，在扩大抽样范围内未发现新的违规的，可得该评价项目分值的50%，在扩大抽样范围内又发现新的违规的，该评价项目不得分。

（2）发现险情或事故的，直接扣除该评价项目的分值。

7.1.2　商业银行内部控制评价结果的确定

商业银行初次实施内部控制评价时，需对所有业务活动、管理活动和支持保障活动进行评价。再次评价时，至少应包括：授信业务、资金业务、存款及柜台业务、主要中间业务、计划财务、会计管理、计算机信息系统等。其他活动在每三次再次评价周期内应至少覆盖一次。

商业银行内部控制评价包括过程评价和结果评价两部分。

过程评价主要评价内部控制环境、风险识别与评估、内部控制措施、监督评价与纠正、信息交流与反馈等内部控制体系要素。

结果评价主要评价内部控制目标的实现情况，对这些指标的量化评价可以通过非现场的方式进行。结果评价主要包括十项指标：资本利润率、资产利润率、成本收入比、大额风险集中度指标、关联方交易指标、资产质量指标、不良贷款拨备覆盖率、资本充足指标、流动性指标、案件指标等。内部控制结果评价指标的标准分值为500分，转化为百分制后得出实际得分。

7.1.3　商业银行内部控制评价等级的认定

商业银行根据综合评价总分确定被评价机构的内部控制体系评价等级，应按评分标准对被评价机构内部控制项目逐项计算得分，确定评价等级。定级标准为：

一级：综合评分90分以上（含90分）。指被评价机构有健全的内部控制体系，在各个环节均能有效执行内部控制措施，能对所有风险进行有效识别和控制，无任何风险控制盲点，控制措施适宜，经营效果显著。

二级：综合评分80～89分。指被评价机构内部控制体系比较健全，在各个环节能够较好执行内部控制措施，能对主要风险进行识别和控制，控制措施基本适宜，经营效果较好。

三级：综合评分70～79分。指被评价机构内部控制体系一般，虽建立了大部分内部控制，但缺乏系统性和连续性，在内部控制措施执行方面缺乏一贯的合规性，存在少量重大风险，经营效果一般。

四级：综合评分60~69分。指被评价机构内部控制体系较差，内部控制体系不健全或重要的内部控制措施没有贯彻执行或无效，管理方面存在重大问题，业务经营安全性差。

五级：综合评分60分以下（不含60分）。指被评价机构内部控制体系很差，内部控制体系存在严重缺失或内部控制措施明显无效，存在明显的管理漏洞，经营业务失控，存在重大金融风险隐患。

上述等级也适用于单项评级，单项评级结果主要用于对比分析。

若被评价机构在评价期内发生重大责任事故，应在上述评级的基础上下调一级。重大责任事故包括：

（1）因安全防范措施不当，发生金融诈骗、盗窃、抢劫、爆炸等案件，造成重大影响或损失。

（2）因经营管理不善发生挤提事件。

（3）业务系统故障造成重大影响或损失。

（4）经查实的重大信访事件。

此外，内部控制体系连续在三个评价期内得不到改善的机构，其内部控制评价等级应适当下调。

7.2 —— 商业银行内部控制多维评价单项计分评价方法 ——

根据商业银行内部控制的控制要点样本总体是否可以量化统计、控制要点的重要程度以及控制要点的属性特征，内部控制多维评价在商业银行不同阶段采用的单项计分评价方法是多样的。

商业银行内部控制多维评价的单项计分评价方法主要包括：内部控制多维评价的单项评分方法、正向激励与负向约束调整项、单项计分评价的计算公式和内部控制多维评价结果等级的认定。

7.2.1 商业银行内部控制多维评价的单项评分方法

商业银行内部控制多维评价的单项评分方法包括：判断是否评分法、发现抽样评分法和控制成功率评分法等。

其一，判断是否评分法：按照实际测试情况确定"是"、"部分是"或"否"。

（1）"是"得标准分值的100%；

（2）"部分是"得标准分值的50%；

（3）"否"不得分。

其二，发现抽样评分法：该评分方法采用"一票否决制"。

（1）未发现问题，得标准分值的100%；

（2）只要发现问题，不得分。

其三，控制成功率评分法：按照样本中无缺陷样本所占比率（控制成功率）的区间和规定的对应得分比例评分。

（1）控制成功率达到100%，得标准分值的100%；

（2）控制成功率为95%（含）至100%，得标准分值的80%；

（3）控制成功率为90%（含）至95%，得标准分值的50%；

（4）控制成功率为90%以下，不得分。

7.2.2　正向激励与负向约束调整项

1）正向激励调整项

正向激励调整项，是指内部控制评价期间存在某些规定列示的情况时，调增评价指标总得分。内部控制评价期间存在下列情况的，则在评价指标总得分的基础上适当加分，上不封顶。

（1）每成功堵截一起内外部欺诈案件，并获得总行相关部门认可的，加1分。

（2）在内部控制、案防、操作风险管理等方面，每获得一次监管机构的书面（含电子邮件）表扬的，加0.5分；获得监管机构授予的相关先进集体荣誉称号的，加0.5分。

（3）每识别出总行业务系统设计存在的一处重大或重要缺陷，并经对口业务管理部门认可的，加0.5分。

2）负向约束调整项

负向约束调整项，是指内部控制评价期间受到监管机构的通报批评或发生重大违规事件的，调减评价指标总得分或直接下调评定等级。

（1）内部控制评价期间在内部控制、案防、操作风险管理等方面每受到一次监管机构的书面或电子邮件通报批评的，则在评价指标总得分的基础上扣2分。

（2）内部控制评价期间监管机构或总行认定发生包括但不限于如下重大违规事件的（因不可抗力导致的损失除外），则在内部控制评价最终得分确定的评价等级的基础上再下调评定等级。其具体事项包括但不限于：

①超越总行授权办理业务，不限于授信业务。

②存在假按揭行为。

③因安全防范措施不当，发生金融诈骗、盗窃、抢劫、爆炸等案件，造成重大影响或损失。

④因经营管理不善发生挤提事件，或遭受国家有关部门（如银监会、中国人民银行以及外事管理部门、工商部门、税务部门、公安部门等）的严重处罚，或被媒体负面报道，造成重大影响。

⑤业务系统故障，造成重大影响或损失。

⑥经查实的其他重大合规及操作风险事件等。

7.2.3　商业银行内部控制多维评价单项计分评价的计算公式

商业银行内部控制多维评价单项计分评价的计算公式主要有：

（1）单项评价最终得分公式。

单项评价最终得分=评价指标总得分+（或−）正向激励得分（或负向约束得分）

$$(7-2)$$

（2）评价指标总得分公式。

评价指标总得分=（公司层面的评价得分/100）×流程层面的评价得分　　(7-3)

（3）公司层面的评价得分公式。

公司层面的评价得分 = 内部控制环境 + 风险识别与评估 + 信息交流与反馈 + 监督评价与纠正　　(7-4)

（4）业务流程层面的评价得分公式。

业务流程层面的评价得分 = 小企业业务 + 个人业务 + 电子银行业务 + 金融同业业务 + 运营管理 + 反洗钱管理 + 合同及公章管理 + 风险专项排查等　　(7-5)

7.2.4 商业银行内部控制多维评价结果等级的认定

商业银行内部控制多维评价结果可以认定为三个等级，各等级标准如下：

一级：被评价单位（或条线）内部控制体系比较健全，在各个环节能够较好执行内部控制措施，能对主要风险进行识别和控制，无重大风险控制盲点，控制措施相对适宜、有效，经营效果较好。

二级：被评价单位（或条线）内部控制体系一般，虽建立了大部分内部控制，但在部分重点环节、重要领域缺乏系统性和连续性，发现少量较大的风险隐患，经营效果一般。

三级：被评价单位（或条线）内部控制体系较差，内部控制体系不健全或重要的内部控制措施没有贯彻执行或无效，或管理方面存在重大问题，或存在明显的管理漏洞或多环节重大风险隐患，业务经营安全性差，经营风险不可控，经营信息无法利用。

7.3 —— 商业银行内部控制多维评价整体计分评价方法 ——

应用于商业银行内部控制多维评价的整体评价计分方法有达标计分法、比率计分法、赛马计分法等，实际应用中以达标计分法为整体评价的主要计分方法。然而，不同的计分方法能够产生不同的内部控制评价效果，因而本节予以探讨。

7.3.1 达标计分法

"达标"，即达到标准的意思。"达标"是一个偏向褒义的词语，是有一定要求的，是高于"及格""合格"一类的同类型词语。如果以百分制评价，普遍认为"合格"应该是高于60分，因而"合格"应该是一个中性词；"达标"，则是高于60分的等级评定。

达标计分法的等级一般分为四种，分别是：优秀、良好、及格、不及格。每个等级都有达标，在百分制中，等级达标情况如下：

不及格：低于60分的成绩；

及格：60分以上的成绩；

良好：75分以上的成绩；

优秀：85分以上的成绩。

2004年8月20日银监会发布的《商业银行内部控制评价试行办法》（2004年第9号）使用达标计分法的等级分为五级评分：

一级：综合评分90分以上（含90分）；

二级：综合评分80~89分；

三级：综合评分70~79分；

四级：综合评分60~69分；

五级：综合评分60分以下（不含60分）。

本书将上述成果进行精简，内部控制多维评价整体计分评价结果共分为三个等级，各等级标准如下：

一级：综合评分120（含）~150分，为优；

二级：综合评分90（含）~120分，为中；

三级：综合评分90分以下，为差。

达标计分法是现阶段商业银行内部控制整体评价的主要计分方法。然而，在具体的应用环节中比率计分法、赛马计分法等也有着广泛的应用价值。

7.3.2　比率计分法

比率计分法是绩效考核中最常用的计分方法，应用于商业银行内部控制整体评价主要是在各单项或组成部分的加总阶段。

商业银行内部控制使用比率计分法能够合理设置"达标"的目标值，适用于内部控制的连续年份考核或者单项重点指标达标考核。例如，A考核单位某项考核指标上一年度的单项等级可以评定为"一级"，本年可以将其考核目标定义为"一级"或"二级"以上。如果单项评价结果是"三级"，则要在整体内部控制整体评价的结果中超额减分，以达到警示目的。

比率计分法按照设置的目标值的个数，又可分为单目标比率法、双目标比率法和多目标比率法等。

1）单目标比率法

单目标比率法在实际操作中比较多见，操作较为简单，考虑因素较少，由实际达成值 S 除以目标值 M 得出比率，再乘以权重分 K 直接得出该项指标得分，用公式表示为：

$$f(S) = S/M \times K \tag{7-6}$$

单目标比率法的优点是计算简单，操作方便，直观反映指标达成程度。如果从分数数值达成看，单目标比率法既有"正向激励"，也有"负向约束"的作用，不考虑责任底限和上限的情况。

2）双目标比率法

双目标比率法就是在单目标比率法的基础上增加一个责任底限，如必须达到"二级"以上，即基本目标值（设为 B），实际达成若低于基本目标值则在赋权中不得分或超额减分；另设挑战目标值 T，若达到挑战目标值得分为 J，即指标权重为 J。考核得分计算公式为：

$$f(S) = (S - B)/(T - B) \times J \tag{7-7}$$

从分数数值达成看，双目标比率法有"不超过底限值在赋权中不得分或超额减分"的特点。高的越高，低的越低，如果低于底限值，还可能得负分，即不仅该项指标不得分，还要倒扣分。

双目标比率法一般适用于有底限值的情况，但得分结果可能出现的范围也比较难控制，我们可以根据实际需要结合说明法来约定是否上不封顶、是否超额减分。

3）多目标比率法

多目标比率法，也称为分段比率法，是指设定多个目标值，根据不同目标阶段达成难度的不同赋予不同的考核分，如图 7-1 所示。

多目标比率法应用于内部控制评价，主要是根据分级评定进行不同分值的分段赋权来实现的。例如，商业银行将内部控制评定等级分为三级，则在每一级分别设定赋权值，加总后产生等级差和累积效应，鼓励内部控制等级的提升。

因此，多目标比率法操作较为复杂，考虑的情形也比较全面，在内部控制评价中可以起到创新示范的作用。

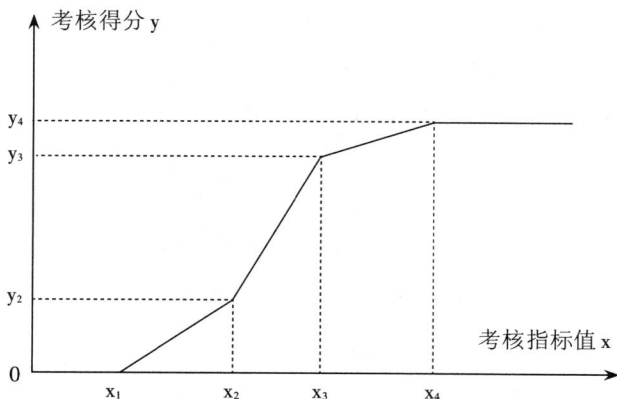

图 7-1　内部控制多维评价整体评价多目标比率法示意图

7.3.3　赛马计分法

赛马计分法在内部控制评价中适用于内部控制评价考核结果的横向比较。由于考核年份和考核内容的变化，内部控制评价的分值可能在不同年份出现数据的接续性偏差。此时，赛马计分法的横向比较，有利于分支行和经营部门间的比较，有利于正确评价该年度的内部控制实际评价效果。

赛马计分法的关键在于一个"赛"字，即通过引入竞争机制引导被考核者挣脱内部控制评价计划的心理束缚，紧紧把握本部门本年度实际情况，最大限度地发挥潜能，自动实现内部控制有效性的最大化。

使用赛马计分法既可以对被考核者事先设定内部控制评价计划值，也可以事先不设定计划值，单纯依靠名次来考核计分。是否事先设定内部控制评价计划值，一般取决于考核者对被考核者环境信息的掌握程度：若考核者掌握信息较多、较及时，能较准确地预测被考核者的内部控制评价结果，往往事先设定内部控制评价计划值；若考核者掌握的信息有限，难以预测被考核者的内部控制评价结果，往往事先不为被考核者设定内部控制评价计划值，而单纯依靠相互之间的名次来计分。

赛马计分法的主要优势在于引导被考核者充分发挥潜力、充分利用各种机会，自动实现内部控制有效性的最大化，可谓"没有最好，只有更好"。事先设定计划值的赛马计分法虽然有计划值，但仅达到计划值并不能得满分，要得满分需要比其他被考核者"更"优秀。也就是说，事先设定计划值的赛马计分法就是"鼓励超计划"的计分方法，所以可称为"超计划赛马法"。

总之，达标计分法虽然是现阶段内部控制整体评价的主要计分方法，然而比率计分法、赛马计分法等不同的计分方法的引入，能够产生不同的内部控制评价效果，能够为商业银行内部控制评价带来新的方法工具。

7.4 ——————— 指标赋权方法概述及主观赋权法 ———————

指标赋权是内部控制评价和绩效考核中学术性较强的一个问题，相关著述很多，内容体系多有不同。本书借鉴郭亚军[①]和王恩山（2013）的体系，将内部控制多维评价指标的赋权方法归纳为主观赋权法、客观赋权法与组合赋权法三种，具体见表7-1。

表7-1　　　商业银行内部控制多维评价指标赋权方法归纳

赋权方法	原理	细分方法	特点
主观赋权法	功能驱动	直推型主观赋权法	直接表达评价者主观信息，指标偏好
		反推型主观赋权法	突出评价者直觉判断能力，方案偏好
客观赋权法	差异驱动	突出整体差异的赋权法	突出方案可辨识性或方案的自由竞争性原则
		突出局部差异的赋权法	突出指标可辨识性原则
组合赋权法	组合主客信息	加法与乘法集成法	对主客观法赋权的结果再次数学组合，融合主客观信息
		改进型"拉开档次"法	先主观加权，后客观加权，融合主客观信息

各类赋权方法都有一定的优势，也有一定的劣势。比如，客观赋权法虽然利用比较完善的数学理论与方法，但却忽视了决策者的主观信息，而此信息对于经济管理中的评价或决策问题来说，有时是非常重要的。

---

① 郭亚军. 综合评价理论、方法及应用［M］. 北京：科学出版社，2007：31-78.

商业银行内部控制多维评价系统在客观现实的运行过程中，或受环境的影响，或受评价者主观愿望的影响而呈现出不同方面的特征，这就给确定权重系数带来了困难。因此，在很多情境下，往往是通过主观途径来确定权重系数的，即根据人们主观上对各评价指标的重视程度来确定权重系数的一类方法。主观赋权法又包括两类方法，即直推型主观赋权法和反推型主观赋权法。

7.4.1 直推型主观赋权法

直推型主观赋权法，又称指标偏好型主观赋权法，是指评价者（或决策者）直接对各指标的重要程度进行比较以获取权重系数的方法。

商业银行内部控制多维评价可以设置两大类共 12 个指标，并直接赋权，示例见表 7-2。该类示例方法即是一种简单的直推型主观赋权法。

表 7-2　　　**商业银行内部控制多维评价标准与赋权示例表**

评价指标		标准分值
公司层面	内部控制环境	30分
	风险识别与评估	30分
	信息交流与反馈	10分
	监督评价与纠正（含互评价10分）	30分
	小计	100分
流程层面	小企业业务	10分
	个人业务	15分
	电子银行业务	10分
	金融同业业务	10分
	运营管理	15分
	反洗钱管理	10分
	合同及公章管理	10分
	风险专项排查	20分
	小计	100分

直推型主观赋权法的共同特征是：

其一，含有主观色彩，即赋权结果与评价者（或决策者）的知识结构、工作经验及偏好等有关；

其二，评价过程的透明性、再现性差；

其三，在一定时间区间内，权重系数 w_j（$j=1$，2，$\cdots$，n）具有可继承性和保序性。

比较复杂的直推型主观赋权法有集值迭代法、特征值法、G1法和G2法。其中，G1赋权法受到很多计量学者的推崇，能够反映专家学者丰富的经验知识不受样本选择的影响，但是不能反映指标数据的实际特征。

商业银行内部控制多维评价还应遵循实用的原则，根据过程评价和结果评价综合确定内部控制体系的总分。其中，过程评价的权重为70%，结果评价的权重为30%，两项得分加总得出综合评价总分。这也可以认为是一种过程评价与结果评价的直推型主观赋权法的权重分配方案。

然而，商业银行内部控制多维评价既从实际出发稳扎稳打，又积极探索应用多种赋权方法的途径。

7.4.2 反推型主观赋权法

反推型主观赋权法，又称方案偏好型主观赋权法，是指评价者（或决策者）先对评价对象（或方案）的优劣进行比较判断，再根据比较信息逆向求取指标权重系数的方法。

反推型主观赋权法的共同特征是：

其一，突出评价者的直觉判断能力；

其二，评价过程的透明性、再现性较差；

其三，权重系数 w_j（$j=1$，2，$\cdots$，n）依赖于模型，不具有保序性和可继承性。

较有代表性的反推型主观赋权法有基于部分方案序偏好的赋权法及基于部分方案偏好强度的赋权法。主观赋权法主要是基于"功能驱动"的原理，其实质是根据评价指标的相对重要性程度来确定权重系数。主观赋权法虽然反映了评价者（或决策者）的主观判断或直觉，但在综合评价结果或排序中可能产生一定的主观随意性，即可能受到评价者（或决策者）的知识或经验缺乏的影响。

7.5 ──────── 客观赋权法和组合赋权法 ────────

客观赋权法能够避免在确定权重系数时受人为的干扰，其主要依据是差异驱动原理，基本思想是：权重系数应当是各个指标在指标总体中的变异程度和对其他指标影响程度的度量，赋权的原始信息应当直接来源于客观环境，可根据各指标所提供的信息量的大小来决定相应指标的权重系数。客观赋权法主要包括突出整体差异的赋权法和突出局部差异的赋权法。

7.5.1 突出整体差异的赋权法

突出整体差异的赋权法确定权重系数 w_j 的原则是：从整体上尽可能体现出各评价对象之间的差异，以利于对其排序。突出整体差异的赋权法主要有拉开档次法和逼近理想点法两种情形。

1）拉开档次法

从几何角度来看，n 个被评价对象可以看作是由 m 个评价指标构成的 m 维评价空间中的 n 个点（或向量）。需求 n 个被评价对象的评价值（标量）就相当于把这 n 个点向某一维空间作投影。选择指标系数，使得各被评价对象之间的差异尽量拉大，也就是根据 m 维空间构造一个最佳的一维空间，使得各点在此一维空间上的投影点最为分散，即分散程度最大。

取极大型评价指标 x_1，x_2，$\cdots$，x_m 的线性函数如下：

$$y = w_1 x_1 + w_2 x_2 + w_m x_m = w^T x \tag{7-8}$$

其中，$w = （w_1，w_2，\cdots，w_m）^T$ 是 m 维待定正向量（其作用相当于权系数向量），$x = （x_1，x_2，\cdots，x_m）^T$ 为被评价对象的状态向量。如将第 i 个被评价对象 s_i 的 m 个标准观测值 x_{i1}，x_{i2}，$\cdots$，x_{im} 代入式中，可得：

$$y = w_1 x_{11} + w_2 x_{12} + w_m x_{1m} \quad (i=1，2，\cdots，n) \tag{7-9}$$

如果，

$$y = \begin{bmatrix} y_1 \\ y_2 \\ \vdots \\ y_n \end{bmatrix}, \quad A = \begin{bmatrix} x_{11} & x_{12} & \cdots & x_{1m} \\ x_{21} & x_{22} & \cdots & x_{2m} \\ \vdots & \vdots & & \vdots \\ x_{n1} & x_{n2} & \cdots & x_{nm} \end{bmatrix}$$

则上式可写成 $y=Aw$。

确定权系数向量 w 的准则是能使其最大限度地体现出"质量"不同的被评价对象之间的差异。如用数学语言来说，就是求指标向量 x 的线性函数 w^Tx，使此函数对 n 个被评价对象取值的分散程度或方差尽可能地大。

而变量 $y=w^Tx$ 按 n 个被评价对象取值构成样本的方差为：

$$s^2 = \frac{1}{n} \sum_{i=1}^{n} (y_i - \bar{y})^2 = \frac{y^T y}{n} - \bar{y}^2 \tag{7-10}$$

将 $y=Aw$ 代入式中，若将原始数据事先进行标准化处理，则有 $\bar{y}=0$，于是有：

$$ns^2 = w^T A^T A w = w^T H w \tag{7-11}$$

式中，$H=A^TA$ 为实对称矩阵。

显然，对 w 不加限制时，公式（7-11）可取任意大的值。这里限定 $w^Tw=1$ 且 $w>0$，求得最大值。也就是选择 w，使得：

$$\begin{cases} Max, \ w^T H w \\ S.T., \ w^T w = 1 \end{cases} \tag{7-12}$$

根据有关数学知识，可以得出以下结论：

结论 1：若取 w 为 H 的最大特征值所对应的标准特征向量时，公式（7-12）取得最大值。

结论 2：若 H 为正方阵（即 H 的元素皆大于0）时，则有唯一一个正的最大特征值 λ_{max} 及存在唯一一个与 λ_{max} 相对应的正的特征向量（如果不计正常数倍的话）。

结论 3：将矩阵 A 中的任意两列（或任意两行）元素对换时，综合评价函数 y 值不变。这意味着，任意安排评价指标 $\{x_j\}$ 的顺序及任意安排被评价对象采样的顺序，都不影响综合评价结果。

由拉开档次法给出的权重系数，是通过指标观测值在最大限度地体现出各评价对象之间的整体差异的原则计算出来的，具有"再现性"和过程"透明性"。拉开档次法，从理论上讲是成立的，从技术上讲是可行的，从应用上讲是合乎情理的。

拉开档次法具有如下特点：一是综合评价过程透明；二是评价结果与 s_i 和 x_j 的采样顺序无关；三是评价结果毫无主观色彩；四是评价结果客观、可比；五是 w_j 不具有"可继承性"，即随着 $\{s_i\}$ 和 $\{x_j\}$ 的变化而变化；六是 w_j 已不再体现评价指标 x_j 的相对重要性，而是从整体上体现 $\{x_{ij}\}$ 的最大离散程度的投影因子，因此可以有某个 $w_j < 0$。

应用拉开档次法，是在评价指标 x_j 以同等"地位"参与评价过程这个条件为前提的，而事实上 x_j 之间的相对重要程度是不同的。长期使用拉开档次法容易诱导被考核者过度追求"特色"而忽略那些重要的基础性指标。

2）逼近理想点法

设理想系统为 $s^* = (x_1^*, x_2^*, \cdots, x_m^*)^T$，任一系统（即任一被评价对象）$s_i = (x_{i1}, x_{i2}, \cdots, x_{im})^T$ 与 s^* 间的加权距离平方和最小时的权重即为所求，用公式表示为：

$$\omega_j = \frac{\dfrac{1}{\sum\limits_{i=1}^{n}(x_{ij} + x_j^*)^2}}{\sum\limits_{j=1}^{m}\dfrac{1}{\sum\limits_{i=1}^{n}(x_{ij} - x_j^*)^2}}, \quad j = 1, 2, \cdots, m \tag{7-13}$$

以上是在各项指标 x_j 相对于评价目标的重要程度都相等的前提下，讨论了权重系数向量 w 的求法及其有关问题。值得注意的是，如此求出的 w 只是反映各系统（被评价对象）之间的整体"差异"，是通过指标观测值在最大限度地体现出各被评价对象之间的差别的原则计算出来的，并不反映其相应指标的重要程度。

7.5.2 突出局部差异的赋权法

突出局部差异的赋权法中，均方差法、极差法和熵值法是比较典型的，其基本原理和计算方法如下：

1）均方差法

从对评价结果的影响力角度考虑，评价对象指标值的偏差程度决定指标应该被赋予的权重。该方法能够根据指标实际数据的特点反映评价对象间的差异，但如果选择的样本数据不具有代表性，则会导致权重不合理。

取权重系数为：

$$\omega_j = \frac{s_j}{\sum\limits_{k=1}^{m} s_k}, \ j = 1, 2, \cdots, m \tag{7-14}$$

上式中，

$$s_j^2 = \frac{1}{n} \sum\limits_{i=1}^{n} (x_{ij} - \overline{x_j})^2, \ j = 1, 2, \cdots, m \tag{7-15}$$

然而，

$$\overline{x_j} = \frac{1}{n} \sum\limits_{i=1}^{n} x_{ij}, \ j = 1, 2, \cdots, m \tag{7-16}$$

2）极差法

取权重系数为：

$$\omega_j = \frac{r_j}{\sum\limits_{k=1}^{m} r_k}, \ j = 1, 2, \cdots, m \tag{7-17}$$

上式中，

$$r_j = \max\limits_{\substack{i,k=1,\cdots,n \\ i \neq k}} \{ |x_{ij} - x_{k,j}| \}, \ j = 1, 2, \cdots, m \tag{7-18}$$

3）熵值法

熵值法（Entropy Method）也是一种根据各项指标观测值所提供的信息量的大小来确定指标权数的方法。"熵"是热力学中的一个名词，在信息论中又称为平均信息量，它是信息的一个度量，仍称为"熵"。根据信息论的定义，在一个信息通道中传输的第 i 个信号的信息量 I_i 是 $I_i = -\ln p_i$。式中，p_i 是这个信号出现的概率。因此，如果有 n 个信号，其出现的概率分别为 p_1，p_2，$\cdots$，p_n，则这 n 个信号的平均信息量，即熵为：$-\sum\limits_{i=1}^{n} p_i \ln p_i$。下面利用"熵"的概念，给出确定指标权数的熵值法。

设 x_{ij}（i=1，2，$\cdots$，n；j=1，2，$\cdots$，m）为第 i 个系统（被评价对象）中第 j 项指标的观测数据。对于给定的 j，x_{ij} 的差异越大，该项指标对被评价对象的比较作用就越大，亦即该项包含和传输的信息就越多。信息的增加意味着熵的减少，熵可以用来度量信息量的大小。

用熵值法确定指标权数的步骤如下：

（1）计算第 j 项指标下，第 i 个被评价对象的特征比重 $P_{ij}=x_{ij}/\sum\limits_{i=1}^{n}x_{ij}$。这里假定 $x_{ij}\geq 0$，且 $\sum\limits_{i=1}^{n}x_{ij}>0$。

（2）计算第 j 项指标的熵值。

$$e_j = -k\sum_{i=1}^{n}p_{ij}\ln(p_{ij}) \tag{7-19}$$

式中，k>0，e_j>0。如果 x_{ij} 对于给定的 j 全部相等，那么 $p_{ij}=\dfrac{1}{n}$，此时 e_j=klnn。

（3）计算指标 x_j 的差异系数。对于给定的 j，x_{ij} 的差异越小，则 e_j 越大，当 x_{ij} 全都相等时，e_j=e_{max}=1（k=1/lnn），此时对于被评价对象间的比较，指标 x_j 毫无作用；当 x_{ij} 的差异越大，e_j 越小，指标对于被评价对象的比较作用越大。因此，定义差异系数 g_j=1-e_j，g_j 越大，越应重视该指标的作用。

（4）确定权数，即取：

$$w_j = \frac{g_j}{\sum\limits_{i=1}^{m}g_i}, \ j = 1, 2, \cdots, m \tag{7-20}$$

w_j 为归一化了的权重系数。

用拉开档次法与用均方差法、极差法及熵值法所确定的权重系数有一定的区别，这是由于两种方法的出发点不同所造成的。用拉开档次法确定权系数时，主要是从整体上尽量体现出各个被评价对象之间的差异；而用熵值法确定权重系数时，其出发点是根据某同一指标观测值之间的差异程度来反映其重要程度，如果各被评价对象的某项指标的数据差异不大，则反映该指标对评价系统所起的作用不大，用均方差法、极差法及熵值法计算出来的权重系数也不大。

基于"差异驱动"原理的赋权法，主要是利用观测数据所提供的信息来确定权系数的，它虽然避免了主观赋权法的弊病，但也有不足之处：如对同一指标体系的两组不同的样本，即使用同一种方法来确定各指标的权重系数，结果也可能会有差异；再则，有时用客观赋权法得出的评价结果或排序结果可能与决策者的主观愿望相反，而使决策者感到困惑。

基于"差异驱动"原理的客观赋权法（如拉开档次法、均方差法、极差法和熵值法等），是一类"求大异存小同"的方法。其共同特征是：其一，不具有任何主观色彩；其二，具有评价过程的透明性、再现性；其三，确定的 w_j（j=1，2，…，m）将不具有可继承性、保序性。

7.5.3　组合赋权法

组合赋权法对于内部控制的综合评价问题来说，现实中往往需要能同时体现主、客观信息的权重系数。于是，从逻辑上将主观赋权法和客观赋权法有机地结合起来，使所确定的权重系数同时体现主观信息和客观信息，这就是组合赋权法，又称综合集成赋权法。常见的组合赋权法有加法集成法、乘法集成法和改进型拉开档次法。

1）加法集成法

设 p_j，q_j 是分别由基于"差异驱动"原理和"功能驱动"原理产生的指标 x_j 的权重系数，则：

$$w_j = k_1 p_j + k_2 q_j, j = 1, 2, \cdots, m \tag{7-21}$$

称上式为具有同时体现主客观信息集成特征的权重系数。式中，k_1，k_2 为待定常数（$k_1 > 0$，$k_2 > 0$，$k_1 + k_2 = 1$）。

显然，综合集成赋权法的关键问题是待定系数 k_1，k_2 的确定。下面给出由数学模型生成 k_1，k_2 的方法。

这时，被评价对象 s_i 的综合评价值为：

$$y_i = \sum_{j=1}^{m} w_j x_{ij} = \sum_{j=1}^{m} (k_1 p_j + k_2 q_j) x_{ij}, i = 1, 2, \cdots, n \tag{7-22}$$

确定 k_1，k_2，使公式（7-23）取值最大。

$$\sum_{i=1}^{n} y_i = \sum_{i=1}^{n} \sum_{j=1}^{m} (k_1 p_j + k_2 q_j) x_{ij} \tag{7-23}$$

在满足条件公式（7-24）下：

$$k_1^2 + k_2^2 = 1, k_1 > 0, \ k_2 > 0 \tag{7-24}$$

应用 Lagrange 条件极值原理，可得：

$$k_1 = \frac{\sum_{i=1}^{n}\sum_{j=1}^{m} p_j x_{ij}}{\sqrt{\left(\sum_{i=1}^{n}\sum_{j=1}^{m} p_j x_{ij}\right)^2 + \left(\sum_{i=1}^{n}\sum_{j=1}^{m} q_j x_{ij}\right)^2}} \qquad (7-25)$$

$$k_2 = \frac{\sum_{i=1}^{n}\sum_{j=1}^{m} q_j x_{ij}}{\sqrt{\left(\sum_{i=1}^{n}\sum_{j=1}^{m} p_j x_{ij}\right)^2 + \left(\sum_{i=1}^{n}\sum_{j=1}^{m} q_j x_{ij}\right)^2}} \qquad (7-26)$$

这也是体现被评价对象之间（整体）最大差异的一种主客观信息综合集成的赋权方法。当然，k_1，k_2 也可由体现决策者（或评价者）的偏好信息来确定。

特别地，当取 $k_1 = k_2$ 时，也可以用下面的公式确定 w_j：

$$w_j = (p_j + q_j)\Big/ \sum_{i=1}^{m}(p_j + q_j), j = 1, 2, \cdots, m \qquad (7-27)$$

当然，如果要"平滑"因主客观赋权法而产生（对各评价对象）的"差异"，也可在满足 $k_1 + k_2 = 1$，$k_1 > 0$，$k_2 > 0$ 条件下，确定 k_1，k_2，使得：

$$\sum_{i=1}^{n} y_i^2 = \sum_{i=1}^{n}\left(\sum_{j=1}^{m}(k_1 p_j + k_2 q_j) x_{ij}\right)^2 \qquad (7-28)$$

取值最小。

2）乘法集成法

使用乘法集成法，即由上述公式取：

$$w_j = p_j q_j\Big/ \sum_{i=1}^{m} p_j q_j, j = 1, 2, \cdots, m \qquad (7-29)$$

这一思路也可推广至群组评价的情形。

3）改进型拉开档次法

拉开档次法强调的是从整体上突出各被评价对象之间的差异，它是在各项指标相对于评价目标的重要性都相同的前提下进行的。事实上，各项评价指标相对于评价目标的重要性程度，一般来说是不相等的。因此，必须对拉开档次法进行改进。

首先根据各项评价指标相对于评价目标的重要性程度，由"功能驱动"原理给出各项指标 x_j 的权重系数 r_j（$j = 1, 2, \cdots, m$），在此基础上，对各项评价指标进行"权化处理"，即令：

$$x_{ij}^* = r_j x_{ij}, j = 1, 2, \cdots, n \tag{7-30}$$

式中，x_{ij} 为标准观测数据。显然，x_{ij}^* 的（样本）平均值和（样本）均方差分别为 0 和 r_j^2。这时，再针对权化数据 $\{x_{ij}^*\}$ 应用拉开档次法确定出各项评价指标 x_j 的权重系数 w_j。

这种改进的拉开档次法，从本质上讲是对观测数据都分别进行了两次加权的"综合"。前一次加权，是针对各评价指标相对于评价目标的重要程度而进行的；后一次加权，是尽量"拉开"各被评价对象之间的（整体）差异而进行的。这两次加权的背景是截然不同的，前者的系数是由"功能驱动"原理生成的，后者是由"差异驱动"原理生成的。用综合集成赋权法确定的评价指标的权重系数，弥补了主客观赋权法的不足。当然，结合主客观因素综合赋权的方法，并不局限于以上介绍的三种情形，比如可以利用线性组合进行赋权等。

总之，结合商业银行实践，在对商业银行内部控制评价指标赋权的现实基础和未来发展方向予以探讨中发现：商业银行内部控制评价现行指标赋权主要采用主观赋权法，然而，银行业未来的发展要求商业银行内部控制多维评价充分重视和利用客观赋权法。为了避免机械地套用客观赋权法，内部控制多维评价还要根据商业银行应用实践采用结合了主观赋权法和客观赋权法优点的组合赋权法。

7.6 ——————— 本章小结 ———————

内部控制评价指标设置是解决考核什么问题的，而内部控制评价指标的"计分方法"则是解决如何将评价指标达成情况转化为分数的问题，计分方法在评价考核标准中起着重要的作用，不同的计分方法可以起到不同的评价取向导向性问题的作用。

内部控制多维评价的计分方法中，内部控制多维评价对内部控制的过程和结果分别设置一定的标准分值，并根据评价得分确定被评价机构的内部控制等级。因此，内部控制评价分值的认定、分类和计算，成为内部控制多维评价结果的重要组成部分。

商业银行内部控制多维评价与内部审计应用研究

探讨商业银行内部控制多维评价的计分方法，主要包括：商业银行内部控制评价计分方法的原则、内部控制多维评价的单项计分评价方法、内部控制多维评价的整体计分评价方法。商业银行内部控制多维评价的单项评分方法包括：判断是否评分法、发现抽样评分法和控制成功率评分法等。正向激励调整项，是指内部控制评价期间存在规定列示的情况时，在评价指标总得分的基础上适当加分，上不封顶。负向约束调整项，是指内部控制评价期间受到监管机构的通报批评或发生重大违规事件的，调减评价指标总得分或直接下调评定等级。

商业银行内部控制多维评价单项计分评价的计算公式主要有：单项评价最终得分公式、评价指标总得分公式、公司层面的评价得分公式、业务流程层面的评价得分公式。商业银行内部控制多维评价结果可以认定为一级、二级、三级三个等级。

应用于内部控制多维评价的整体评价计分方法有达标计分法、比率计分法、赛马计分法等，实际应用中以达标计分法为整体评价的主要计分方法。然而，不同的计分方法能够产生不同的内部控制评价效果。达标计分法虽然是现阶段内部控制整体评价的主要计分方法，然而比率计分法、赛马计分法等不同的计分方法的引入，能够产生不同的内部控制评价效果，能够为商业银行内部控制评价带来新的方法工具。

商业银行内部控制多维评价的指标赋权中，不同的指标权重意味着不同的内部控制评价侧重，指标赋权是内部控制评价考核中不可或缺的重要组成部分。商业银行内部控制多维评价是一个开放的理论体系，根据实际需要可灵活借鉴各种指标赋权方法。指标赋权是内部控制评价和绩效考核中学术性较强的一个问题，本书将内部控制多维评价指标的赋权方法归纳为主观赋权法、客观赋权法与组合赋权法三种。各类赋权方法都有一定的优势，也有一定的劣势。比如，客观赋权法虽然利用比较完善的数学理论与方法，但却忽视了决策者的主观信息，而此信息对于经济管理中的评价或决策问题来说，有时是非常重要的。

商业银行内部控制多维评价系统在客观现实的运行过程中，或受环境的影响，或受评价者主观愿望的影响而呈现出不同方面的特征，这就给确定权重系数带来了困难。因此，在很多情境下，往往是通过主观途径来确定权重系数的，即根据人们主观上对各评价指标的重视程度来确定权重系数的一类方法。主观赋权法又包括两类方法，即直推型主观赋权法和反推型主观赋权法。客观赋权法能够避免在确定权重系数时受人为的干扰，其主要依据是差异驱动原理，基本思想是：权重系数应当是各个指标在指标总体中的变异程度和对其他指标影响程度的度量，赋权的原始信息应当直接来源于客观环境，可根据各指标所提供的信息量的大小来决定相应指标的权重系数。客观赋权法主要包括突出整体差异的赋权法和突出局部差异的赋权法。组合赋权法对于内部控制的综合评价问题来说，现实中往往需要能同时体现主、客观信息的权重系数。于是，从逻辑上将主观赋权法和客观赋权法有机地结合起来，使所确定的权重系数同时体现主观信息和客观信息，这就是组合赋权法，又称综合集成赋权法。常见的组合赋权法有加法集成法、乘法集成法和改进型拉开档次法。

　　总之，结合商业银行实践，对商业银行内部控制评价指标赋权的现实基础和未来发展方向予以探讨中发现：商业银行内部控制评价现行指标赋权主要采用主观赋权法，然而银行业未来的发展要求商业银行内部控制多维评价充分重视和利用客观赋权法。为了避免机械地套用客观赋权法，内部控制多维评价还要根据商业银行应用实践采用结合了主观赋权法和客观赋权法优点的组合赋权法。

第 8 章

商业银行内部控制自我评价与信息披露

内部控制自我评价是一种新兴的审计技术，它将运行和维持内部控制的主要责任赋予商业银行管理层，同时使内部审计与管理层一并承担对内部控制评价的责任。

内部控制信息披露是商业银行管理当局依照一定的标准对内部控制设计和运行的有效性做出评价，并以内部控制报告的形式把内部控制自我评价的结果传递给外部信息使用者。其传递手段即为内部控制自我评价报告的信息披露。

内部控制自我评价报告有助于投资者价值判断，有助于商业银行提高公众形象和自我约束能力，有助于满足商业银行长期经营发展需要。

8.1　　　　　　　　概　　述

商业银行普遍依据《企业内部控制基本规范》《商业银行内部控制评价试行办法》的要求，以及 2010 年财政部、证监会、审计署、银监会、保监会五部委联合发布的《企业内部控制应用指引》《企业内部控制评价指引》的要求，特别是 2012 年 8 月 14 日财政部、证监会决定在主板上市公司分类分批推进实施企业内部控制规范体系并发布《关于 2012 年主板上市公司分类分批实施企业内部控制规范体系的通知》的要求，结合具体商业银行各自风险管理基本规定和内部控制相关文件，积极开展内部控制自我评价与信息披露的推进和落实工作。

　　截至 2015 年，中国 A 股上市的 16 家银行均已披露了各自内部控制自我评价报告及其审计报告，另有大批准备在内地、香港以及海外上市的商业银行在 IPO 过程中准备了所需的内部控制自我评价报告，履行上市手续，进行内部控制评价相关的信息披露。还有一些志存高远但因自身发展阶段限制，短期无法 IPO 的商业银行也开始聘请和配合会计师事务所对内部控制自我评价工作予以完善和规范。

　　商业银行内部控制信息披露是为进一步加强和规范内部控制，提高商业银行管理水平和风险防范能力，促进商业银行全行规范运作和健康持续发展，保护投资者合法权益，保障资产安全，对商业银行内部控制制度进行全面自查的阶段性披露。

　　同时，商业银行普遍根据《企业内部控制基本规范》和中国银行业监督管理委员会于 2007 年发布的《商业银行内部控制指引》所规定的基本要素，以及财政部等五部委于 2010 年联合发布的《企业内部控制评价指引》和相关文件，对内部控制制度的建立和实施情况进行自我评价。

　　商业银行内部控制自我评价可以按照企业内部控制五项基本要素对本行内部控制体系进行自我评估，其要素与目标示例见表 8-1。

表 8-1　　　**商业银行内部控制自我评价要素与目标示例表**

内部控制基本要素	自我评价目标
内部控制环境	从内部控制目标、公司治理结构、银行机构设置及权责分配、内部控制制度、管理层的风险意识及经营风格、人力资源政策等六个方面评估本行的内部控制环境
风险识别与评估	包含风险评估管理体系、信用风险评估及管理、市场风险评估及管理、流动性风险评估及管理、操作风险评估及管理等内容，从本行对各类风险的识别、计量、控制和监测的内部控制情况进行自我评估
内部控制措施	本行的内部控制措施主要涵盖了不相容职务分离控制、授权审批控制、授信审批控制、资金业务内部控制、存款和柜台业务的内部控制、中间业务的内部控制、反洗钱等方面
信息交流与反馈	主要从本行的信息与交流制度、信息分析与研究、信息沟通渠道、信息披露等方面对本行内部控制中的信息交流与反馈制度进行评估
监督评价与纠正	详细讨论内部控制监督体系、内部控制的日常监督、内部控制的专项监督、内部控制的自我评估等内部控制监督评价与纠正制度

此外，商业银行内部控制信息披露也应该谈及其在具体年份内部控制体系下的主要整改计划，如包括：扎实稳妥地推进全行内部控制体系的建设与完善；以风险管理为导向，以推动银行治理和风险控制为目标，不断提升和创新内部审计理念，加强内部审计制度建设，优化配置审计资源，充分发挥内部审计的独立性、权威性和有效性等。内部控制体系主要整改计划示例见表8-2。

表8-2　　201X年D银行内部控制体系主要整改计划示例表

整改类别	整改具体细节
扎实稳妥地推进本行内部控制体系的建设与完善措施	1.加强内部控组织结构建设，发挥三道防线体系功能
	2.加强内部控制制度体系建设，夯实内部控制管理的基础
	3.加强业务流程建设，提高精细化管理水平
	4.加强激励机制与问责制建设，提高内部控制制度的执行力
	5.加强合规教育与培训，增强合规文化的影响力
发挥内部审计的独立性、权威性和有效性的具体实施计划及措施	1.以风险管理有效性为导向，强化内审监督检查力度，充分发挥风险管理第三道防线的职能作用
	2.倡导和推动独立垂直的内审管理体系，研究和探讨内审垂直管理的有效模式
	3.加强内审制度建设，使内审管理工作更加规范
	4.建立审计问题及风险状况量化考核及评估机制，促进全行合规经营和全面风险管理体制建设
	5.以提高能力为核心，建立和完善后续教育培训机制
	6.强化内审预警提示机制，有效识别、揭示和控制经营风险

注：数据及信息来源为D银行内部资料。

8.2 ———— 内部控制自我评价与信息披露研究进展 ————

8.2.1　上市公司内部控制自我评价与信息披露的基本情况

财政部、证监会等五部委联合印发的《关于印发〈企业内部控制配套指引〉的通知》规定，自2012年1月1日起在上海证券交易所、深圳证券交易所主板上市公司开始实施《企业内部控制基本规范》和《企业内部控制配套指引》。2012 年 8 月 14 日，财政部、证监会决定在主板上市公司分类分批推进实施企业内部控制规范体系，并发布《关于 2012 年主板上市公司分类分批实施企业内部控制规范体系的通知》，其目的是充分考虑上市公司的公司治理基础、市值规模、业务成熟度、盈利能力等方面差异的情况下，稳步推进主板上市公司积极构建和有效实施企业内部控制规范体系。按照财政部等五部委设计的内部控制信息披露时间表（路线图）（见表 8-3），上市公司通过完善内部控制体系建设，以达到全面风险管理评估、控制、激励和信息披露的完善机制。

表 8-3　　　　　　上市公司内部控制信息披露时间表（路线图）

上市公司类型	标准	披露时间	披露内容
中央和地方国有控股上市公司	全部	披露 2012 年公司年报的同时	①董事会对公司内部控制的自我评价报告；②注册会计师出具的财务报告内部控制审计报告
非国有控股主板上市公司	2011 年 12 月 31 日总市值（证监会算法）50 亿元以上且 2009—2011 年平均净利润 3 000 万元以上	披露 2013 年公司年报的同时	①董事会对公司内部控制的自我评价报告；②注册会计师出具的财务报告内部控制审计报告
其他主板上市公司	全部	披露 2014 年公司年报的同时	①董事会对公司内部控制的自我评价报告；②注册会计师出具的财务报告内部控制审计报告
主板新上市公司	全部	下一年度年报披露的同时	①董事会对公司内部控制的自我评价报告；②注册会计师出具的财务报告内部控制审计报告
中小企业板、创业板	待定	择机公布	现阶段鼓励自愿基础上提前执行企业内部控制规范体系的披露要求

注：本表数据及信息来源为《关于 2012 年主板上市公司分类分批实施企业内部控制规范体系的通知》。

商业银行内部控制多维评价与内部审计应用研究

美国《Sarbanes-Oxley》法案①已于 2002 年强制要求在美上市公司披露内部控制自我评价报告及其审计报告，收到良好效果，主要表现为：其一，企业提升内部控制质量的意愿增强。2002 年《萨班斯法案》推出后至 2005 年间的研究（Doyle et al.，2007；Elbannan，2009），发现较低内部控制质量的公司更可能存在较低会计应计项目、较低的信用评级和投资评级、较高的债务融资成本等不良因素；相反，内部控制质量提升能够帮助企业获得更多的经营现金流量和更高的盈利能力。其二，投资者转向内部控制完善的企业，并获得良好的投资收益。Gupta 和 Nayar（2007）、Zhang（2007）、Kima 和 Park（2009）分别运用在美交叉上市的非美国公司样本、金融分析师的盈利预测等方法，发现无效或有重大缺陷的内部控制会显著降低投资者收益；相反，投资内部控制完善的企业会显著增加投资者收益，如 Switzer（2007）发现受 SOX 法案的影响，内部控制完善的小企业股权存在 15.7% 至 34% 的市场估值范围的增量增加。

中国沪深上市公司经过数年的内部控制建设，内部控制及其信息披露逐步完善。2006 年 7 月，《上海证券交易所上市公司内部控制指引》开始实施；截至 2013 年 4 月 30 日，2012 年报期间沪市主板上市公司共有 630 家企业披露了内部控制自我评价报告，并由中介机构进行审计，占全部沪市主板公司的 66.81%。2007 年 7 月，《深圳证券交易所上市公司内部控制指引》开始实施；截至 2013 年 4 月 30 日，2012 年报期间深市主板上市公司共有 364 家企业披露了内部控制自我评价报告，并由中介机构进行审计，占全部深市主板公司的 81.61%。中国主板上市公司内部控制信息披露与评价构建情况具体见表 8-4。

---

① 《Sarbanes-Oxley》法案，简称 SOX 法案，即《萨班斯-奥克斯利法案》，又称《萨班斯法案》，由参议院银行委员会主席萨班斯（Paul Sarbanes）和众议院金融服务委员会主席奥克斯利（Mike Oxley）联合提案，其全称为《2002 年公众公司会计改革和投资者保护法案》。该法案对美国《1933 年证券法》《1934 年证券交易法》做出大幅修订，在内部控制、信息披露、公司治理、会计职业监管、证券市场监管等方面出台了许多新规定，特别是强制要求上市公司披露内部控制自我评价报告及其外部审计报告。

表 8-4　　中国主板上市公司内部控制信息披露与评价构建情况表

年份 \ 类别	沪市披露与外部评价（家）	沪市构建比例	深市披露与外部评价（家）	深市构建比例
2012 年报期间（2013.1.1—2013.4.30）	623	66.07%	356	80.00%
2011 年报期间（2012.1.1—2012.4.30）	245	26.72%	182	40.90%
2010 年报期间（2011.1.1—2011.4.30）	149	16.97%	122	27.42%
2009 年报期间（2010.1.1—2010.4.30）	0	0	99	22.25%

注：本表数据来源为巨潮资讯（Cninf）。

8.2.2　上市公司内部控制信息披露和市场反应研究的实证检验

1）理论分析和研究假设

公众公司通过定期向包括股东在内的投资者披露内部控制情况，以达到向既有投资者（股东）和潜在投资者提供与投资决策相关信息的目的。我国沪深上市企业作为公众公司，已经实现了所有权同经营权的分离，企业经营管理层同投资者和潜在投资者之间建立了委托代理关系。然而，上市企业投资者的组成具有复杂性：一方面，股权结构中存在创立者和战略投资者等大股东；另一方面，其中也存在机构投资者、投机商和个人投资者。创立者和战略投资者往往相比其他投资者对公司内部控制信息的掌握更多；同时，不可忽视的是公司管理层对信息的把握又在投资者之上。因此，不可避免地存在公司内部控制信息的不对称。

本实证研究选题存在三个前提：其一，"有效市场假说"（Fama，1969）成立；其二，我国资本市场处于弱势有效（赵宇龙，1998）或半强势有效的状态；其三，"信息不对称理论"与"信号传递理论"成立。

基于此，将公司信息不对称限定于内部控制体系及其评价，可以看出：对于企业的内部控制状况，企业管理层特别是内审、风险管理部门掌握着一手资料和及时准确的信息；聘请内部控制外部审计的会计师事务所能够大致掌握企业内部控制的有效性状态；股东和战略投资者会定期关注，但确切程度和知晓时间将位于企业管理层和审计师之后；机构投资者、投机商和个人投资者等中小投资者可能只能透过内部控制自我评价报告、外部审计报告和小道消息来判断企业内部控制状况的变化。因此，内部控制信息存在内容、时间点上的信息不对称。于是，内部控制信息不对称现象的存在会导致信号传递的发生，这就会出现内部控制信息在市场传递的具体表现形式：一方面，创立者、战略投资者、管理层和审计师能够优先得到企业内部控制信息，该类内部控制信息来源引发的市场交易行为具有及时性和随机性，难于捕捉；另一方面，机构投资者、投机商和个人投资者等成为内部控制信息披露的集中接收主体，该类投资者的内部控制信息来源渠道有限，唯有通过企业管理当局披露的内部控制自我评价报告及其审计报告的信息用于投资决策，市场反应的窗口集中于内部控制信息披露日前后的一段时间内，可以进行观测。

因此，基于上述分析中企业管理当局与股东间的委托代理关系和内部控制信息不对称，还基于上市公司股东构成的复杂性，内部控制信息作为一种信号通过定期披露传递给披露日前后集中交易的投资者。与之对应的是，投资者的投资意愿也理所当然受到内部控制信息披露的影响，由内部控制的完善与否、有效或缺陷等因素的触发，引致投资买入或"用脚投票"的逃离行为。这种投资判断行为从单一投资者的投资决策到群体性买入或逃离，从而带来股票非正常换手率的市场反应和投资者收益的短期变动。据此，可以假设如下：

假设 H：内部控制信息披露能够于披露日前后的短时间窗口期引发市场反应，出现非正常换手率变化、非正常报酬率变化等现象。

2）研究样本和研究区间

本研究选取 A 股上市公司 2010—2013 年度的内部控制信息披露数据，以及与之匹配的同期市场交易数据[①]。数据选取规则为：（1）剔除数据不完整的公司样本；（2）剔除 S、ST、*ST 公司和 S*ST 公司；（3）剔除金融类公司，包括银行、保险、证券行业；（4）剔除当期首次公开募股

━ 154 ━

---

① 上市公司 2010—2013 年度的内部控制自我评价报告及其鉴证报告的披露日期为 2011 年 1 月 1 日—2014 年 4 月 30 日，同期市场交易数据亦指该时间区间。

（IPO）公司的当年样本。因此，得到两市主板公司2010—2013年度样本合计分别为1 183家、1 221家、1 281家、1 319家，观测值共计5 004个。本研究的数据来源为Wind资讯、CSMAR中国上市公司内部控制研究数据库[①]、巨潮资讯以及上交所、深交所网站。

关于数据选取的严谨性还需要说明的是：其一，时间区间的考虑。信息含量研究中，愈长的时间序列愈能够客观计量投资者的收益变动。然而，根据表8-4中主板上市公司内部控制信息披露与评价构建情况，本研究定义的具备有效性的内部控制信息披露包含内部控制自我评价及外部审计的双重因素的高质量评价。2009年报期间沪市上市公司尚未引入外部独立审计或鉴证，因此本研究的样本选取于2010年度内部控制报告披露后，即2011年1月1日之后。本研究需要的2013年内部控制报告披露日期截止点为2014年4月30日。此外，加之估计窗口和观测窗口需追溯和延长的日期，因而研究区间基于上述时点略微扩大。其二，特定样本的考虑。本研究的信息含量检验方法并不触及金融类公司高财务杠杆的特殊性，使用的Logit回归方法偏重于定性研究；然而，本研究控制变量中使用的企业价值评估数据来源于Wind数据库，金融类公司该类数据不完整，因此予以剔除。

3）窗口期、初次窗口期与估计期定义

财务报告信息披露研究使用的事项研究法存在一种特定情境，即称为"窗口期"的情景会计工具。Mackinlay（1997）、Binder（1998）分别就事项研究法在经济学、财务学和管理学中的应用发表了综述性的文章，结合Ball和Brown（1968）、Fama（1969）的研究基础，基本确定了事项研究法的选取事件窗口（Event Window）方法，如图8-1所示。

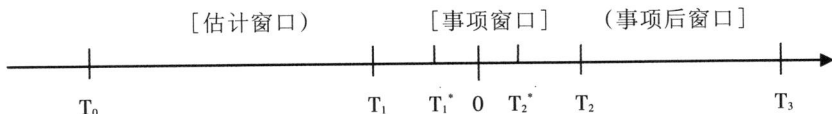

图8-1 事项窗口时间轴示意图

本研究将事项研究法和"窗口期"引入内部控制信息披露研究，从而

---

① CSMAR中国上市公司内部控制研究数据库仅提供2012—2013年度数据，Wind资讯数据库仅提供2013年度数据，其他年份数据依上述规则手工整理。

帮助量化数据选取的时间点，特别是应用于窗口期内非正常市场换手率 ATRit 和非正常报酬率 ARit 的计算。事项研究法的基本时间框架主要包括估计窗口、事项窗口和事项后窗口。其中，依据待考察问题的具体特征，事项窗口与事项后窗口往往没有严格的区分。图 8-1 是事项研究的完整时间轴，其中：$[T_0, T_1)$ 是均值调整模型（Mean Adjusted Model）的估计窗口；$[T_1, T_2]$ 是事项"窗口期"；坐标轴上的 0 点是事项披露的时间点；$(T_2, T_3]$ 是事项后窗口。此外，窗口期可以细分为初次窗口期和判定窗口期；$[T_1^*, T_2^*]$ 即是经过应用初次窗口期 $[T_1, T_2]$ 和样本数据检验后，更精确化的判定窗口期。

采用事项研究法首先需要解决的问题就是事件窗口的确定，股价对新信息事项反映的速度决定了事项窗口的长短。一般而言，事项窗口过长可能引入更多的信息噪声，事项窗口过短却可能损失一部分信息含量。赵宇龙（1998）使用的信息含量研究窗口期为 $[-8, +8]$ 周[1]，当时信息网络还未形成，年度报告传递给投资者的窗口期显著较长。随着信息通过网络、移动终端等新媒体的传播，投资者获取企业年报和内部控制信息的能力愈来愈强，反映在投资者决策中的交易反应时间愈来愈短。陈国辉和刘斌（2012）认为目前采用类似 $[-10, +10]$ 日的短窗口研究主板市场，$[-4, +4]$ 周的长窗口研究场外市场较为合适。

本研究使用的事项研究法，将内部控制信息披露作为引发市场反应的主体事项。对于正常报酬率和正常市场换手率的计算采用事项初定窗口期前 90 日的交易数据为基础，即 $[-100, -11]$ 作为估计期。本研究选用的初次窗口期为 $[-10, +10]$ 日，假设在该区间内能包含内部控制报告及外部审计披露的全部信息，这样做也是考虑规避长窗口中其他交易带来的信息噪音。

本研究通过估计期 $E(R_{it})$ 确定窗口期正常报酬率，并计算个股及平均非正常报酬率 AR_{it}、AAR_t 和累计超额收益率 CAR_{it}、$CAAR_{Qt}$；通过估计期市场换手率 $E(TR_{it})$ 确定窗口期正常市场换手率，并计算个股非正常市场换手率 ATR_{it}。其具体计算方法见表 8-5。

---

[1] $[-8, +8]$ 周表示财务报告报出日前后各 8 周的时间区间，下同。

表 8-5　　　　　　　　　　**实证检验变量设计及计算方法表**

变量		名称	计算方法
基础变量	R_{it}	个股日收益率	$R_{it} = (P_{i,t} - P_{i,t-1})/P_{i,t-1}$
	$E(R_{it})$	估计期收益率	$E(R_{it}) = \hat{\omega}_i + \hat{\rho}_i R_{it} + \varepsilon_{it}$
	AR_{it}	个股非正常报酬率	$AR_{it} = R_{it} - E(R_{it})$
	TR_{it}	个股市场换手率	数据来源为 Wind 资讯数据库
	$E(TR_{it})$	估计期市场换手率	$E(TR_{it}) = \hat{o}_i + \hat{\tau}_i TR_{it} + \varepsilon_{it}$
	ATR_{it}	非正常市场换手率	$ATR_{it} = TR_{it} - E(TR_{it})$
应用变量	AAR_{Qt}	平均非正常报酬率	$AAR_{Qt} = \dfrac{1}{Q} \times \sum\limits_{i=1}^{Q}(AR_{it})$
	$AATR_{Pt}$	平均非正常市场换手率	$AATR_{Pt} = \dfrac{1}{P} \times \sum\limits_{i=1}^{P}(ATR_{it})$
	CAR_{it}	个股累计超额收益率	$CAR_{it} = \sum\limits_{t=-5}^{D}(AR_{it})$
	$CAAR_{Qt}$	平均累计超额收益率	$CAAR_{Qt} = \dfrac{1}{Q} \times \sum\limits_{i=1}^{Q}\sum\limits_{t=-5}^{D}(AR_{it})$

4）研究检验及实证结果分析

通过研究设计的思路，本研究将 2010—2013 年度全部内部控制自我评价报告和外部审计披露作为研究事项，得到初选窗口期 [-10，+10] 日内个股非正常市场换手率 ATR_{it} 和个股非正常报酬率 AR_{it}。

其一，按照是否披露重要内部控制信息的区分标准（虚拟变量 $YN(ICA)_{it}$）将 ATR_{it} 分为 P 和（N-P）两个组：第一组为披露重要内部控制信息组，组内均值标记为 $AATR^+$；其选取标准为同时披露内部控制自我评价报告和外部审计报告，或者存在内部控制缺陷并进行披露的样本[①]。第二组为未披露重要内部控制信息组，组内均值标记为 $AATR^-$；其选取标

---

① 该标准的样本包含 2012—2013 年度被强制披露内控自我评价报告和外部审计报告的企业，也包含 2012—2013 年度自愿披露的企业。2010 和 2011 年度，在美交叉上市的企业受 SOX 法案影响同样强制披露内控信息，因此，该标准同样包含当年自愿披露的企业。该标准的具体定义包含内控标准无保留意见、带强调事项段的无保留意见；不包含内控保留意见、否定意见、无法表示意见。

准为未披露内部控制信息或者只披露了内部控制自我评价报告但没有披露外部审计报告的样本。其计算公式如下：

$$\begin{cases} AATR^+ = \dfrac{1}{P} \times \sum_{i=1}^{P}(ATR_{it}) \\ AATR^- = \dfrac{1}{N-P} \times \sum_{i=P+1}^{N}(ATR_{it}) \end{cases} \tag{8-1}$$

其二，按照内部控制信息披露类别的区分标准（虚拟变量 GB（ICA）$_{it}$）将 AR$_{it}$分为 Q 和（N-Q）两个组：第一组为好消息组，组内均值标记为 AAR$^+$；其选取标准为同时披露内部控制自我评价报告和外部审计报告且没有内部控制缺陷的样本。第二组为坏消息组，组内均值标记为 AAR$^-$；其选取标准为剩余企业样本。这些样本包含披露了内部控制缺陷的企业、未披露内部控制信息的企业，或者只披露了内部控制自我评价报告但没有披露外部审计报告的企业。其计算公式如下：

$$\begin{cases} AAR^+ = \dfrac{1}{Q} \times \sum_{i=1}^{Q}(AR_{it}) \\ AAR^- = \dfrac{1}{N-Q} \times \sum_{i=Q+1}^{N}(AR_{it}) \end{cases} \tag{8-2}$$

计算 AATR 和 AAR 的目的是观测 [-10，+10] 窗口期内投资者平均超额换手率波动情况和平均超额收益波动情况，如图8-2、图8-3所示。

观测发现：其一，超额换手率的显著波动大都发生在内部控制信息披露日前后的 [-3，+5] 日内。其二，超额收益的显著波动大都发生在内部控制信息披露日前后的 [-5，+5] 日内。于是，本研究缩短了事项观测期的窗口，将其定义为 [-5，+5] 日。

将单个企业投资者的超额换手状况和超额收益等投资倾向分组并取均值，观测到两个层面的现象：一方面，在 [-10，-5)∪(+5，+10] 日的时间区间，两个分组的投资者每日连续非正常换手率波动大部分在 1.5% 之内，组别差异在 1% 之内；此外，两个分组的投资者每日连续非正常报酬率波动大部分在 0.5% 之内，组别差异也大都在 0.5% 之内，差别均较小。这说明该段时间全部样本差异相对不大，并且没有群体性的信号事件披露并传递，未能引发市场剧烈反应。另一方面，在 [-5，+5] 日的时间区间，每日连续非正常换手率明显增加，最大振幅为 3.67%，组别差异也明显增大，最大幅度为 2.84%；此外，每日连续非正常报酬率波动剧

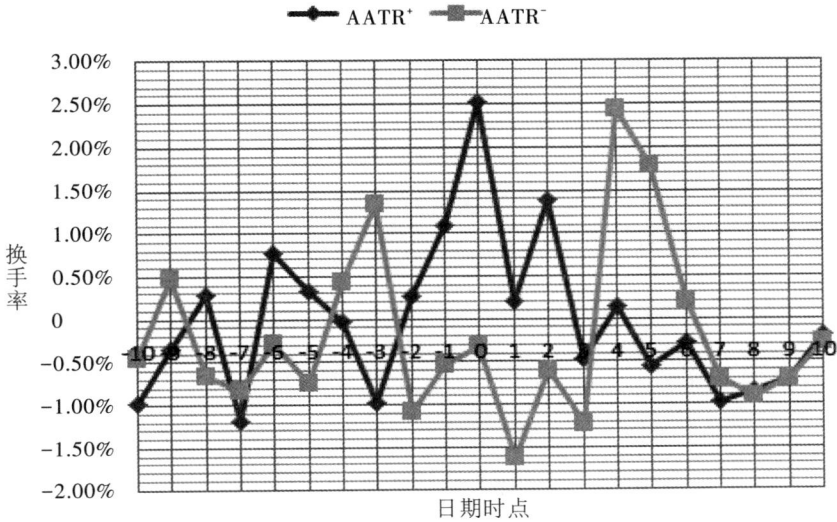

图 8-2　按是否披露重要内部控制信息分组的 AATR 波动图

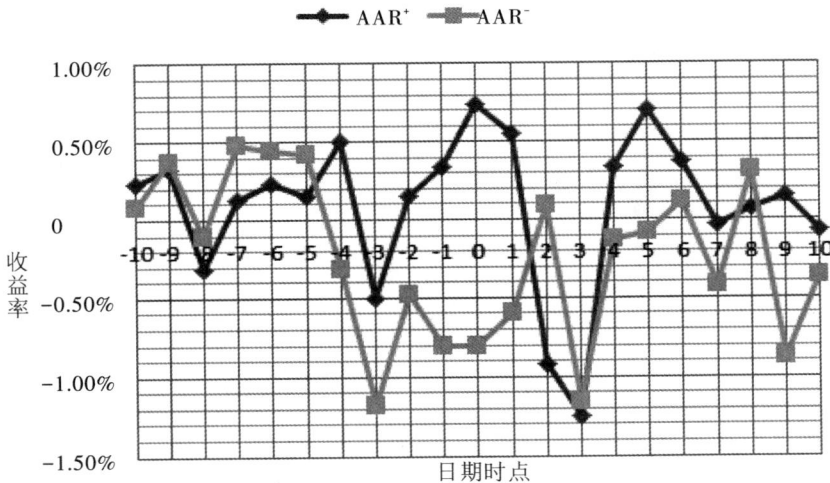

图 8-3　按内部控制信息披露类别分组的 AAR 波动图

烈，最大幅度为 1.58%，组别差异也明显扩大，最大幅度为 1.54%。因为分组的依据是是否披露重要内部控制信息和内部控制信息类别，说明市场接收到定期披露的内部控制信息，由此产生换手率和投资收益相对剧烈的波动。

因此，可以据此接受假设 H，即内部控制信息披露能够于披露日前后的短时间窗口期引发市场反应，出现非正常换手率变化、非正常报酬率变化等现象。

接下来，以（−5）日为起点，将个股非正常报酬率逐日累计至（+5）日，即形成个股累计超额收益率 CAR_{it}。按照内部控制信息披露类别的区分标准将单个企业 CAR_{it} 再次分组，好消息和坏消息组分别标记为 $CAAR^+$ 和 $CAAR^-$。分组计算公式如下：

$$\begin{cases} CAAR^+ = \dfrac{1}{Q} \times \sum_{i=1}^{Q} \sum_{t=-5}^{D} (AR_{it}) \\ CAAR^- = \dfrac{1}{N-Q} \times \sum_{i=Q+1}^{N} \sum_{t=-5}^{D} (AR_{it}) \end{cases} \tag{8-3}$$

按照上述分组规则，本研究得到 $CAAR^+$ 和 $CAAR^-$ 两个投资组合的平均累计超额收益走势，如图 8-4 所示。两个投资组合的 CAAR 由（−5）日的接近，至（−1）日差额逐渐增大，并在（+1）日和（+5）日达到两个峰值，其累计超额收益率的差额分别为 5.68% 和 5.82%。由于两个投资组合分组的基础是内部控制信息披露类别，说明市场投资者能够从内部控制信息披露完善与否、有效与否的判断中区分好消息与坏消息，并且根据好消息、坏消息的信息传递做出投资决策。这同时说明，内部控制信息披露对沪市、深市主板 A 股市场投资者传递了与投资决策有用的信息。

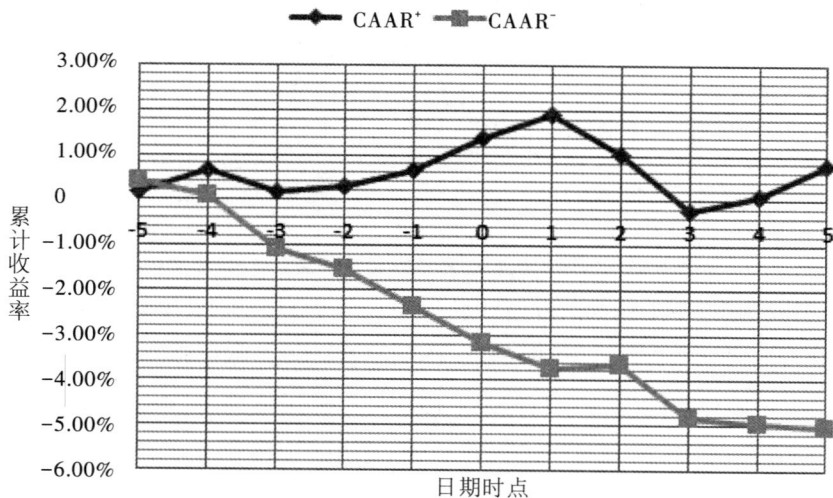

图 8-4　按内部控制信息披露类别分组的 CAAR 走势图

5）结论

通过事件窗口分组比对研究发现，投资者超额收益变动从内部控制信息披露前一日开始有明显区分。同时，内部控制信息披露长时间影响投资者价值判断，并且具有滞后性。

通过研究[①]发现，上市公司内部控制信息披露能够于披露日前后的短时间窗口期引发市场反应，并且内部控制具备有效性的相关信息披露与投资者超额收益正相关。内部控制信息披露有助于投资者和银行客户的价值判断。

商业银行内部控制信息披露对投资者和银行客户关注商业银行、认可商业银行、与商业银行商业往来以及未来投资商业银行都会产生积极作用。商业银行应根据本行具体情况适时、主动地披露内部控制评价信息。

8.3 — 商业银行内部控制自我评价与信息披露的内容与方式 —

8.3.1　商业银行内部控制自我评价与信息披露的内容

商业银行内部控制自我评价与信息披露的内容主要包括：概要、内部控制环境、风险识别与评估、内部控制措施、信息交流与反馈、监督评价与纠正和内部控制整改等部分，具体见表8-6。

其中：

（1）内部控制环境包括：内部控制目标、公司治理结构、银行机构设置及权责分配和人力资源政策。

（2）风险识别与评估包括：风险评估管理体系、信用风险评估及管理、市场风险评估及管理、流动性风险评估及管理和操作风险评估及管理。

（3）内部控制措施包括：不相容职务分离控制、授权审批控制、授信的内部控制、资金业务的内部控制、存款和柜台业务的内部控制、中间业务的内部控制、反洗钱、重大风险预警机制、会计系统的内部控制和计算机系统的内部控制。

---

① 该研究是指作者博士后期间研究的子课题《内部控制信息披露、市场反应与投资者收益》，由于篇幅限制，本书只列示部分研究检验及结论。

表 8-6　　　　**商业银行内部控制自我评价与信息披露内容表**

内部控制自评与披露目录	内部控制自评与披露内容
一、概要	（一）内部控制自评与披露概述
二、内部控制环境	（一）内部控制目标
	（二）公司治理结构
	（三）银行机构设置及权责分配
	（四）人力资源政策
三、风险识别与评估	（一）风险评估管理体系
	（二）信用风险评估及管理
	（三）市场风险评估及管理
	（四）流动性风险评估及管理
	（五）操作风险评估及管理
四、内部控制措施	（一）不相容职务分离控制
	（二）授权审批控制
	（三）授信的内部控制
	（四）资金业务的内部控制
	（五）存款和柜台业务的内部控制
	（六）中间业务的内部控制
	（七）反洗钱
	（八）重大风险预警机制
	（九）会计系统的内部控制
	（十）计算机系统的内部控制
五、信息交流与反馈	（一）信息交流与反馈
六、监督评价与纠正	（一）内部控制监督体系
	（二）内部控制的日常监督
	（三）内部控制的自我评估
七、内部控制整改	（一）内部控制整改内容

（4）监督评价与纠正包括：内部控制监督体系、内部控制的日常监督、内部控制的自我评估。

8.3.2　商业银行内部控制自我评价与信息披露的方式

为了加强和规范企业内部控制，提高企业经营管理水平和风险防范能力，我国财政部颁发了《企业内部控制基本规范》，并规定于 2009 年 7 月 1 日在上市公司开始执行。该规定要求上市公司对本公司内部控制的有效性进行自我评价，披露年度自我评价报告，并可聘请会计师事务所对内部控制的有效性进行审计。因此，2009 年 7 月 1 日以后的首次公开招股（IPO）公司的招股说明书必须涵盖《内部控制自我评价报告》，上市后强制要求进行相关披露。自 2012 年 1 月 1 日起，《企业内部控制审计指引实施意见》正式施行，2012 年主板上市的 IPO 企业需出具内部控制审计报告。在企业内部控制制度由主板公司逐渐向中小板、创业板全面过渡的背景下，会计师事务所和企业自身都将面临严峻考验。

此外，证监会 2000 年 11 月发布的《公开发行证券的公司信息披露编报规则》要求，商业银行、证券公司应建立健全内部控制制度，并在招股说明书正文中专设一部分，对其内部控制制度的完整性、合理性和有效性做出说明，还应委托所聘请的会计师事务所对其内部控制制度及风险管理系统的完整性、合理性和有效性进行评价，提出改进建议，并以内部控制评价报告的形式做出报告，内部控制评价报告随招股说明书一并呈报证监会。所聘请的会计师事务所指出以上三性存在严重缺陷的，董事会应对此予以说明，监事会应就董事会的说明表示意见，并分别予以披露。以三家金融类上市公司中国建设银行、浦发银行和招商银行为例，三家上市公司都完全按照此规定的要求披露了内部控制的相关信息，同时详细披露了该公司内部控制制度的建设情况[①]。

商业银行内部控制自我评价报告应该按照证监会上市的要求进行规范化评价，有条件的可以聘请具有丰富 IPO 经验的会计师事务所。证监会上

---

①　岑洁，刘启亮，陆昆蓉. IPO 公司内部控制信息披露分析［J］. 财会通讯，2010（17）：96-97.

市要求的规范化评价能够保障商业银行合规、充分地进行内部控制评价工作；会计师事务所也能够对内部控制有效性评价进行具有针对性的指导。这样可以更加完整、具体地报告本银行内部控制制度建设情况和内部控制评价成果。

商业银行内部控制自我评价报告的信息披露方式，包括已上市和未上市两类情形。

已上市商业银行需要按照上市目标地证监会的要求披露内部控制的自我评价报告和中介机构的相应审计报告。

未上市商业银行可以按照A股上市要求准备。例如，商业银行可以依据向证监会受理部门提交《商业银行内部控制自我评价报告》的要求制作并征求意见，也可以在自有网站上自愿披露。

商业银行应根据本行具体情况适时、主动地披露内部控制评价信息。内部控制信息，特别是评价后的内部控制信息不但从某种程度上反映了受托责任的履行情况，而且披露的内部控制评价有效性结果也是商业银行经营管理好坏的结果。在以往的相关研究中也发现内部控制信息披露与企业经营质量之间的依存关系。因此，随着商业银行经营管理越来越规范，以及全球银行业对内部控制的重视程度愈来愈高，投资者为了自身的利益，必然需要内部控制信息辅助其进行投资决策。投资者是商业银行上市的资金源泉，投资者对商业银行的信心影响着企业的价值，投资者对内部控制信息的需求以利益驱动商业银行提供内部控制信息。

8.4　　　　　本章小结

内部控制自我评价是一种新兴的审计技术，它将运行和维持内部控制的主要责任赋予商业银行管理层，同时使内部审计与管理层一并承担对内部控制评价的责任。

内部控制信息披露是商业银行管理当局依照一定的标准对内部控制设计和运行的有效性做出评价，并以内部控制报告的形式把内部控制自我评价的结果传递给外部信息使用者。其传递手段即为内部控制自我评价报告的信息披露。

商业银行普遍依据《企业内部控制基本规范》《商业银行内部控制评价试行办法》的要求，以及 2010 年财政部、证监会、审计署、银监会、保监会五部委联合发布的《企业内部控制应用指引》《企业内部控制评价指引》的要求，特别是 2012 年 8 月 14 日财政部、证监会决定在主板上市公司分类分批推进实施企业内部控制规范体系并发布《关于 2012 年主板上市公司分类分批实施企业内部控制规范体系的通知》的要求，结合具体商业银行各自风险管理基本规定和内部控制相关文件，积极开展内部控制自我评价与信息披露的推进和落实工作。

商业银行内部控制信息披露是为进一步加强和规范内部控制，提高商业银行管理水平和风险防范能力，促进商业银行全行规范运作和健康持续发展，保护投资者合法权益，保障资产安全，对商业银行内部控制制度进行全面自查的阶段性披露。

上市公司的内部控制信息披露和市场反应的实证检验中，通过事件窗口分组比对研究发现，投资者超额收益变动从内部控制信息披露前一日开始有明显区分。同时，内部控制信息披露长时间影响投资者价值判断，并且具有滞后性。

本研究发现，内部控制信息披露有助于投资者和银行客户的价值判断。商业银行内部控制信息披露对投资者和银行客户关注商业银行、认可商业银行、与商业银行商业往来以及未来投资商业银行都会产生积极作用。

商业银行内部控制自我评价与信息披露的内容主要包括：概要、内部控制环境、风险识别与评估、内部控制措施、信息交流与反馈、监督评价与纠正和内部控制整改等部分。

商业银行内部控制自我评价报告的信息披露方式，包括已上市和未上市两类情形。已上市商业银行需要按照上市目标地证监会的要求披露内部控制的自我评价报告和中介机构的相应审计报告。未上市商业银行可以按照 A 股上市要求准备。例如，商业银行可以依据向证监会受理部门提交《商业银行内部控制自我评价报告》的要求制作并征求意见，也可以在自有网站上自愿披露。

内部控制自我评价报告有助于投资者价值判断，有助于商业银行提高公众形象和自我约束能力，有助于满足商业银行长期经营发展需要。商业银行应根据本行具体情况适时、主动地披露内部控制评价信息。

第 9 章

商业银行内部控制多维评价的管理机制

内部控制评价的管理机制是内部控制多维评价生存的沃土，良好的评价考核管理机制是内部控制多维评价顺利实施并产生良好效果的基本保障。

商业银行内部控制多维评价要求针对商业银行的实际需求，构建权威统一的考核组织，规划严密的评价程序，并且制定激励与责任相容的考核体系。此外，内部控制评价的一些新的关注点也值得思考。

9.1 —————— 构建权威统一的考核组织 ——————

商业银行内部控制多维评价的管理机构可以包括董事会、监事会、高级管理层、总行风险管理委员会、总行稽核审计部和总行法律合规部等机构和部门。

9.1.1 董事会、监事会和高级管理层

商业银行为全面加强本行内部控制，提高经营管理水平和风险防范能力，促进可持续发展，确保业务经营管理活动安全、有效、稳健地运行，通常制定各自的内部控制基本规定。在基本规定中，首先确定商业银行内部控制的实施主体和实施目标，即通常由董事会、监事会、高级管理层和

全体员工实施，旨在对风险进行事前防范、事中控制、事后监督和纠正的动态过程和机制。

在商业银行内部控制多维评价的管理机构中，董事会、监事会和高级管理层的权力和责任是负责全行内部控制体系的建设、检查、评估和监测，具体职责见表9-1。

表9-1　　商业银行董事会、监事会和高级管理层的内部控制权责表

部门/岗位	权力与职责
董事会	1.保证本行建立并实施充分而有效的内部控制体系
	2.审批本行整体经营战略和重大政策并定期检查、评价执行情况
	3.确保本行在法律和政策的框架内审慎经营
	4.设定本行可接受的风险程度，确保高级管理层采取必要措施识别、计量、监测并控制风险
	5.负责审批组织机构
	6.负责保证高级管理层对内部控制的有效性进行监测和评估
	7.董事会风险管理委员会负责审批重大内部控制制度，接受内部控制"操风委"关于内部控制事项的汇报，审议内部控制管理中的重大事项，并监督内部控制缺陷的整改情况
监事会	1.监督董事会、高级管理层完善本行内部控制体系
	2.监督董事会及董事、高级管理层及高级管理人员履行内部控制职责
	3.要求董事、董事长及高级管理人员纠正其损害本行利益的行为并监督执行
高级管理层	1.制定本行内部控制政策，对内部控制体系的充分性与有效性进行监测和评估
	2.执行董事会的决策
	3.建立识别、计量、监测并控制风险的程序和措施
	4.建立和完善内部组织机构，保证内部控制的各项职责得到有效履行

9.1.2　总行风险管理委员会

在商业银行内部控制多维评价的管理机构中，总行风险管理委员会全面负责全行的内部控制评价工作，向董事会报告。总行风险管理委员会在内部控制评价工作方面的职责主要包括：

（1）根据全行战略目标要求、监管意见和上一年度内部控制评价结果，制订下一年度内部控制评价工作计划。

（2）对内部控制评价部门起草的内部控制评价方案、办法等规范性文件进行审议。

（3）根据各分支机构、各专业条线风险控制程度和重要性原则，制定不同层级内部控制评价的频率和范围，监督并组织实施。

（4）对内部控制评价部门上报的内部控制评价报告进行审议，并向董事会报告。

（5）监督内部控制评价部门提出的关于全行内部控制的改进意见和落实情况。

此外，对于科技系统等专项内部控制评价工作，根据实际情况由总行风险管理委员会统一确定专项内部控制评价实施方案（包括外包方案），报经批准后实施。

9.1.3　总行稽核审计部和法律合规部

根据内部控制评价的相对独立性要求，在商业银行内部控制多维评价的管理机构中，总行稽核审计部、法律合规部负责全行内部控制评价的具体实施工作。其中，总行稽核审计部既可以实施过程评价，也可以实施结果评价。总行、分支行法律合规部主要实施对内部控制环境、内部控制措施及执行等内部控制要素的评价，即过程评价。

总行实施内部控制评价的部门在内部控制评价中的工作职责主要包括：

（1）负责制定内部控制评价工作制度，设计并修订各相关条线内部控制评价工作方案，报风险管理委员会批准后，组织相关资源实施内部控制合规评价工作。

（2）组织、指导各分支机构开展本机构内的内部控制评价工作，并对分支机构开展内部控制评价的结果进行后评价。

（3）统一组织全行内部控制评价报告，并向监管部门报告。

（4）负责落实风险管理委员会关于内部控制评价的相关具体要求和意见。

　　总行稽核审计部是内部控制的监督部门，负责向董事会报告并且监督全行经营层内部控制建设与执行的整体情况等。

　　近年来，商业银行总行法律合规部往往曾经或部分负责牵头组织开展对分行及以下机构的内部控制评价工作，并向高级管理层报告。部分商业银行总行法律合规部还履行对总行、分行各部门内部控制建设与执行情况的评价职责，监督内部控制缺陷的整改情况，协助相关单位完成本行内部控制评价报告的对外披露工作。

　　然而，商业银行按照最新职能划分的原则，自2010年开始，内部控制评价工作转为由总行稽核审计部负责实施，总行法律合规部、总行风险管理部等部门协助其工作的开展。如总行稽核审计部不承担内部控制评价工作，则应由董事会指定总行计划财务部或总行法律合规部等部门牵头实施。

9.1.4　内部控制评价考核机构职能的衔接

　　"打铁还需自身硬"，考核者自身的权威性和公正性是整个考核机制顺畅运转的基本保证。商业银行内部控制多维评价由总行负责牵头，各条线和分支机构分别进行有针对性的过程评价和结果评价，包括以下四个层次：对全行整体内部控制的评价；对各专业条线内部控制的评价；对各分支机构内部控制的评价；对内部控制环节单项评价，具体如图9-1所示。

图9-1　内部控制评价考核机构职能衔接图

9.2 ———————— 规划严密的评价程序 ————————

商业银行内部控制多维评价规划严密，具有很强的可操作性，具体包括评价准备、评价实施和评价要求三部分。

9.2.1 评价准备

商业银行内部控制多维评价的评价准备，包含发出评价相关文件和制订评价方案两个组成部分。

1）发出评价相关文件

发出评价相关文件，是指向被评价单位发出诸如《开展内部控制评价的通知》《内部控制评价资料调阅清单》等有关文件，并要求其提前填报诸如《内部控制评价前问卷》等有关材料。《内部控制评价前问卷》的主要内容可以包括：（1）被评价单位的基本经营管理情况；（2）被评价单位评价期内的内部、外部各类检查情况；（3）被评价单位评价期内的案件发生情况；（4）被评价单位对内部控制的自我检查、评价情况；（5）针对评价的业务类型和评价内容设计的具体问题。

2）制订评价方案

制订评价方案，是指分析所搜集整理的评价期内外部检查的有关材料、发案情况和《内部控制评价前问卷》及从总行各部门取得的经营管理信息，了解被评价单位近期内部控制状况，制订评价实施方案，明确本次评价的重点。

9.2.2 评价实施

商业银行内部控制多维评价的实施，可以包含座谈、现场评价、抽样测试和记载签章确认等方式，具体如下：

（1）座谈。评价组应组织被评价单位有关人员座谈，借此详尽了解该单位的整体运营情况和经营管理中存在的主要问题和风险，验证本次评价的重点。

（2）现场评价。现场评价组按照相应专业条线诸如《内部控制评价工作表》等文件所规定的评价内容和要点，开展现场评价，包括：调阅被评价单位的相关内部控制制度、会议纪要、业务档案等。应当明确，对被评价单位未发生的业务所涉及的指标不予评价。

（3）抽样测试。开展内部控制评价应根据被评价单位或被评价项目的风险、业务频次、重要性等因素进行抽样测试。抽样范围要覆盖被评价业务的相关重大风险点和重要领域或环节。

（4）记载签章确认。现场评价发现的主要问题应当采取当场确认的方式予以书面记载，并请相关当事人签章确认。此外，对存在分歧或争议的事项，可以报上一级进行处理。

9.2.3　评价要求

商业银行内部控制多维评价的评价要求，包括对评价组的要求和对分支行的要求两部分。

1）对评价组的要求

（1）评价组成员入场前，签立诸如《商业银行内部控制评价人员纪律规范》和《保密承诺函》等工作文件，承诺将严格执行"纪律规范"和"保密承诺"的要求，并由下级分支行给予监督。

（2）各评价组成员在进入现场检查前，要根据检查评价方案进行内部分工，熟悉检查工作标准。

（3）评价期间，评价组要定期召开碰头会，及时研究和解决检查中出现的问题。

（4）评价期间，小组成员应听从组长的统一安排，遵守工作时间，不得擅自离岗。如遇特殊情况，必须上报方可离场。

（5）评价组成员评价过程中以平等、尊重、理解为原则，一言一行均要体现有礼、有据、有节，通过充分、细致、合理的分析、交流完成现场评价工作。

2）对分支行的要求

被评价单位应指定专人负责协调现场检查工作，积极配合，及时提供评价组所需的资料。对于被评价单位提供资料不全造成的评价偏差，评价组可视同材料缺失；对于无故拖延提供资料的，或不能提供足以影响评价结果的重要资料的，将在评价指标总得分中扣减相应的分值。

被评价单位需准备向评价组汇报的材料，内容应该包括：被评价单位的概况简介、组织架构、近一年来在内部控制合规工作方面取得的突出成果以及未来在内部控制体系建设方面的工作计划。

9.3 ——————— 制定激励与责任相容的考核体系 ———————

商业银行内部控制多维评价需要责任与义务相平衡，这就需要设计和实施科学的激励机制和约束机制，并与绩效考核相结合。

9.3.1　约束机制

自美国 2004 年发布 COSO 报告——《企业风险管理——整合框架》以来，内部控制的内涵拓展到全面风险管理，内部控制评价也用更广义的风险管理评价来表达。内部控制涵盖了八大要素：内部环境、目标设定、事项识别、风险评估、风险应对、控制活动、信息与沟通、监控。

为了发挥薪酬在商业银行公司治理和风险管理中的导向作用，防止激励不当或激励过度与风险挂钩不足而导致员工不审慎行为的出现，根据中国银监会关于《商业银行稳健薪酬监管指引》的文件要求，商业银行应该结合全行情况制定诸如《××银行绩效薪酬延期支付管理办法》等相关文件。

商业银行内部控制人员包括中高级管理人员及对风险有重要影响岗位的员工，因此，《××银行绩效薪酬延期支付管理办法》的规定能够对该类员工起到约束作用。其中，中高级管理人员是指总行助理以上干部、分支机构行长、副行长及行长助理；对风险有重要影响岗位的员工是指总分行各级部门对风险有重要影响的管理人员。总行人力资源部负责总行助理以上干部、分支机构行长及总行各部对风险有重要影响岗位的员工；分支机构综合管理部负责分支机构副行长、行长助理及分支机构对风险有重要影响岗位的员工。

商业银行绩效薪酬延期支付锁定限期一般为三年，即剩余绩效将分三年进行发放。延期支付的比例可以参考表9-2的示例，即从第二年开始，中高级管理人员的绩效薪酬的40%进行延期支付；对风险有重要影响岗位的员工的绩效薪酬的30%进行延期支付。在延期支付时段中遵循等分原则，避免前重后轻。

表9-2　　　　　**商业银行绩效薪酬延期支付时间与比例示例表**

延期支付比例	第一年	第二年	第三年	第四年
中高级管理人员	60%	10%	10%	20%
对风险有重要影响岗位的员工	70%	10%	10%	10%

绩效薪酬止付、追索及回扣的触发止付条件，如图9-2所示：

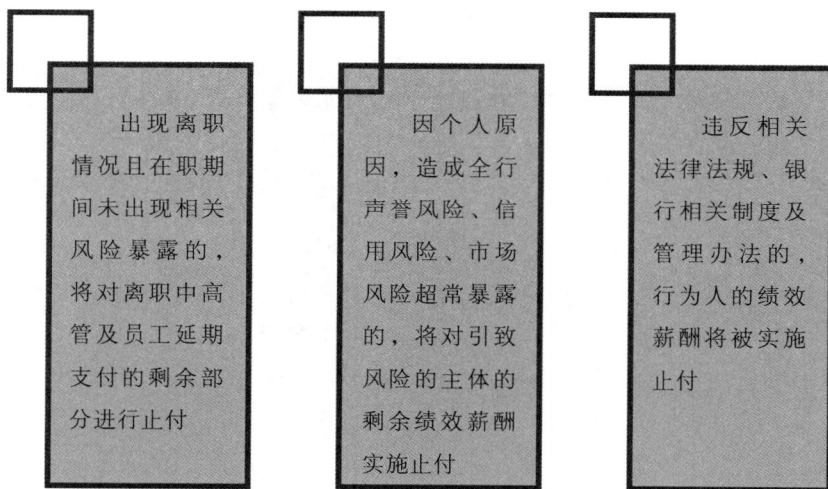

图9-2　绩效薪酬止付、追索及回扣的触发止付条件图

其一，中高管及对风险有重要影响岗位的员工出现离职情况且在职期间未出现相关风险暴露的，将对离职中高管及员工延期支付的剩余部分进行止付。

其二，中高管及对风险有重要影响岗位的员工在职期间，因个人本身的言行、工作表现或工作能力等方面的原因，造成全行声誉风险、信用风险、操作风险及市场风险超常暴露的，将对引致风险的主体的剩余绩效薪酬实施止付。在止付的同时，将对风险对应的期限内已发放的绩效薪酬进行回扣及追索，追索行为不因中高管及员工的离职行为而终止。

其三，违反相关法律法规、银行相关制度及管理办法的，行为人的绩效薪酬将被实施止付。

9.3.2　激励机制

商业银行内部控制多维评价的激励机制同银行的整体发展、部门（分支机构）业绩和个人绩效激励相结合。根据商业银行各自诸如《××年度分支机构绩效考核办法》等文件，关于内部控制评价的指标设计需要融入全行绩效考核整体之中。商业银行绩效考核和内部控制评价的激励机制，如图 9-3 所示可归纳如下：

图 9-3　商业银行绩效考核和内部控制评价的激励机制图

1）绩效考核指标

绩效考核指标考核分支机构利润价值贡献、业务规模发展、分支机构风险管理情况、内部控制合规评估等多维评价指标。评价指标目标值可以设置正常情境、乐观情境、激进情境三种水平，不同水平将对应不同的业绩倍增系数来调节评价指标得分。

2）绩效考核方法

以全行各项业务预算计划确定绩效考核量化指标，对于核心类、战略类指标采用实际与计划之比的完成率折算法；对于管理类指标采用综合考评法。内部控制多维评价指标分别包含于核心类、战略类和管理类指标之中。

为体现分行区域环境和业务发展空间差异的特点，绩效考核往往设置规模调节系数进行差别考核。绩效考核评价目标值还可以设置3种水平，分别为：正常情境目标值A、乐观情境目标值B和激进情境目标值C。当分支机构的业绩达到不同的目标水平时，采用0.5至1.2的业绩倍增系数来调节考核评价目标值得分。具体示例见表9-3，计算方法如下：设实际完成值为X，正常情境目标值为A，乐观情境目标值为B，激进情境目标值为C，A＜B＜C。

表9-3　　　　商业银行201X年绩效考核评价目标值示例表

情境	区间	业绩倍增系数
正常情境	X≤A×70%	0.50
	A×70%＜X≤A×80%	0.50+（（X-A×70%）÷（0.1×A））×0.10，上限0.60
	A×80%＜X≤A×90%	0.60+（（X-A×80%）÷（0.1×A））×0.20，上限0.80
	A×90%＜X＜A	0.80+（（X-A×90%）÷（0.1×A））×0.10，上限0.90
乐观情境	A≤X＜B	1.00+（（X-A）÷（B-A））×0.10，上限1.10
激进情境	B≤X＜C	1.10+（（X-B）÷（C-B））×0.10，上限1.20
	X≥C	1.20

3）绩效考核等级

分支机构绩效得分作为绩效等级评定的基础，可以分为四个等级，绩效考核等级采取分数区间确定，见表9-4。

表9-4　　　　商业银行201X年绩效考核等级示例表

绩效得分区间	95分以上	［85，95）	［75，85）	75分以下
绩效等级	A	B	C	D

若分支机构在评价周期内，发生重大案件，或在外部检查中发现并实施监管措施或行政处罚，则根据其绩效结果下调一个绩效等级，且绩效等级评定最高不高于C级。

4）绩效考核应用

分支机构绩效评价结果可以应用于如下领域：（1）分支机构年终绩效奖金额核定：以拨备后利润为基准按照奖金率提取，以绩效等级系数为调整依据，不同等级对应的绩效系数在0.8至1.2区间范围。（2）分支机构评优：绩效等级评定为 B 级（含 B 级）以上的机构具备评优资格，综合排名第一名分支行可获得先进分支机构奖励。（3）分支机构领导班子绩效评价：分支机构绩效得分将作为领导班子绩效评价的重要组成部分，影响其绩效薪酬。（4）分支机构费用分配：绩效等级将影响分支机构的职工工资的分配。

等级为 A 的分支机构将在次年享受上一周期职工工资 10% 的额度奖励，等级为 B 的分支机构将在次年享受上一周期职工工资 5% 的额度奖励，等级为 C 的分支机构将在次年不享受额外的职工工资奖励，等级为 D 的分支机构将在次年扣减上一周期职工工资 5% 的额度。

因此，包含在商业银行绩效考核整体中的内部控制评价指标，能够对部门和具体员工的绩效和收入产生影响，从而约束中高级管理人员及对风险有重要影响岗位的员工的行为，激励商业银行员工积极参与和完善企业的内部控制体系。

9.4　内部控制多维评价管理机制的创新思维

内部控制评价管理机制不应停留在现有的监管要求和商业银行内部企业文化的基础上，更应该依据会计学、审计学等理论知识探索创新思维的方式。这不仅是内部控制评价理论发展的需要，也是商业银行未来稳健经营的长期需要。因此，本节以"内部控制关键岗位备份"为例予以探讨。

9.4.1　内部控制关键岗位人员轮岗制衡

关键岗位人员轮岗制衡，是指为了消除小团体、避免一些要害部门的人员长期因在一个部门而滋生腐败的一种岗位轮换，它的两大职能就是预防和备份，商业银行内部控制部门和财务部门尤其要注意岗位轮换①。

《企业内部控制规范》规定了人力资源政策至少应当包括内部控制、财会等关键岗位员工的轮岗制衡要求。基本规范中也同样规定，企业应当结合岗位的特点和重要程度，明确内部控制、财会等关键岗位员工轮岗的

---

① 该处部分观点源于：吴敏艳. 中小企业内部控制问题探讨——基于会计岗位轮换制度的缺失 [J]. 财政监督，2010，16：56-57.

期限和有关要求，建立规范的岗位轮换制度，对关键岗位的员工，可以实行强制休假制度，并确保在最长不超过五年的时间内进行岗位轮换，以强化职责分工控制的有效性。

在外部审计中，签字注册会计师被强制定期轮换，其规则为：两名签字注册会计师为同一相关机构连续提供审计服务的期限在同一年度达到五年的，可由一名签字注册会计师延期为该相关机构提供审计服务，但延期不得超过一年。签字注册会计师已连续为同一相关机构提供五年审计服务并被轮换后，在两年以内，不得重新为该机构提供审计服务。这是审计关键岗位人员轮岗制度的一种表现，为提高审计质量、保障投资者权益提供了制度保障，起到了很好的防止舞弊或合谋的效果。

按照《企业内部控制规范》的要求，关键岗位应该定期实行轮换制度，但实际执行过程中，大部分商业银行都没有按规定严格执行，这是内部控制制度没有在商业银行很好实施的问题之一。究其原因，可以归结为：（1）大部分商业银行的内部控制、财务部门从业人员数量比例较小，岗位分工往往也不是很明确。例如，在很多情况下，商业银行中一个人要兼任好几项工作或者好几项工作的部分任务。因此，有很多不相容的职务也能够有机会由一个人或一个部门兼任。（2）大部分商业银行管理人员认为，岗位轮换会引发一些不必要的麻烦，而且有可能会涉及商业银行内部机密的泄露。（3）岗位轮换制度的执行成本比较高。

然而，商业银行关键岗位轮换能满足企业内部控制、财务人员的内在需求，能减少员工工作的单调性，提高员工的工作质量，进而提高企业的经济效益；关键岗位轮换能克服由于长期从事一项工作而给人带来的厌烦感；关键岗位轮换能提高财会队伍素质和完善内部管理。

9.4.2　内部控制关键岗位备份

"内部控制关键岗位备份"是"内部控制关键岗位人员轮岗制度"的升级版。内部控制关键岗位不但要形成关键岗位人员轮岗制度，形成必要的职责分离，而且要形成横向与纵向的相互监督制约关系，形成内部控制责任的划分机制，形成内部控制管理漏洞的预防机制，以及形成人才培养和储备的良性机制。

　　"内部控制关键岗位备份"具体可包括：（1）内部控制关键岗位轮岗。（2）内部控制关键岗位的培训生计划。（3）内部控制关键岗位的人才认定和储备计划。其具体如图9-4所示。现就"内部控制关键岗位的培训生计划"和"内部控制关键岗位的人才认定和储备计划"解释如下：

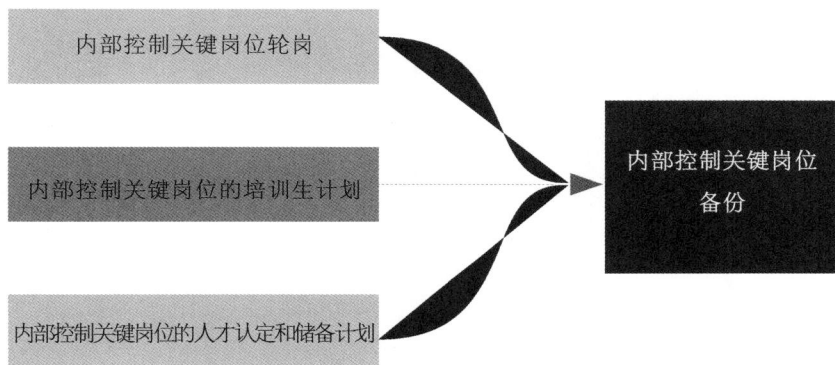

图9-4　内部控制关键岗位备份内容图

　　其一，内部控制关键岗位的培训生计划，是指分期、分批地安排本行其他部门的年轻管理干部集中在内部控制关键岗位进行实习或同时学习，通过内部控制关键岗位成熟管理人员的经验传授，达到岗位备份和监督的效果。同时，也可以安排本行新近招聘的会计、审计专业高校毕业生，通过内部控制关键岗位职能和实际工作操作学习，对商业银行审计实务进行了解，对内部控制关键岗位进行备份。

　　其二，内部控制关键岗位的人才认定和储备计划，是指对内部控制关键岗位在行内进行资格认定，只有经过"内部控制关键岗位资格认定"的员工才可以单独或指导他人从事内部控制关键岗位的实际工作。"内部控制关键岗位资格认定"解决了内部控制关键岗位的胜任能力问题，也为应对内部控制关键岗位的临时变动提供了可选择的人才库。《商业银行内部控制指引》和《商业银行内部控制评价试行办法》已经规定了商业银行应明确所有与风险和内部控制有关的部门、岗位、人员的职责和权限；明确关键岗位、特殊岗位、不相容岗位及其控制要求；建立关键岗位定期或不定期的人员轮换和强制休假制度。然而，在实际执行的过程中，商业银行还缺乏完善的关键岗位轮换制度，更缺乏"内部控制关键岗位备份"。

"内部控制关键岗位备份"虽然可能增加企业的经营成本，但也带来了经营风险降低、员工素质提升等直接或间接的经济效益；也抵消了内部控制关键管理人员因疾病、家庭事务等客观因素，以及因疏漏、故意设计内部控制漏洞达到其团体利益而给商业银行带来的直接或间接损失。

因此，"内部控制关键岗位备份"能更有效地杜绝内部控制的漏洞，提高内部信息的透明度。"内部控制关键岗位备份"也是对内部控制工作人员本身的一种保护。

9.5　本章小结

内部控制评价的管理机制是内部控制多维评价生存的沃土，良好的评价考核管理机制是内部控制多维评价顺利实施并产生良好效果的基本保障。

商业银行内部控制多维评价针对商业银行的实际需求，构建权威统一的考核组织，规划严密的评价程序，并且制订激励与责任相容的考核计划。此外，内部控制评价的一些新的关注点也值得思考。

商业银行内部控制多维评价的管理机构可以包括董事会、监事会、高级管理层、总行风险管理委员会、总行稽核审计部和总行法律合规部等机构和部门。

"打铁还需自身硬"，考核者自身的权威性和公正性是整个考核机制顺畅运转的基本保证。商业银行内部控制多维评价由总行负责牵头，各分支机构分别进行有针对性的过程评价和结果评价，包括以下四个层次：对全行整体内部控制的评价；对各专业条线内部控制的评价；对各分支机构内部控制的评价；对内部控制环节单项评价。

商业银行内部控制多维评价规划严密，具有很强的可操作性，具体包括评价准备、评价实施和评价要求三部分。商业银行内部控制多维评价的评价准备，包含发出评价相关文件和制订评价方案两个组成部分。商业银行内部控制多维评价的实施，可以包含座谈、现场评价、抽样测试和记载签章确认等方式。商业银行内部控制多维评价的评价要求，包括对评价组的要求和对分支行的要求两部分。

商业银行内部控制多维评价需要责任与义务相平衡，这就需要设计和实施科学的激励机制和约束机制，并与绩效考核相结合。商业银行内部控制多维评价的约束和激励机制同银行的整体发展、公司治理、风险管理、部门（分支机构）业绩和个人绩效激励相结合。根据商业银行各自诸如《××银行绩效薪酬延期支付管理办法》《××年度分支机构绩效考核办法》等文件，关于内部控制评价的指标设计需要融入全行绩效考核整体之中。包含在商业银行绩效考核整体中的内部控制评价指标，能够对部门和具体员工的绩效和收入产生影响，从而约束中高级管理人员及对风险有重要影响岗位的员工的行为，激励商业银行员工积极参与和完善企业的内部控制体系。

内部控制评价的管理机制不应停留于现有监管要求和商业银行内部企业文化的基础，更应该依据会计学、审计学等理论知识探索创新思维方式。这不仅是内部控制评价理论发展的需要，也是商业银行未来稳健经营的长期需要。

关键岗位人员轮岗制衡，是指为了消除小团体、避免一些要害部门的人员长期因在一个部门而滋生腐败的一种岗位轮换，它的两大职能就是预防和备份，商业银行内部控制部门和财务部门尤其要注意岗位轮换。商业银行关键岗位轮换能满足企业内部控制、财务人员的内在需求，能减少员工工作的单调性，提高员工的工作质量，进而提高企业的经济效益；关键岗位轮换能克服由于长期从事一项工作而给人带来的厌烦感；关键岗位轮换能提高财会队伍素质和完善内部管理。

"内部控制关键岗位备份"是"关键岗位人员轮岗制度"的升级版，具体可包括：（1）内部控制关键岗位轮岗。（2）内部控制关键岗位的培训生计划。（3）内部控制关键岗位的人才认定和储备计划。

"内部控制关键岗位备份"虽然可能增加企业的经营成本，但也带来了经营风险降低、员工素质提升等直接或间接的经济效益；也抵消了内部控制关键管理人员因疾病、家庭事务等客观因素，以及因疏漏、故意设计内部控制漏洞达到其团体利益而给商业银行带来的直接或间接损失。

因此，"内部控制关键岗位备份"能更有效地杜绝内部控制的漏洞，提高内部信息的透明度。"内部控制关键岗位备份"也是对内部控制工作人员本身的一种保护。

第 10 章

商业银行内部审计、内控风险评估、内控结果与内审应用

商业银行内部审计以风险为导向，检查和评价全行经营活动、风险管理、内部控制和公司治理过程的真实性、合法性和有效性。商业银行普遍实行了全面风险管理，对信用风险、操作风险、流动性风险、财务风险、科技风险等进行有效管理。商业银行内部控制风险评估是商业银行内部审计的重点环节。内部控制评价提供给商业银行一个管理控制风险的工具，保证内部审计人员和管理人员共同对风险进行控制。

10.1 —————— 商业银行内部审计事项与组织体系 ——————

10.1.1　商业银行内部审计概述

商业银行内部审计是承担审计职责的机构和人员在商业银行内部进行的一种独立、客观的确认和咨询活动，以国家法律、法规和全行规章制度为依据，以风险为导向，应用系统的、规范的方法，检查和评价全行经营活动、风险管理、内部控制和公司治理过程的真实性、合法性和有效性，促进全行稳健发展和战略目标的实现。

商业银行内部审计旨在：（1）保证国家有关经济金融法律法规、方针政策、监管部门规章和全行各项规章制度的贯彻执行。（2）对内部控制的

健全性和有效性的检查、监督、评价。（3）在全行的风险框架内，对全行内部控制、风险管理和公司治理效果提出意见和建议，健全内控管理体系，揭示与防范经营风险，促使风险控制在可接受水平。（4）增加价值和改善组织运营。具体如图10-1所示。

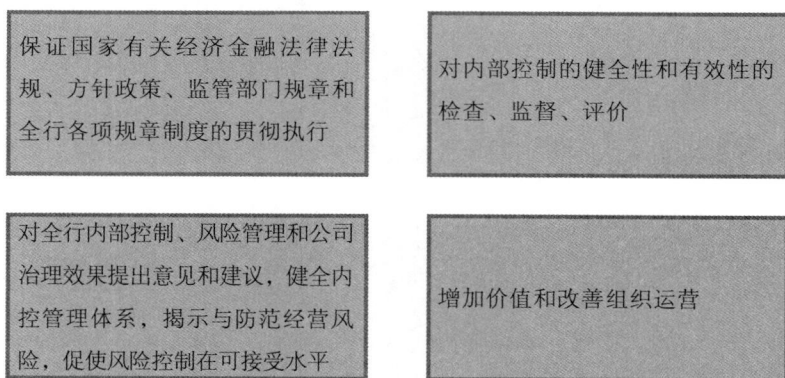

保证国家有关经济金融法律法规、方针政策、监管部门规章和全行各项规章制度的贯彻执行

对内部控制的健全性和有效性的检查、监督、评价

对全行内部控制、风险管理和公司治理效果提出意见和建议，健全内控管理体系，揭示与防范经营风险，促使风险控制在可接受水平

增加价值和改善组织运营

图10-1　商业银行内部审计主旨图

商业银行内部审计活动普遍遵循以下原则：

第一，独立性原则。（1）各级内审机构在人员、工作和经费等方面应独立于审计对象。（2）内部审计工作应独立于经营管理活动，以风险为导向，确保审计工作的客观公正。（3）各级内审机构在实施审计活动过程中，自主履行其职责并对审计事项独立地进行分析、评价和报告，不受任何单位和个人的干涉。

第二，客观性原则。（1）审计人员应当以事实为依据，对审计对象进行客观、公正的监督、评价。（2）审计人员应如实披露审计过程中所发现的问题，不得隐瞒。（3）审计人员应主动回避与个人存在利害冲突而有损职业判断的审计项目，以确保内部审计的客观性和公正性。

第三，审慎性原则。（1）审计人员应当具备职业的审慎态度，在审计过程中进行合理的专业判断，对审计对象出现重大风险事项的可能性保持警惕和关注，但不对审计对象是否存在重大风险事项给予绝对保证。（2）当审计人员有证据怀疑审计对象存在不正当行为时，必须及时向内审机构负责人或审计委员会或董事会报告，并根据上级决定对可疑领域进行必要的审计。

第四，效益性原则。（1）审计人员应该密切关注审计对象的财务活动、经营活动、管理活动以及经济责任履行活动中的经济性、效果性和效率性等重要事项。（2）审计人员应当充分考虑审计成本和效率，合理配置审计资源，以增加价值为主要目标进行审计监督。

10.1.2　商业银行内部审计事项

商业银行各级内审机构负责对全行经营管理行为进行内部审计，审计对象包括全行总行、所有分支机构及其人员，审计内容包括审计对象的财务活动、经营活动、管理活动和经济责任。具体审计事项包括：

（1）经营管理的合规性及合规部门工作情况。

（2）内部控制的健全性和有效性。

（3）风险状况及风险识别、计量、监控程序的适用性和有效性。

（4）信息系统规划设计、开发运行和管理维护的情况。

（5）会计记录和财务报告的准确性和可靠性。

（6）与风险相关的银行资本实施、验证、评估程序情况。

（7）机构运营绩效和管理人员履职情况。

（8）咨询服务等。

商业银行各级内审机构具备就风险管理、内部控制、增加价值、改善银行运营等有关方面提供咨询服务的能力，但不直接参与或负责内部控制设计和经营管理的决策与执行。商业银行各级内审机构可以针对审计对象经营管理中的特定事项，对有关单位和部门进行专项审计，并按照规定程序及时报告审计结果。

10.1.3　商业银行内部审计的组织体系与职能

商业银行普遍实行董事会领导下的全行内部审计垂直管理体制。董事会下设审计委员会，根据董事会授权组织指导内部审计工作。总行稽核审计部统一组织、管理和报告全行内部审计工作，对董事会和审计委员会负责。

商业银行一般实施总分行两级内审体制，在主要经营机构派驻审计专员，向总行稽核审计部负责并报告工作。具体内部审计的组织体系如图

10-2所示。

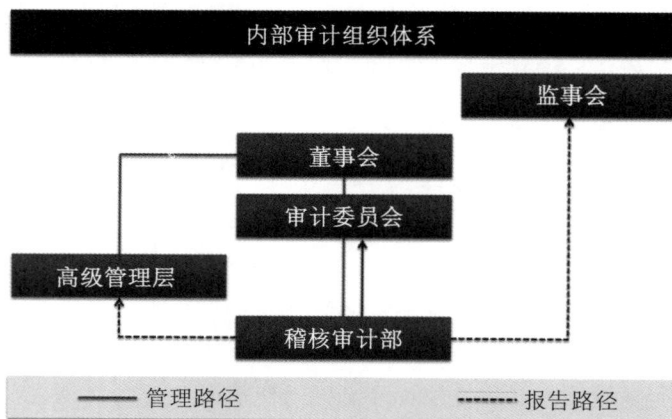

图 10-2　商业银行内部审计的组织体系图

董事会对内部审计的适当性和有效性承担最终责任，负责批准内部审计章程、内部审计组织体系、中长期审计规划、年度审计计划及预算；负责批准内审机构主要负责人的任免、总行稽核审计部的业绩评估、审计人员薪酬体系，为内部审计独立、客观地开展工作提供必要保障，并对审计工作情况进行考核监督。

董事会审计委员会根据董事会授权，负责组织指导全行内部审计工作，按季度向董事会报告审计工作情况，并通报高级管理层和监事会。其与内部审计相关的主要职责包括：

（1）审议全行内部审计组织体系。

（2）审核中长期审计规划、年度审计计划及预算。

（3）提名并考核内审机构主要负责人。

（4）决定审计人员薪酬水平。

（5）审定全行重要的内部审计制度。

（6）监督全行内部审计规章制度的实施。

（7）审阅审计报告及年度工作总结。

（8）指导、监督内部审计工作，考核和评价总行稽核审计部。

（9）督促管理层对内外部审计及监管发现问题的整改。

（10）经董事会授权须履行的其他职责。

　　商业银行审计委员会的运作机制为：其一，审计委员会每年定期召开会议，以保证对年度审计工作的计划与开展、审计项目的重大发现等议题进行充分讨论和审议。其二，审计委员会应听取经营层全行经营情况、风险管理、内部控制和重大项目的汇报，进而全面、及时地掌握全行的改革发展、经营情况、业务进展和风险状况。

　　商业银行总行稽核审计部应履行以下职责：

　　（1）在董事会审计委员会的领导下，独立行使审计监督权，并对其负责。

　　（2）统一组织、管理和推动全行内部审计工作。

　　（3）负责制订全行中长期审计规划和年度审计计划，并组织实施。

　　（4）负责制定、完善全行内部审计制度，并组织实施。

　　（5）组织实施审计项目，评价全行的内部控制、合规经营情况及风险状况。

　　（6）向有关单位和责任人就经营管理、内部控制或风险防范等提出整改或咨询建议。

　　（7）实施审计质量控制，跟踪审计对象落实整改，及时向董事会报告工作情况，并对审计工作的结果和整体质量负责。

　　（8）落实全行各级内审机构的内部管理，包括对审计人员的工作管理、考核、培训等。

　　总之，商业银行内部审计以风险为导向，检查和评价全行经营活动、风险管理、内部控制和公司治理过程的真实性、合法性和有效性。内部审计过程中，注重内部控制的健全性和有效性审查，注重风险状况评估、风险识别、计量、监控程序的适用性和有效性。商业银行内部审计的重点环节之一是内部控制风险评估。

10.2　　　　　　　　商业银行内部控制风险评估　　　　　

　　内部控制评价提供给商业银行一个管理控制风险的工具，保证内部审计人员和管理人员共同对风险进行控制。商业银行实行了全面风险管理，对信用风险、操作风险、流动性风险、财务风险、科技风险等进行了有效管理。在风险识别、风险评估和风险的后续管理中，形成了具有针对性的控制措施。以上内容组成了商业银行内部控制风险评估的主要方面。

10.2.1 商业银行全面风险管理概述

商业银行董事会通常下设风险管理委员会，负责审议全行风险管理战略规划、风险管理和内部控制政策及基本管理制度，并对其实施情况及效果进行监督和评价；负责监督高级管理层关于信用、市场、操作等风险的控制情况，对本行风险管理和内部控制状况进行定期评估；负责审议高级管理层提交的全面风险管理报告，并向董事会提出建议等。

商业银行总行及分行设立风险管理职能部门或岗位，牵头负责辖内的风险管理，汇集和报告风险状况，对同级业务部门、下级机构的风险管理政策执行情况进行督导和检查。

商业银行各风险管理职能部门负责制定并不断完善识别、计量、监测和管理风险的制度和程序，开发和运用风险量化评估的方法和模型，建立涵盖各项业务、全行范围的风险管理系统，不断提升全行风险识别及评估的能力和科技水平。

商业银行高级管理层根据外部形势和内在发展要求，制定风险管理战略和目标，确定风险承受度，包括整体风险承受能力和业务层面的可接受风险水平。

10.2.2 商业银行风险识别

商业银行内部控制风险评估面对多种风险，包括信用风险、操作风险、流动性风险、财务风险、科技风险等，因此，商业银行密切关注产生风险的各类内外部因素，包括：

（1）在市场风险识别方面，重点关注但不限于利率、汇率（包括黄金）、股票价格和商品价格等因素。

（2）在操作风险识别方面，重点关注但不限于人员、内部程序、系统、外部事件等因素。

（3）在流动性风险识别方面，重点关注但不限于存款客户支取、贷款客户提款、债务人延期支付、资产负债结构不匹配、资产变现困难、经营损失和衍生品交易风险等因素。

（4）对影响全行经营管理的集中度风险、声誉风险、战略风险、国别风险等其他各类风险，均根据其所处的外部环境、监管要求和经营状况，开展风险识别工作。

商业银行应该根据风险管理战略和目标，建立健全风险评估的程序、标准和方法，采用有效的工具和方法，对经营管理活动中的风险进行主动识别与准确评估，并采用定性与定量相结合的方法，按照风险发生的可能性及其影响程度等，对识别的风险进行分析和排序，确定关注重点和优先控制的风险。

10.2.3　商业银行风险应对

商业银行需要根据风险识别与评估结果，结合风险承受度，权衡风险与收益，综合运用风险规避、风险降低、风险分担和风险承受等应对策略，实现对风险的有效控制，以避免给全行经营带来重大损失。

风险应对策略能够结合全行业务发展情况及时调整，包括：

（1）采取风险规避应对策略时，对超出风险承受度的风险，通过放弃或者停止与该风险相关的业务活动以避免和减轻损失。

（2）采取风险降低应对策略时，在权衡成本效益之后，通过适当的控制措施降低风险或者减轻损失，将风险控制在风险承受度之内。

（3）采取风险分担应对策略时，借助他人力量，通过业务分包、购买保险等方式和适当的控制措施，将风险控制在风险承受度之内。

（4）采取风险承受应对策略时，对风险承受度之内的风险，在权衡成本效益之后，不采取控制措施降低风险或者减轻损失。

10.2.4　商业银行风险评估的后续管理

商业银行在风险评估的内部呈报与沟通中，各职能部门编制不同层次和种类的风险报告，按照制度规定的报告发送范围、程序和频率，以满足各单位对风险状况的多样性需求。当引起风险的因素发生变化时，商业银行应该及时组织对相关风险进行再评估，以确定风险应对策略和措施的适宜性和有效性。

对于内部控制风险评估的管理人员，商业银行内部控制评价机构应该合理分析、准确掌握董事、行长及其他高管人员、关键员工的风险偏好，采取适当的控制措施，避免因个人风险偏好给企业经营带来重大损失。

在新业务、产品、活动和系统的开发过程中，商业银行内部控制评价机构和风险管理部门应该充分评估风险，并确保新业务、产品、活动和系统在上线前已通过风险测试。在对业务、产品、系统的重要流程或环节做出重大调整前，进行充分的风险评估，提出风险控制和缓释措施。对出现风险信号、风险提示或风险事件的业务、产品和系统，特别是对出现收益与其合理预期收益不符合的业务和产品，及时重新进行风险评估，并进行清理。对信贷、资金交易、理财等风险相对集中的业务、产品以及核心生产系统本行每年至少进行一次风险评估，对其他业务、产品至少两年进行一次风险评估。

10.3 ———— 商业银行内部控制评价结果 ————

商业银行内部控制多维评价结果包括总体评价结论和风险评估结论。以下分别进行论述。

10.3.1 商业银行内部控制评价结果的来源

商业银行内部控制多维评价结果包括总体评价结论和风险评估结论。

商业银行内部控制总体评价结论是根据全行公司层面和业务流程层面内部控制评价指标设置内容、计分方法、赋权方法和总体评级确定的最终结果。该类评价结果来源于采用的定性分析与定量分析相结合的方法：首先，确定关键业务指标，结合商业银行实际情况和业务流程的关系，进行内部控制评价指标设定；其次，根据赋权数值和计分方法合计评价结果总得分，之后进行内部控制合规评价和评级分类；最后，内部控制评价结果的来源还受到相关监管部门的指导。

商业银行风险评估结论是按照风险评估的程序、标准和方法，采用有效的工具和方法，对经营管理活动中的信用风险、操作风险、流动性风险、财务风险、科技风险等风险进行的主动识别与准确评估，并采用定性与定量相结合的方法，评估风险发生的可能性及其影响程度等。该类结果来源于内部控制风险识别和风险评估：首先，通过识别关键业务流程的目标、分析影响目标实现的主要因素，从中识别该业务流程中的风险点，然后通过风险评级，评估风险发生的概率及影响程度，并识别足以影响经营活动正常有序进行的重大风险。其次，商业银行建立了全面、规范、持续的风险管理体系，建立了信用风险、市场风险、利率风险、流动性风险、操作风险、法律风险等主要风险的识别和评估工作机制，能够对各类风险进行持续监控测算。商业银行内部控制评价结果的来源，如图 10-3 所示。

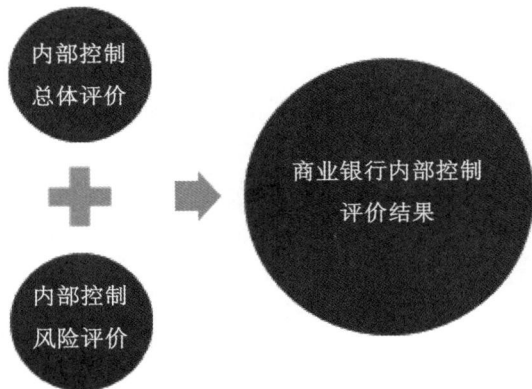

图 10-3　商业银行内部控制评价结果的来源图

10.3.2　内部审计与内部控制评价结果关系概述

内部控制的基本思想和初级形式在公元前即有雏形，但是内部控制评价作为一个完整概念却产生于 20 世纪中叶。审计方法的演变有力地推动了内部控制评价的发展：独立于企业之外的会计师对企业进行审计时，发现企业内部控制的好坏对企业财务报表的质量有非常重要的影响；如果能依靠测试和评价内部控制来开展审计工作，既能提高审计效率，又能保证审计质量。因此，内部控制评价是在内部牵制的基础上，由企业管理人员在经营管理实践中创造、经审计人员理论总结而逐步完善的产物。①

关于内部审计与内部控制评价结果的关系，可以认为内部审计在内部控制评价中发挥以下两个作用：

第一，评估内部控制评价结果，参与重大控制程序的制定与修订，这是内部审计发挥的主要作用。内部审计对内部控制的评价主要有以下几条途径：

（1）开展财务收支审计时对与会计控制系统相关的内部控制进行评价。

（2）开展经常性的管理审计时对内部控制系统的评价。

（3）对"非正常事件"的处理。商业银行"非正常事件"往往是暴露内部控制薄弱环节的最佳时机，内部审计师应该有敏锐的洞察力发现并及时对相关的内部控制进行评价，并提出完善内部控制的建议。

第二，监督内部控制的运行，对内部控制评价结果产生"事中"影响是内部审计的日常性工作。内部审计履行监督职能，其直接目标是确保内部控制的有效运行，以使内部控制的目标与内部控制评价结果相一致。

10.3.3 商业银行内部审计对内部控制评价结果的需求

商业银行内部控制多维评价有利于全行内部审计工作的顺利开展，同时使管理部门了解到对内部控制的责任，保证商业银行内部良好的人员分工，使其更好地履行职责。内部控制多维评价还提高了审计的效率和效果，减少审计人员的工作量，节省审计时间，降低全行审计成本。

商业银行内部审计对内部控制评价结果存在客观的需求，包括提高内部审计效率的需求、降低内部审计成本的需求。另外，商业银行内部控制多维评价在内部审计应用的具体实践包括确定审计范围和重点的应用，以及针对具体查证内容选择恰当的审计方法时的应用。

1）商业银行内部控制评价结果满足提高内部审计效率的需求

商业银行目前的稽核工作主要是现场稽核，使用非现场稽核的方法较少。商业银行在完善内部控制制度基础上，应该定期对报送的有关资料进

---

① 该处部分观点源于：曹伟，桂友泉. 内部审计与内部控制 [J]. 审计研究，2002（1）：27–30.

行非现场审计[①]和全面监督检查，这将会成为稽核审计部门的主要工作。那种群体性委派参与现场检查的方法将越来越少。因此，利用内部控制评价结果，判断其内部控制的可依赖程度并进行内部审计，将是提高内部审计效率的重要方法。[②]

商业银行的非现场审计工作规定，旨在规范商业银行非现场审计系统的应用与管理工作，促进非现场审计与现场审计的有机结合，实现对全行经营管理活动的持续监测和风险预警，提高商业银行审计工作质量和效率。商业银行非现场审计系统应该是能够提供给全行用户使用的非现场审计基础管理平台和 IDEA 数据分析管理平台。非现场审计基础管理平台可以包括综合管理、风险点管理、固化查询模块；IDEA 数据分析管理平台包括项目管理、接口管理、模型及指标批处理、创建模型和预警指标等功能。

商业银行非现场审计可以主要采用日常监测和立项审计两种方式，具体工作职责为：

（1）日常监测是借助非现场审计系统定期产生的风险点进行分析和排查的过程。

（2）立项审计是根据年度审计计划及临时性审计工作安排，有针对性地采集有关电子信息和数据，运用非现场系统进行加工、分析、查证、核实，查找经营管理中存在的问题、疑点和异常，评价经营管理状况和风险状况。

此外，凡在非现场审计中发现的带有苗头性或倾向性的问题，需转为现场审计的，需要经稽核审计部总经理批准。这强化了非现场审计的职能和定位，也保障了充分利用内部控制评价结果以提高内部审计效率。

在利用内部控制评价结果，判断商业银行内部控制的可依赖程度中，依赖程度低的则计划执行更大范围的实质性测试[③]；若依赖程度很高，则

---

　　①　非现场审计，是指审计人员通过连续地收集、整理审计对象业务经营管理的数据和资料，运用适当的方法和流程进行分析的远程审计。
　　②　该处部分观点源于：曲爱群，邵雪峰. 浅谈我国银行内部审计的发展［J］. 石家庄经济学院学报，2002（4）：372-374.
　　③　实质性测试（substantive testing），是指在符合性测试的基础上，为取得直接证据而运用检查、监盘、观察、查询及函证、计算、分析性复核等方法，对被审计单位会计报表的真实性和财务收支的合法性进行审查，以得出审计结论的过程。实质性测试是审计实施阶段中最重要的一项工作。实质性测试的目的是为取得审计人员赖以作出审计结论的足够的审计证据。实质性测试通常采用抽样方式进行，其抽样的规模需根据内部控制的评价和符合性测试的结果来确定。

计划执行更大范围的符合性测试①和有限的实质性测试。

其一，符合性测试可在复核业务部门检查员工作表中评价其工作质量和有效性的基础上，对控制风险做出评价，然后为现场稽核设计出对各项账户余额和业务种类进行的实质性测试，而对重要账户均应执行实质性测试。

其二，实质性测试工作中，运用倒查、顺查、函证等方法抽取审计样本，根据内部控制评价及非现场、现场稽核结果，对被稽核对象进行审计分析，得出审计结论，并确定今后工作的监控点。同时利用因素分析法找出影响分析对象的因素，计算影响值，为银行管理层提出决策依据，化解经营风险。

2）商业银行内部控制评价结果满足降低内部审计成本的需求

商业银行内部审计人员的审计成本意识往往比较淡薄，特别体现在审计项目成本管理上。其主要表现为：一是时间成本高；二是立项时未考虑成本效益原则；三是人力成本居高不下。究其原因可能是近些年商业银行发展较快，利润率较高、较稳定，因此忽略了成本控制。根据调查问卷②的信息统计：有严格的成本实时控制的单位只占5%；50%的单位没有成本控制意识措施；30%的单位出现成本控制偏差是通过自我调整完成的；有成本控制意识而实际没有很好地执行成本控制的占15%。

内部控制多维评价结果的有效利用能够改进商业银行内部审计方法，减少审计人员的工作量，节省审计时间，降低全行审计成本。商业银行内部审计中，充分运用内部控制多维评价结果，科学地运用审计抽样、分析性复核等内部审计技术方法，缩小内部审计范围，减少实质性测试的工作量，现场审计与非现场审计相结合，可以省时省力，降低内部审计成本。

商业银行内部可以发布诸如《非现场审计工作规定》和《审计项目管理规定》等文件，使用非现场审计基础管理平台和IDEA数据分析管理平台，这样能够减少内部审计人员的工作量。

---

① 符合性测试（Compliance Testing），是指审计人员在了解内控制度后，对那些准备信赖的控制系统的实施情况和有效程度进行的测试，也称为遵循性测试。符合性测试的根本目的是：查明被审计单位的各项控制措施是否都真实地存在于生产经营等各项管理活动中，是否确确实实、始终如一地遵守制度规定的全部要求，是否真正发挥了作用，其遵循制度的程度如何，有无失控和不完善之处。

② 部分数据和观点引自：陈丹萍．我国内部审计管理现状与对策［J］．审计研究，2007（6）：95-96+51.

商业银行非现场审计系统模型一般可以分为系统批量跑批模型和自定义模型两类。自定义模型由现场、非现场审计人员根据审计经验自行编制，并根据审计项目需要自行选择在客户端运行，虽然无纸化采集只是轻微地降低审计成本，但能够保障数据的连续性和完整性。系统批量跑批模型由非现场审计人员进行维护、系统管理员进行批量跑批操作。这不仅提高了内部审计的技术含量，也将内部控制评价的信息进行日常收集和管理。通过全员参与内部控制评价和内部审计信息的采集，节省了大量的集中审计所耗费的人力、物力，由此降低了审计费用。

10.4 —— 商业银行内控评价结果在内部审计中的具体应用 ——

商业银行内部控制多维评价成果，可以促进企业不断改进和完善内部控制，还可以通过提炼、储存内部控制评价成果在其他审计项目时运用。

首先，可以将平时积累的内部控制评价成果和相关信息作为确定审计范围和重点的参考依据。内部审计人员在开展其他审计项目过程中，可以借鉴、利用会计控制评价成果，推断会计记录及其相关经济活动信息的可信赖程度，从而确定或调整审计查证的范围和重点。利用评价成果确定审计范围和重点，一般应掌握以下三点[①]：

（1）对于评价中揭示的薄弱、失效或失控环节以及存在固有风险的业务应将其纳入重点审计范围。

（2）对于评价中发现的控制措施不健全或较薄弱的关键控制环节以及未执行控制措施或执行不力的业务应列为审计重点。

（3）对于评价中认为内部控制健全并执行较好的环节和业务可不作为审计查证的重点。

其次，可以根据平时积累的内部控制评价成果，针对具体查证内容选择恰当的审计方法：第一，对于内部控制不健全、存在严重缺陷甚至内部控制失效并作为审计重点的项目或环节，应采取详细审计的方法进行全面审计；第二，对于控制措施执行不到位、效果不理想并被列入一般审计范

---

① 此处部分观点源于：李德胜. 内部审计开展企业内部控制评价业务探讨［J］. 中国内部审计，2010（4）：38-41.

围的非重点业务，可采用抽样审计的方法适量选取样本进行查证；第三，对于控制措施比较有效、信任程度较高的其他未列入审计重点和范围的业务，可选择较小规模的样本进行一般审查或不进行审计。

内部控制评价与评价结果的应用是商业银行管理的重要组成部分，内部审计职能小组和总行稽核审计部可以作为商业银行内部控制的构成要素和开展内部控制评价的关键构成，积极主动地参与商业银行内部控制管理。

内部审计职能小组和总行稽核审计部通过对内部控制实施评价，及时发现和揭示商业银行内部控制方面存在的缺陷和问题，促使商业银行不断完善内部控制制度，强化对各系统、各环节及各业务控制点的控制，使之更加有效地发挥功能作用，从而达到完善制度、理顺流程、优化控制、加强管理、防范风险、提高效益的目的，最大限度地发挥内部审计的"免疫系统"功能，为确保商业银行各项经济业务活动的健康有序运营服务。

10.5 ——————————— 本章小结 ———————————

商业银行内部审计是承担审计职责的机构和人员在商业银行内部进行的一种独立、客观的确认和咨询活动，以国家法律、法规和全行规章制度为依据，以风险为导向，应用系统的、规范的方法，检查和评价全行经营活动、风险管理、内部控制和公司治理过程的真实性、合法性和有效性，促进全行稳健发展和战略目标的实现。

商业银行内部审计旨在：（1）保证国家有关经济金融法律法规、方针政策、监管部门规章和全行各项规章制度的贯彻执行。（2）对内部控制的健全性和有效性的检查、监督、评价。（3）在全行的风险框架内，对全行内部控制、风险管理和公司治理效果提出意见和建议，健全内控管理体系，揭示与防范经营风险，促使风险控制在可接受水平。（4）增加价值和改善组织运营。商业银行内部审计活动普遍遵循以下原则：第一，独立性原则；第二，客观性原则；第三，审慎性原则；第四，效益性原则。

商业银行各级内审机构具备就风险管理、内部控制、增加价值、改善银行运营等有关方面提供咨询服务的能力，但不直接参与或负责内部控制设计和经营管理决策与执行。商业银行各级内审机构可以针对审计对象经营管理中的特定事项，对有关单位和部门进行专项审计，并按照规定程序及时报告审计结果。商业银行普遍实行董事会领导下的全行内部审计垂直管理体制。董事会下设审计委员会，根据董事会授权组织指导内部审计工作。总行稽核审计部统一组织、管理和报告全行内部审计工作，对董事会和审计委员会负责。商业银行一般实施总分行两级内审体制，在主要经营机构派驻审计专员，向总行稽核审计部负责并报告工作。

商业银行内部审计以风险为导向，检查和评价全行经营活动、风险管理、内部控制和公司治理过程的真实性、合法性和有效性。内部审计过程中，注重内部控制的健全性和有效性审查，注重风险状况评估、风险识别、计量、监控程序的适用性和有效性。商业银行内部审计的重点环节之一是内部控制风险评估。内部控制评价提供给商业银行一个管理控制风险的工具，保证内部审计人员和管理人员共同对风险进行控制。商业银行施行了全面风险管理，对信用风险、操作风险、流动性风险、财务风险、科技风险等进行了有效管理。在风险识别、风险评估和风险的后续管理中，形成了具有针对性的控制措施。以上内容组成了商业银行内部控制风险评估的主要方面。

商业银行内部控制多维评价结果包括总体评价结论和风险评估结论。商业银行内部审计对内部控制评价结果存在客观的需求，包括提高内部审计效率的需求、降低内部审计成本的需求。另外，商业银行内部控制多维评价在内部审计的应用的具体实践包括确定审计范围和重点的应用，以及针对具体查证内容选择恰当的审计方法时的应用。商业银行内部控制总体评价结论是根据全行公司层面和业务流程层面内部控制评价指标设置内容、计分方法、赋权方法和总体评级确定的最终结果。

商业银行风险评估结论是按照风险评估的程序、标准和方法，采用有效的工具和方法，对经营管理活动中的信用风险、操作风险、流动性风险、财务风险、科技风险等风险进行的主动识别与准确评估，并采用定性与定量相结合的方法，评估风险发生的可能性及其影响程度等。商业银行内部控制多维评价有利于全行内部审计工作的顺利开展，同时使管理部门

197

了解到对内部控制的责任，保证商业银行内部良好的人员分工，使其更好地履行职责。内部控制多维评价还提高了审计的效率和效果，减少审计人员的工作量，节省审计时间，降低全行审计成本。

商业银行内部控制多维评价成果，可以促进企业不断改进和完善内部控制，还可以通过提炼、储存内部控制评价成果在其他审计项目时运用。首先，可以将平时积累的内部控制评价成果和相关信息作为确定审计范围和重点的参考依据。其次，可以根据平时积累的内部控制评价成果，针对具体查证内容选择恰当的审计方法。

内部控制评价与评价结果的应用是商业银行管理的重要组成部分，内部审计职能小组和总行稽核审计部可以作为商业银行内部控制的构成要素和开展内部控制评价的关键构成，积极主动地参与商业银行内部控制管理。

内部审计职能小组和总行稽核审计部通过对内部控制实施评价，及时发现和揭示商业银行内部控制方面存在的缺陷和问题，促使商业银行不断完善内部控制制度，强化对各系统、各环节及各业务控制点的控制，使之更加有效地发挥功能作用，从而达到完善制度、理顺流程、优化控制、加强管理、防范风险、提高效益的目的，最大限度地发挥内部审计的"免疫系统"功能，为确保商业银行各项经济业务活动的健康有序运营服务。

第 11 章

商业银行内审报告、沟通机制与内部控制整改

商业银行内部审计报告明确了内部审计制度的报告、信息沟通和相关缺陷问题的整改方向。商业银行建立内部控制和审计信息沟通保障机制能够保证内审监督履职的充分性和有效性，全面收集和掌握各部门、各分支行经营管理和风险状况的动态信息。商业银行内部审计报告制度有助于内部控制整改工作顺利开展。

11.1 —————— 商业银行内部审计报告制度 ——————

商业银行内部审计工作普遍实行双线报告制度，以向董事会审计委员会报告为主，以向监事会和高级管理层汇报为辅。

商业银行董事会、审计委员会、高级管理层针对审计报告中重大的风险披露和控制事项进行反馈，提出整改意见、纠正措施、管理决策和督查督办的举措。

商业银行总行稽核审计部主要负责人定期向董事会审计委员会报告内部审计工作情况，每年至少一次向董事会提交包括履职情况、审计发现和建议等内容的审计工作报告，重大审计事项及时报告，并抄送监事会和高级管理层。

商业银行各级内审机构在审计事项结束后，按照规定程序及时提交审

计报告。商业银行各级内审机构应与驻地监管部门沟通联系，建立、完善与中国银监会及其派出机构的沟通和报告机制，按照监管部门要求，并根据商业银行规定的具体程序向其报告有关工作。

商业银行审计报告报送路径一般为：首先，稽核审计部于审计报告生效后数日内将审计报告报送及抄送有关部门。其次，审计报告主送董事会、监事会、经营班子（行长）；抄报常务副行长、首席风险官；抄送人力资源部；专送被审计单位（人）等。最后，稽核审计部应于每个审计项目结束后规定工作日内将该审计项目报告报送对口监管部门。

商业银行总行稽核审计部根据行领导批示，针对审计报告中问题，提示业务风险，上报相关业务主管行长。对审计报告提出的整改意见和处罚建议，被审计对象所在单位必须逐条对照落实，制定具体整改措施，及时整改，并在收到报告规定工作日内将整改和问责情况形成书面报告报送稽核审计部。

对审计报告提出有关问题，商业银行总行相关部门必须根据主管行长的批示，落实管理问题责任人，同时查找制度、系统的缺陷和不足，完善业务制度、弥补系统漏洞，并督促指导被检查单位落实问题整改，在收到报告规定工作日内将部门整改和问责情况形成书面报告报送稽核审计部。稽核审计部根据报告批示，监督被审计单位实施整改，并及时进行后续审计，检查整改意见落实情况。

11.2—— 商业银行内部控制和内部审计信息的沟通保障机制 ——

商业银行应该建立内部控制和审计信息沟通保障机制。该机制能够保证内审监督履职的充分性和有效性，全面收集和掌握各部门、各分支行经营管理和风险状况的动态信息。

商业银行总行各部门、各分支行业务部门应指定专人，负责配合稽核审计部进行内部控制和审计信息的收集、整理与汇总报送工作。例如，D银行根据《审计信息报送时限及报送形式表》和稽核审计部不定期下发的《审前调查资料需求清单》的要求，及时完成内部控制和内部审计资料的收集和报送。

商业银行总分行有关部门向总行稽核审计部开通商业银行上线运行的各类业务系统、管理系统的查询功能。对于不具备单机安装条件的业务或管理系统，为稽核审计部分别设置特定登录用户和查询权限。商业银行总行相关管理部门定期将从业务系统、管理系统提取的业务及客户管理信息，以及从工商、法院等外部渠道获取的内部客户的外部电子信息报送至稽核审计部。为保证非现场审计系统数据的准确性，数据提供部门应当确保报送数据真实、完整、及时，且符合数据的时间和格式要求。具体的内部控制信息沟通保障报送时限及报送形式示例，见表 11-1。

表 11-1 商业银行内部控制信息沟通保障报送时限及报送形式示例表

类别	名称	报告时限	报送形式
内部控制信息	合规检查计划及报告（总行法律合规部）	计划和报告出具日后5个工作日	书面（正式文件或加盖公章）
	全面风险评估报告（总行风险管理部）	报告出具日后5个工作日	书面（正式文件或加盖公章）
	总行业务部门和各分支行年度、季度检查计划及报告	年初和季初5个工作日	书面（正式文件或加盖公章）
	内部规章制度的变动情况	即时报送	电子/OA抄送

11.3 —— 商业银行内部控制整改、效果评估与追踪审计 ——

商业银行内部控制整改是被审计部门或业务条线管理部门根据商业银行诸如《内部审计报告》《稽核审计内部控制建议书》《稽核审计督促整改通知书》等对内部控制缺陷、风险点实施改正审计发现或采取措施降低风险的过程。商业银行内部控制整改包括：分支机构审计与内部控制整改、条线专项审计与内部控制整改、合规管理或风险管理项目审计与内部控制整改等。

11.3.1 整改概述

整改，是指审计对象根据《内部审计报告》对组织、实施改正审计发现或采取措施降低风险的过程。

整改工作反馈，是指审计对象接到《内部审计报告》后，在规定时间内以《稽核审计整改报告》的形式，向总行稽核审计部反映整改情况的书面材料。内容包括但不限于：已整改的问题、整改措施、整改时间、整改具体责任人、整改验收人、附件（整改证明材料）；对于未整改的问题，要写明具体原因、整改计划、整改措施和整改责任人，待整改结束后上报《稽核审计后续整改报告》。

督促整改，是指稽核审计部以书面或口头形式要求审计对象在规定时间内按照《审计报告》完成整改工作的过程。

商业银行内部控制整改包括：分支机构审计与内部控制整改；条线专项审计与内部控制整改；合规管理或风险管理项目审计与内部控制整改等。

11.3.2　商业银行分支机构审计与内部控制整改

1）提出整改意见阶段

（1）商业银行稽核审计部应在《内部审计报告》中明确审计发现及整改意见或建议。

（2）对于业务条线管理中的严重问题或系统性风险，向总行相关业务条线管理部门提交《稽核审计督促整改通知书》，要求整改。

（3）对于业务条线涉及业务操作与管理本身存在的缺陷、内部控制不健全等引发的风险问题，向业务条线管理部门提交《稽核审计内部控制建议书》，并上报行领导。

2）部署整改工作阶段

（1）商业银行分支机构在收到《内部审计报告》后，按照整改要求，组织研究问题的形成原因和整改措施，制订整改方案，落实整改责任人。

（2）商业银行业务条线管理部门接受到《稽核审计督促整改通知书》《稽核审计内部控制建议书》后，组织对审计发现的风险评估和制订整改方案并指导分支机构整改，同时规范业务流程和完善管理制度，必要时在全行进行预警或警示。

3）实施整改工作阶段

（1）商业银行分支机构行长全面负责各项整改工作，从整体上把握整改工作进度及整改措施落实情况，确保整改工作的整体效果。

（2）商业银行分支机构主管副行长负责按照整改方案的要求，与具体整改单位一起研究制定切实有效的整改措施，组织认真落实分管业务的整改工作。

（3）商业银行分支机构要严格按照整改时间和要求，逐项进行整改，确保整改及时、有效，并将整改情况书面上报分支机构业务条线管理部门；对于整改工作中发现的重大问题，各分行应及时形成专题报告，上报总行稽核审计部。

（4）商业银行分支机构业务条线管理部门在总行业务条线管理部门的指导下对本行整改工作进行督促、检查和验收，以保证整改工作落实到位。

4）整改工作反馈阶段

（1）商业银行分支机构整改工作结束后规定工作日形成《稽核审计整改报告》上报稽核审计部。

（2）商业银行总行业务条线管理部门对于稽核审计部提交的《稽核审计督促整改通知书》《稽核审计内部控制建议书》，根据分支机构整改情况填制《稽核审计事项督导反馈单》或《稽核审计内部控制整改反馈单》，提交稽核审计部。

（3）商业银行总行业务条线管理部门收到稽核审计部提交的《稽核审计进一步整改通知书》后，在整改结束后规定工作日填制《稽核审计事项督导反馈单》，提交稽核审计部。

11.3.3　商业银行条线专项审计与内部控制整改

1）提出整改意见阶段

商业银行稽核审计部针对全行业务条线开展的专项审计，应向总行业务条线管理部门提交《审计报告》，明确审计发现及整改意见或建议。

2）部署整改工作阶段

商业银行总行业务条线管理部门收到《内部审计报告》后，按照整改要求，组织研究问题的形成原因和整改措施，制订整改方案，向审计发现所属分支机构下发整改通知，根据违规或风险事项问题的性质、严重程度和不良影响等，视情况在全行进行预警或警示。

3）实施整改措施阶段

（1）商业银行总行业务条线管理部门组织对审计发现进行风险评估和指导分支机构整改工作，同时规范业务流程和完善管理制度。

（2）商业银行分支机构在总行业务条线管理部门的指导下实施整改措施，整改结束后上报总行业务条线管理部门。

4）整改工作反馈阶段

商业银行总行业务条线管理部门根据全行的整改情况，形成《稽核审计整改报告》或《稽核审计后续整改报告》，提交稽核审计部。

11.3.4　商业银行合规管理或风险管理项目审计与内部控制整改

1）提出整改意见阶段

商业银行稽核审计部应在《内部审计报告》中明确审计发现的问题及整改的意见或建议。

2）部署整改工作阶段

商业银行总行法律合规部或风险管理部收到《内部审计报告》后，按照整改要求，组织研究问题的形成原因和整改措施，制订整改方案，落实整改责任人。

3）实施整改工作阶段

商业银行总行法律合规部或风险管理部总经理全面负责整改工作，组织相关人员认真落实整改方案，严格按照整改的时间和要求，逐项整改，确保整改工作及时、有效。

4）整改工作反馈阶段

商业银行总行法律合规部或风险管理部在整改工作结束后的规定工作日内，形成《稽核审计整改报告》提交稽核审计部。

11.3.5　商业银行内部控制整改效果评估与追踪审计

商业银行稽核审计部在收到《稽核审计整改报告》《稽核审计后续整

改报告》《稽核审计事项督导反馈单》《稽核审计内部控制整改反馈单》后，应该进行认真核查，评估整改效果。对于未能有效整改的问题，在规定工作日内，提出进一步整改意见和建议，并向有关业务条线管理部门提出《稽核审计事项进一步整改通知书》，督促审计对象继续做好有关整改工作。

商业银行稽核审计部负责实施后续追踪审计；分支机构、总行条线管理部门、法律合规部和风险管理部将责任落实情况及处罚结果报送稽核审计部。

11.4　　　　　　　　　　　　　　　本章小结

商业银行内部审计报告明确了内部审计制度的报告、信息沟通和相关缺陷问题的整改方向。商业银行建立内部控制和审计信息沟通保障机制能够保证内审监督履职的充分性和有效性，全面收集和掌握各部门、各分支行经营管理和风险状况的动态信息。商业银行内部审计报告制度有助于内部控制整改工作的顺利开展。

商业银行内部审计工作普遍实行双线报告制度，以向董事会审计委员会报告为主，以向监事会和高级管理层汇报为辅。商业银行董事会、审计委员会、高级管理层针对审计报告中重大的风险披露和控制事项进行反馈，表达整改意见、纠正措施、管理决策和督查督办的举措。商业银行总行稽核审计部主要负责人定期向董事会审计委员会报告内部审计工作情况，每年至少一次向董事会提交包括履职情况、审计发现和建议等内容的审计工作报告，重大审计事项及时报告，并抄送监事会和高级管理层。商业银行审计报告报送的一般路径为：首先，稽核审计部于审计报告生效后数日内将审计报告报送及抄送有关部门。其次，审计报告主送董事会、监事会、经营班子（行长）；抄报常务副行长、首席风险官；抄送人力资源部；专送被审计单位（人）等。最后，稽核审计部应于每个审计项目结束后规定工作日内将该审计项目报告报送对口监管部门。

商业银行总行稽核审计部根据行领导批示，针对审计报告中的问题，提示业务风险，上报相关业务主管行长。对审计报告提出的整改意见和处罚建议，被审计对象所在单位必须逐条对照落实，制定具体整改措施，及时整改，并在收到报告规定工作日内将整改和问责情况形成书面报告报送稽核审计部。对审计报告提出的有关问题，商业银行总行相关部门必须根据主管行长的批示，落实管理问题责任人，同时查找制度、系统的缺陷和不足，完善业务制度、弥补系统漏洞，并督促、指导被检查单位落实问题整改，在收到报告规定工作日内将部门整改和问责情况形成书面报告报送稽核审计部。稽核审计部根据报告批示，监督被审计单位实施整改，并及时进行后续审计，检查整改意见的落实情况。

　　商业银行应该建立内部控制和审计信息沟通保障机制。该机制能够保证内审监督履职的充分性和有效性，全面收集和掌握各部门、各分支行经营管理和风险状况的动态信息。商业银行总行各部门、各分支行业务部门应指定专人，负责配合稽核审计部进行内部控制和审计信息的收集、整理与汇总报送工作。

　　商业银行内部控制整改是被审计部门或业务条线管理部门根据商业银行诸如《内部审计报告》《稽核审计内部控制建议书》《稽核审计督促整改通知书》等对内部控制缺陷、风险点实施改正审计发现或采取措施降低风险的过程。商业银行内部控制整改包括：分支机构审计与内部控制整改、条线专项审计与内部控制整改、合规管理或风险管理项目审计与内部控制整改等。商业银行稽核审计部在收到《稽核审计整改报告》《稽核审计后续整改报告》《稽核审计事项督导反馈单》《稽核审计内部控制整改反馈单》后，应该进行认真的核查，评估整改效果，对于未能有效整改的问题，在规定工作日内，提出进一步整改意见和建议，并向有关业务条线管理部门提出《稽核审计事项进一步整改通知书》，督促审计对象继续做好有关整改工作。商业银行稽核审计部负责实施后续追踪审计，分支机构、总行条线管理部门、法律合规部和风险管理部将责任落实情况及处罚结果报送稽核审计部。

▶第 12 章◀

商业银行内部控制多维评价的实效与推广

本书着力于商业银行工作实际，总结和升华商业银行在内部控制评价建设与内部审计应用中所积累的成功经验，积极探索和试图解决商业银行在内部控制评价建设中遇到的问题。

本章对商业银行内部控制多维评价的研究结论、实施效果以及对其他各类商业银行的借鉴意义予以探讨，并对本书相关的进一步研究方向予以展望。

12.1 ——————— 本书研究结论 ———————

商业银行内部控制多维评价与内部审计应用，立论于商业银行内部控制评价的成长历程和内部控制多维评价的基本内涵，深入至全行公司层面和业务流程层面内部控制评价指标设置、计分方法与指标赋权方法。同时，结合商业银行内部控制评价与内部审计管理实践，进行了外延性研究：其一，根据部分商业银行上市需求，进行了内部控制自我评价与信息披露相关内容的研究；其二，进行了内部控制和内部审计信息的沟通保障机制研究；其三，对内部控制评价生存和发展的土壤，即商业银行内部控制评价的监管机制进行研究；其四，对内部控制评价的成果应用于内部审计，满足商业银行提高审计效率、降低审计成本的实际需求进行研究；其五，对商业银行内部审计和内部控制风险评估进行了研究；其六，对内部审计报告和内部控制整改进行了探讨。以上研究内容共同构成商业银行内部控制多维评价的组成部分。

本书通过对商业银行内部控制评价的潜心研究，各评价指标的选取、计量方法创新、赋权与计分，以及内部控制成果应用的分析，对商业银行内部控制评价研究领域做了如下有益的探索和创新：

第一，构建了商业银行"内部控制多维评价"的内涵。"内部控制多维评价"主要从商业银行内部控制评价内容的角度进行定义：其一，企业内部控制评价主要关注财务报告的内部控制，商业银行内部控制评价有其更长的历史沿革和更高的评价标准，不仅需要关注财务报告的内部控制，同时需要关注非财务报告的内部控制。其二，商业银行内部控制评价需要应对信用风险、操作风险、流动性风险、财务风险、科技风险等多重风险，因此需要应对各种风险的多维评价。其三，商业银行内部控制评价体系本身的类别具备多样性，因此评价内容也是多维的。

第二，发现商业银行内部控制评价指标设置，应该和具体银行的内部控制环境、风险评估、监督与控制活动等公司层面企业特征相适应；应该和具体银行的业务开展与管理流程制度设计相适应。商业银行增加内部控制评价指标设置数量，应该有助于新兴业务开展，有助于整体评价的贡献度；同时，减少内部控制评价指标设置数量，也能够压缩流程、提高效率、降低成本。因此，高效的、适量的内部控制评价指标设置数量才最适合商业银行具体应用。

第三，结合商业银行实践，对商业银行内部控制评价计分方法、指标赋权的现实基础和未来发展方向予以探讨。商业银行内部控制计分评价方法包括评分方法、加减分项的正向激励与负向约束、评价等级的认定，还包括本文创新的内部控制整体计分评价方法探究。同时，商业银行内部控制评价指标赋权主要采用主观赋权法，然而，银行业未来的发展要求我们充分重视和利用客观赋权法。为了避免机械地套用客观赋权法，还需要根据商业银行应用实践采用结合了主观赋权法和客观赋权法优点的组合赋权法。

第四，商业银行内部控制信息披露有助于投资者和银行客户的价值判断。商业银行上市需要定期披露内部控制相关信息，该类信息对投资者和银行客户关注商业银行、认可商业银行、与商业银行商业往来以及未来投资商业银行都会产生积极作用。商业银行应根据本行具体情况适时、主动地披露内部控制评价信息。

第五，提出内部控制多维评价管理机制的创新思维：内部控制评价的管理机制不应停留于现有监管要求和商业银行内部企业文化的基础，更应该依据会计学、审计学等理论知识探索创新思维方式。

第六，在对商业银行内部控制风险评估、内部审计报告和内部控制整改等内容进行探讨的基础上，提出商业银行内部控制多维评价结果在确定内部审计范围和审计重点中的应用，以及为具体查证内容选择恰当的审计方法中的应用。

内部控制多维评价是开放的理论与实践研究体系，我国数量众多的各类商业银行具有很大的相似性。本研究不仅立足于商业银行经营发展和内部控制评价建设需要，同时，也积极探寻真正适合大部分商业银行的内部控制评价体系、方法和应用，是商业银行整个群体管理科学发展的实践路线。

12.2　商业银行内部控制多维评价在 D 银行的应用效果

为了验证商业银行内部控制多维评价理论体系的实用性，本研究相关的理论成果已经在数家银行的工作实践中应用，D 银行[①]就是一家正在运用"商业银行内部控制多维评价"理论的中国商业银行。

12.2.1　D 银行内部控制多维评价的构建历程、基本状态和运行机制

1）D 银行内部控制多维评价的构建历程和基本状态

D 银行被虚拟为一家由国有股份、中资法人股份及个人股份共同组成的地方性股份制商业银行。自 21 世纪初，D 银行在某直辖市设立了第一

---

① D 银行是本书作者构建的一个虚拟称谓，是应用本研究理论成果的数家银行的虚拟集合体。

家异地分行，迈出了地方银行向全国性银行转型的第一步。如今，D银行异地分行已达数十家，成为中国境内有一定影响力的全国性股份制商业银行。

D银行从实际出发、大胆创新，自2010年财政部、证监会、审计署、银监会、保监会五部委联合颁布《企业内部控制评价指引》后，即按照计划于201X年发布《D银行内部控制基本规定》，这标志着全行整体层面内部控制制度的成型。201Y年，《D银行内部控制情况调查大纲》发布和执行，内部控制评价的具体环节因此得到系统性的梳理和扩展，内部控制多维评价体系开始显现。其后，《D银行内部控制评价办法（试行）》和《D银行合规风险管理基本规定（试行）》等文件出台，进入了内部控制多维评价阶段。201Z年及其后，又密集出台了许多精细化的规定和文件，包括：《D银行分支机构201Z年度内部控制评价实施方案》《201Z年电子银行业务内部控制评价方案》《关于发布201Z年内部控制互评价与评价检查问题库的通知》《D银行201Z年度合规文化建设方案》《D银行非现场审计工作规定》等。这些文件和办法的相继出台，再结合此前发布的D银行为上市准备的《关于准备D银行上市所需内部控制自我评价报告相关材料的通知》《D银行内部控制手册》《关于开展存款与柜面业务内部控制自我评价的通知》《D银行内部控制评价办法（试行）》等，形成了逐步完善、多维化的内部控制评价体系。内部控制多维评价有力地推动了D银行经营目标的实现，展现出全面向好的趋势。

2）D银行内部控制多维评价的运行机制

D银行开展内部控制评价的机构范围包括总行所有主要条线管理部门和分行、中心支行。内部控制评价的业务范围覆盖了组织结构、制度建设、风险识别、授信业务、资金及同业业务、存款与柜面业务、反洗钱、中间业务、财务管理、计算机信息系统安全控制等经营管理各领域。D银行总行稽核审计部进行全面评价，总行法律合规部、风险管理部对内部控制的具体环节进行协助评价，上述三个职能部门同时对总行主要业务管理部门和部分分行、中心支行进行现场评价。其中，总行层面偏重于内部控制设计的有效性，以定性评价为主；分行、中心支行层面偏重于内部控制执行的有效性，以定量评价为主。同时，D银行还将内外部检查、审计发现问题的整改情况和效果纳入到内部控制评价的范畴中。

在 D 银行内部控制成果的审计应用中，总行层面的内部审计机构结合内部控制评价结果和审计监督的情况评估内部控制缺陷，提交部门进行确认和整改；各分支行层面的内部审计机构结合持续审计情况，以及合规、风险、运营等部门的管理评价意见和内部控制等级认定，完善内部控制流程。针对监管、内外审计发现的内部控制方面的问题和缺陷，及时敦促各分支行责任单位制订整改计划和整改措施并落实执行，并定期、不定期地向行内高级管理层汇报整改情况，使高级管理层掌控内部控制制度的执行情况，促使各项业务政策和内部控制制度得到全面执行，促进内部控制制度建设的不断完善，为 D 银行建立、健全内部控制机制给予系统、全面的支持。

经过数年摸索和建设，D 银行内部控制评价体系逐步完善，与内部审计的连接日益密切，有效地支撑了全行业务的发展。

12.2.2　"三年倍增"计划与内部控制多维评价

"三年倍增"计划是 201X 年 D 银行依据利率市场化、金融脱媒、跨界竞争等新的市场竞争环境提出的跨越式发展计划。该计划通过目标设定将总行的战略意图、战略目标、战略举措传递给基层分支行和业务部门，已达到全行上下统一思想，统一认识，统一行动的目标。

无独有偶，D 银行内部控制多维评价的时间起点同样是 201X 年，"三年倍增"计划伴随着 D 银行内部控制多维评价不断成长。

D 银行"三年倍增"计划提出的背景很简单，党的十八届三中全会提出了"十年倍增"计划，D 银行从自己的实际情况出发提出了"三年倍增"计划。这是基于 201X 之前的几年因为大量的历史遗留问题严重影响了 D 银行的发展，经历了长时间的磨难，D 银行需要一次跳跃。跳跃的目的就是振奋全行精神，往前跨越一大步。党的十八届三中全会提出了重要的改革时间表，加之银行业竞争环境的变迁，"三年倍增"计划的提出是一个很好的时间节点，即在三年有限的时间之内，把 D 银行带到一个新的高度。

D银行"三年倍增"计划给予彼时全行全体员工思考三年以后的D银行的模样与愿景，如果没有前瞻性和预见性，利率市场化推出以后，作为城市商业银行的D银行很可能关门停业。因为存款保险制度在前，《中华人民共和国商业银行破产法》在后，D银行经营不好就会破产，就会被人兼并。因此，危机感迫使D银行上下一心，深入理解总行提出"三年倍增"计划的重大意义。D银行彼时最大的风险是信用风险，最致命的风险是操作风险，而不发展则是D银行的生存风险。D银行要生存，首先靠发展，不发展连生存空间都会被逐渐压缩。因此，"三年倍增"计划关系到D银行未来的命运。

伴随着D银行"三年倍增"计划的实施，D银行内部控制多维评价体系逐步完善。

12.2.3　内部控制多维评价带给D银行经营管理的全面完善

从实际出发、不断探索、勇于创新的内部控制多维评价在内部控制与内部审计领域实施后，D银行不仅在内部控制体系完善中取得了良好的成效，在其他经营管理方面也全面向好。

1）D银行内部控制体系不断完善

D银行已构建了以股东大会、董事会、监事会、高级管理层等为主体的公司治理组织架构，各个治理主体基本能够按照职责规定和规范程序履行相应职责。按照商业银行内部控制的要求，D银行实现了各项业务前台营销和中台风险控制、业务营运的分离，构筑了基本涵盖全行各项业务和管理活动的内部控制制度体系，内部控制制度向着全面、合理、有效的方向前行。

作为一家从城市商业银行向全国性股份制商业银行迈进的银行，D银行致力于不断提升内部控制管理水平、防范各类经营风险。一直以来，D银行坚持不断优化治理及管理架构、整合分支机构及部门、改进制度及业务流程、提高员工从业素质、构建各类IT管理系统，为保障本行跨区域经营稳健运行发挥强大的作用。

D银行内部控制制度的建立和实施，遵循了全面性原则、重要性原则、审慎性原则、制衡性原则、适应性原则、成本效益原则、独立性原则、有效性原则和成本效益原则，涵盖了中国银行业监督管理委员会发布的《商业银行内部控制指引》所要求的内部控制内部环境、风险评估、控制活动、信息与沟通和内部监督五项基本要素。

D 银行不断完善内部控制制度的制定、建设和执行。董事会作为 D 银行内部控制的决策机构，及时审议公司整体经营战略和重大政策，确定公司总体风险承受能力，为风险控制活动确立战略目标和宗旨，定期检查经营战略和重大政策的执行情况，通过绩效考核和经营目标督促高级管理层对 D 银行内部控制的有效性进行监督。D 银行总行及各级分支行机构的管理层负责其所管理的机构的内部控制建设和执行。高级管理层按照董事会确定的战略目标和宗旨，负责制定和执行相关业务的风险管理政策和规定，建立内部控制体系，协助落实董事会各项决策的有效执行。总行各部门负责全行或本部门业务管理范围内的内部控制建设和内部控制制度执行。分支行负责人负责按照高级管理层及总行各部门的要求执行内部控制制度，识别、评估各类风险。监事会和稽核审计部为监督层。监事会负责监督董事会、高级管理层完善内部控制体系；负责监督董事会及董事、高级管理层及高级管理人员履行内部控制职责；负责要求董事、董事长及高级管理人员纠正其损害商业银行利益的行为并监督执行。稽核审计部负责实施年度审计计划，并向董事会、监事会和经营管理层报送审计报告。

因此，D 银行内部控制体系的不断完善为促进发展战略的实现、提高经营效率和效果、促使经营管理合法合规、财务报告和相关信息真实完整以及客户资金安全提供了合理的保证。

2）风险管理水平稳步提升，制度与流程不断优化

D 银行内部控制评价以全面风险管理为抓手，对信用风险、操作风险、流动性风险、财务风险、科技风险等进行了有效的管理，推动了全行风险管理水平的提升。其中，在多个信用风险等管理提升项目顺利进行的同时，201Y 年，D 银行又启动了操作风险三大管理工具试点工作，由此操作风险管理体制改革已步入实质攻坚阶段。操作风险管理体制改革涉及组织架构、管理流程、工具开发、系统平台、资本计提等方面，操作风险三大管理工具开发和实施是实现从定性管理向定量管理的保证。对于该项目，D银行聘请了国际知名的管理咨询公司来协助进行，以保证项目的高起点和高要求的落实。

201Y年，D银行总行召开"零售业务体制机制改革"和"零售评分卡开发及应用策略优化"项目联合启动会议，这标志着全行零售业务开始进入深化转型。"零售业务体制机制改革"是D银行201Y年零售业务转型的首要任务和核心工作，在组织架构、人力资源管理、财务资源管理、绩效考核、风险管控、业务运营等方面全方位地向零售业务"专业化经营"转变。零售业务经过转型，特别是引入内部控制评价和绩效考核，打破了原来举步不前的发展状态，取得了超预期的效果，特别是储蓄存款快速增长，市场影响力进一步提升。

D银行行长多次强调，要建设流程银行，实现流程优化。在行长的引领下，201X年至201Z年，伴随着内部控制多维评价体系的推动，总行将业务流程的改进优化确定为工作重点之一，并以此作为推动业务发展的一大动力。总行首席风险官带领个人银行部、信息科技部、法律合规部、运营部，于201X年组建流程优化项目组。项目组成立后，深入分支行广泛征求在业务办理和制度规范等方面的意见和建议。项目组秉承"后台为前台服务、二线为一线服务、全行为客户服务"的工作理念，深入分行和支行进行调研工作，并以座谈讨论的方式与一线人员进行了沟通和交流，征集到很多宝贵的意见和建议。流程优化项目组已及时将分支行反映出的问题进行了归类整理，明确分支行所提问题归属的职责部门，做到责任到人，完成限时。流程优化项目组在工作中，定期对工作进展和改进实施情况进行通报；同时，总行搭建长效的沟通平台，听取来自一线的声音，采集客户之声，加强总分行的信息互动与交流，快速改进和优化。因此，在全行上下的共同努力下，通过不断的流程优化工作流程，加强了D银行内部控制体系建设，控制了快速发展中的风险点和衔接环节，挖掘出更多的业务潜力，为全行经营发展助力。

3）行为规范和内部控制企业文化继续强化

文化是企业核心竞争力的重要组成部分，人是企业最宝贵的财富，行为规范是企业文化的具体体现。

201X年伊始，D银行开展了《D银行内部控制手册》的确认工作。内部控制手册确认工作在整个"内部控制和操作风险管理咨询及工具开发项目"的实施过程中具有思维引导性的重要作用，可以归纳为：内部控制手册作为内部控制管理的常态化工具，有助于使全行员工树立全局意识、掌握内部机构设置、岗位职责、业务流程等情况，明确权责分配、正确行使职权、规范操作行为，从而进一步提升 D 银行内部控制的管理质量、强化内部控制的管理效能、优化管理现状、强化全员内部控制的合规意识。

201Y 年，D 银行发布了《D 银行审计人员行为规范》，旨在保证内部审计人员的独立性、客观性和公正性，规范审计行为、严肃审计纪律、提高审计水平、保障审计人员正确履行审计监督职责。文件强调了 D 银行审计人员的职业道德和纪律规范。职业道德是指 D 银行审计人员从事审计工作应当遵守的职业行为规范。纪律规范是指 D 银行审计人员从事审计工作不得违反的纪律要求。这些要求从遵章守纪、独立客观、安全保密、职业审慎、勤勉尽职、专业胜任和纪律规范角度对全行的审计规范、良好的内部控制和审计文化进行了补充。

201Z 年，D 银行开展了"我的成长我做主"主题活动，目的是鼓励全行员工充分发挥主观能动性，积极参与全行的建设和发展，倡导全行员工奋发进取、敢为人先、崇尚竞争的人文精神，增强员工归属感，营造全员实现自我个人发展、社会尊重和身心健康的成长氛围，并逐步塑造出一支高素质的员工队伍。该主题活动的一项重要目标是"塑造和培养'我要合规'的个人意识和团队氛围"，D 银行各单位在全行内部控制评价管理的基础上，积极进行管理工具、管理手段的创新，建设 D 银行合规管理的制度和文化。D 银行各分支行也通过建设"无差错网点"和"无差错个人"的管理办法，从集体奖励和个人奖励两个角度，鼓励员工坚持规范操作。

如今，积极提升内部控制合规意识、履行内部控制和内部审计责任已经从 D 银行的光荣传统和行为规范升华为 D 银行的核心价值理念。D 银行通过"三年倍增""学习竞赛""头脑风暴""政策性机遇研讨""智慧型银行建设"等计划或研讨活动，为全行的企业文化和业务发展提供了更多、更好的可行性方案。

12.3 —— D 银行内部控制多维评价对其他银行的借鉴作用 ——

中国的商业银行，大多经历过由国有股份制向股份制转型的过渡过程；并且，相同的市场环境和政策背景、相同的市场竞争格局、相似的企业转型战略目标，使得中国商业银行群体具有诸多共性。因此，内部控制多维评价对其他各类型银行也有重要的借鉴作用。

12.3.1　我国商业银行的相似性

信用风险、市场风险、操作风险、合规风险等是商业银行面临的主要风险。事实上，在我国现实的市场竞争中，还有一项重要风险，即不发展或发展慢的风险。我国各类商业银行多由国有资本、地方资本或信用社合并发起形成，往往背有沉重的历史包袱，对于这些问题的解决归根结底是要靠发展，要在发展中解决，否则就会出现可能影响社会稳定的大问题。发展是硬道理，一切诸如历史包袱等难题都只有在持续快速发展中才可能得到有效的解决。

因此，对众多各类商业银行来说，摆在内部控制评价面前的一项共同的任务就是促进银行的发展。内部控制评价设置的具体指标、计分和赋权都要紧紧结合各类商业银行的自身状况。就内部控制评价的具体工作而言，"发展"就是"不断适度地改进"，就是更好地实现企业发展的战略目标，就是要通过让各个内部控制评价考核单位的内部控制评价体系既"见贤"又"思齐"，来促进银行业整体的大发展。

12.3.2　D 银行内部控制多维评价的普适性

D 银行内部控制多维评价，处在我国商业银行内部控制评价与企业内部控制评价政策的相同环境下，也与各商业银行在内部控制评价和内部审计领域所处的成长历程同步。

1）政策环境的相似性

我国商业银行内部控制评价的规范性统一建设，起源于 2002 年颁布施行的《商业银行内部控制指引》和 2002 年颁布的《商业银行内部控制评价试行办法》，至今不过十余年的发展时间，正处于高速的成长阶段。

企业内部控制评价体系形成的时间要晚于商业银行内部控制评价体系。2006 年 7 月和 2007 年 7 月，上海证券交易所和深圳证券交易所上市公司逐步开始实施各自《内部控制指引》。直至 2010 年，财政部等五部委才颁布《企业内部控制配套指引》，包括《企业内部控制应用指引》《企业内部控制评价指引》《企业内部控制审计指引》以及企业内部控制规范体系实施中相关问题的解释。企业内部控制指引对商业银行，特别是上市商业银行起到了新的规范作用。中国商业银行及企业内部控制文件概览，见表12-1。

表 12-1　　　　　中国商业银行及企业内部控制文件概览

时间	机构	方案名称	方案内容
2002 年	中国人民银行	《商业银行内部控制指引》	已于 2007 年修订
2004 年	中国银行业监督管理委员会	《商业银行内部控制评价试行办法》	第一章 总则；第二章 评价目标和原则；第三章 评价内容；第四章 评价程序和方法；第五章 评分标准和评价等级；第六章 组织和实施；第七章 罚则；第八章 附则
2007 年	中国银行业监督管理委员会	《商业银行内部控制指引》	第一章 总则；第二章 内部控制的基本要求；第三章 授信的内部控制；第四章 资金业务的内部控制；第五章 存款和柜台业务的内部控制；第六章 中间业务的内部控制；第七章 会计的内部控制；第八章 计算机信息系统的内部控制；第九章 内部控制的监督与纠正；第十章 附则
2010 年	财政部等五部委	《企业内部控制配套指引》	1.《企业内部控制应用指引》；2.《企业内部控制评价指引》；3.《企业内部控制审计指引》；企业内部控制规范体系实施中相关问题的解释第 1 号、第 2 号

2）成长境遇的同步性

大型商业银行在进行上市工作的同时进行了卓有成效的内部控制建设和评价工作；而小型商业银行，特别是城商行，则相对滞后。以第 4 章的案例比对研究中北京银行为例，201A 年和 201B 年，北京银行业务和管理流程层面内部控制评价指标设置的数量由 201A 年的 94 个评价点跃升为 201B 年的 1 187 个评价点，业务和管理流程层面评价点激增，这是北京银行在近几年进行内部控制评价集中建设的缩影。同样，以第 4 章的案例比对研究中 D 银行业务和管理流程层面内部控制评价指标设置的数量同样有所增加，由 201A 年的 249 个评价点跃升为 201B 年的 287 个评价点，增加了 15.26%，实现了稳健优化和增长，有效地支撑了新业务的发展。数据分析详见第 4 章的图 4-1 和图 4-2。

3）内部控制完善的紧迫性

近几年，在商业银行利润和规模不断攀升的同时，不良贷款率又有回升，风险漏洞不断显现。2014 年 2 月 13 日，银监会的统计数据显示：截至 2013 年年末，商业银行不良贷款率达 1%，高于第三季度末的 0.97%，创年内新高。以中信银行为例，全行全年各种经营风险均有所暴露，目前中信银行新增不良资产主要集中在 2011 至 2013 年期间形成的钢铁贸易行业不良贷款。因此，完善内部控制的紧迫性日益突出。

与之相呼应的是，一些银行加强了内部控制和全面风险管理的完善和创新，也取得了良好的效果。例如，农业银行 2013 年在全行业不良贷款攀升的环境中，不良贷款比率由 1.33% 降至 1.24%。2013 年，农业银行不断健全流动性预警机制，提高流动性风险管理水平和应急处理能力。按照全面、平衡、有效的风险管理战略要求，坚持稳健、创新的风险偏好，完善全面风险管理体系的建设。其内部控制和全面风险管理的有效方法为：第一，加快推进风险管理工具的创新和应用，切实强化现代风险管理工具对业务发展的指导和约束，持续提升本行的风险管理能力；第二，实施"四优化、两强化"的调控措施，即优化信贷资源配置、优化定价管理、优化业务授权管理、优化绩效考核体系，强化经济资本硬约束、强化成本费用硬约束。正是有针对性的内部控制管理方法催生了农业银行 2013 年不良贷款率的下降。

内部控制体系和内部控制评价的重要性和实用性，以及内部控制水平同国外先进同行的现实差距，加剧了内部控制完善的紧迫性。因此，政策环境的相似性、成长境遇的同步性和内部控制完善的紧迫性催生了 D 银行内部控制多维评价的普适性。

12.4 —————— 本书研究课题延展性研究方向 ——————

本书研究课题立论于 D 银行内部控制多维评价与内部审计应用，以 D 银行内部控制多维评价的发展历程为背景，重点探讨内部控制多维评价的基本内涵、方法手段、信息沟通与披露、监督领导和内部审计应用。

本书研究课题的核心研究方向是探讨内部控制多维评价的指标设置、计分方法与指标赋权方法。

受本书研究课题核心研究领域的限制，上述研究可能存在研究内容的完整性、研究领域的外延性等方面的局限性。相应地，本书研究课题存在可预见的后续研究方向。

商业银行内部控制及内部控制评价课题在风险评估与全面风险管理、内部控制与内部审计衔接、内部控制有效性等方向存在进一步研究的需求。

12.4.1　内部控制风险评估与全面风险管理研究

本书研究课题主要探讨的是业务流程层面和公司层面的内部控制多维评价，是按照《商业银行内部控制评价试行办法》、《商业银行内部控制指引》和《企业内部控制评价指引》等文件的架构进行的。

然而，美国 COSO 委员会 2004 年发布了《内部控制——整体框架》的升级版，即《企业风险管理——整合框架》。该框架拓展了内部控制，用更广义的风险管理表达，包括了八大要素：内部环境、目标设定、事项识别、风险评估、风险应对、控制活动、信息与沟通、监控。

商业银行不同于一般企业面临的以财务风险和经营风险为主体的事项识别、风险评估和风险应对，而是面临信用风险、操作风险、流动性风险、财务风险、科技风险等较为复杂的全面风险管理。

因此，对于商业银行内部控制风险评估而言，应该区分不同风险的种类，以全面风险管理为基础，以风险因素分析法、内部控制结构评价法、分析性复核法、定性风险评价法和风险概率评价法等评估方法为抓手，做好内部控制风险评估的详细研究工作。其中包括：进一步建立健全商业银行风险评估的程序、标准和方法，进一步补充有效的评估工具和方法，对商业银行经营管理活动中的风险进行主动识别与准确评估，并采用适当或创新的方法，对识别的风险进行级别分类与控制。

12.4.2　内部控制与内部审计衔接研究

内部控制多维评价有利于商业银行内部审计工作的顺利开展，同时使管理部门了解到对内部控制的责任，使其更好地履行职责。内部控制多维评价能够提高内部审计的效率和效果，减少审计人员的工作量，节省审计时间，降低全行审计成本。

然而，商业银行内部审计有着独特的工作方法和理论体系，内部控制及内部控制评价的设计如何能与内部审计采用相同的标准、近似的评估方式，是提高审计效率、降低审计成本的关键。

此外，内部审计事项主要包括：经营管理的合规性及合规部门工作情况；内部控制的健全性和有效性；风险状况及风险识别、计量、监控程序的适用性和有效性；信息系统规划设计、开发运行和管理维护的情况；会计记录和财务报告的准确性和可靠性；与风险相关的资本评估系统情况；机构运营绩效和管理人员履职情况等。这些事项与商业银行内部控制存在高度重叠或接续性，因此，研究商业银行内部控制与内部审计衔接具有很好的应用价值。

12.4.3　内部控制有效性研究

对于商业银行经营而言，内部控制有效性决定了内部控制体系的完善程度、执行力度和实际价值。因此，内部控制有效性是内部控制的核心。

影响内部控制有效性的因素可以归纳为：

第一，内部控制缺陷研究。内部控制缺陷和漏洞是影响内部控制有效性的首要因素。内部控制的设计缺陷和运行缺陷，都是内部控制缺陷的成因。内部控制缺陷的影响程度分为重大缺陷、重要缺陷和一般缺陷，重大缺陷和重要缺陷往往是不能容忍的。因此，寻找内部控制重大或重要设计缺陷是内部控制有效性研究的基础。

第二，可操作性研究。内部控制制度本身制定得不合理。例如，按照国外同行或大型商业设置的内部控制制度很难体现各类商业银行的特殊性，显得过于理想化。另外，随着新业务的不断涌现，原有内部控制制度已不能适应现状却没有及时修改，从而使得制度变得不具可操作性。

第三，执行机制研究。内部控制制度缺乏保证制度执行的机制。例如，内部控制执行情况既没有严格的检查监督，也没有相应的奖惩措施，或奖惩措施仅限于被检查单位而非检查人员个人，更没有追责制度和对检查人员的保护机制，从而使得执行难度加大。

因此，研究内部控制缺陷、制度可操作性和制度执行机制能够有助于商业银行提高内部控制的有效性。

附　录

附录1————————**××银行内部控制合规评价报告**————————

××银行

内部控制合规评价报告

×银×合评字〔××××〕××号

上报单位：××行××部　　　　　　　　　　　年　月　日

××银行××××年第×季度内部控制合规评价报告

总行风险管理委员会：

现将全行今年第×季度的内部控制合规情况评价报告如下：

一、××××年第×季度内部控制合规评价概述

（正　文）

二、已识别的违规事件、合规缺陷及遭受处罚的情况

（正　文）

三、我部建议相关业务管理部门采取的纠正措施及成效

（正　文）

四、进一步完善合规风险管理的意见和建议

特此报告，请阅示。

（盖章）

抄　报：

抄　送：

附录2──────── ××银行稽核审计内部控制建议书 ────────

××银行稽核审计内部控制建议书

审计项目编号

：

根据《××审计报告》（报告编号），贵部在以下方面需要改进和完善，有关问题和建议如下：

一、审计发现的问题描述

1.

2.

3.

4.

二、内部控制的建议

1.

2.

3.

4.

稽核审计部（公章）：

年　月　日

附录3———— ××银行稽核审计内部控制建议反馈单 ————

××银行稽核审计内部控制建议反馈单

审计项目编号

总行稽核审计部：

根据《××银行稽核审计内部控制建议书》（审计项目编号），我部已针对有关问题进行整改，具体整改结果如下：

一、已整改的措施

1.

2.

3.

4.

二、未整改的事项及说明

1.

2.

3.

4.

反馈部门（公章）：

年　月　日

附录4———— ××银行分支行内部控制评价人员纪律规范 ————

××银行分支行内部控制评价人员纪律规范

为保证合规人员工作的独立性、客观性和公正性，自觉维护法律合规部的良好形象，保障合规人员正确履行监督职责，制定如下工作纪律：

一、严禁迟到、早退，如遇特殊情况确需离岗半天以内的，须向组长请假，同意后方可离组；离岗半天以上的，须由组长向部门经理请示，同意后方可离组。

附　录

二、严禁随意着装，按规定统一着行服。

三、严禁聊天、办私事或处理与工作无关的事情。

四、严禁接受被评价单位安排的宴请及其他特殊招待，统一在分支行的员工食堂就餐。

五、严禁参加被评价单位安排的旅游、娱乐和联欢等活动。

六、严禁接受被评价单位的任何纪念品、礼品、礼金和各种有价证券。

七、严禁在被评价单位报销任何费用。

八、严禁向被评价单位提出与评价工作无关的要求。

九、严禁在工作时间以外讨论被评价单位的情况，不准私自对内和对外提供与内部控制评价相关的信息、数据和资料。

十、严禁利用评价职权或知晓的被评价单位的商业秘密和内部信息，为自己和他人谋利。

对违反上述纪律者，将视情况进行问责；同时，合规人员应自觉接受被评价单位的监督。

××银行××××部

年　月　日

本人已知晓上述纪律规范，并承诺将严格执行。

承诺人：

主要参考文献

[1] ANWER S A , MARY L M, STEPHANIE R, etc. How costly is the Sarbanes Oxley Act? Evidence on the effects of the Act on corporate profitability [J]. Journal of Corporate Finance, 2010 (6): 352-369.

[2] Chen G Z, Keung E C. Corporate diversification, institutional investors and internal control quality [J]. Accounting & Finance, 2016.

[3] DEFOND M L, LENNOX C S. Do PCAOB Inspections Improve the Quality of Internal Control Audits [J]. Journal of Accounting Research, 2015.

[4] DENNIS C. Internal Controls and the Detection of Management Fraud [J]. Journal Accounting Research, 1999 (37): 55-67.

[5] Elmahdy D F, Park M S. Internal control quality and information asymmetry in the secondary loan market [J]. Review of Quantitative Finance and Accounting, 2013 (4): 683-720.

[6] GE, WEILI, SARAH E. McVay. The Disclosure of Material Weakness in Internal Control after Sarbanes-Oxley Act [J]. Accounting Horizons, 2005 (3): 137-158.

[7] GERALDO F. Yield Information and Supplier Responsiveness in Remanufacturing Operations European Journal of Operational Research [R]. 2003: 540-556.

[8] HEATHER M, HERMANSON. An Analysis of the Demand for Reporting on Internal Control [J]. Accounting Horizons, 2000 (14): 325-341.

[9]   IVY X Z. Economic consequences of the Sarbanes Oxley Act of 2002 [J].
        Journal of Accounting and Economics, 2007 (9): 74-115.

[10]   JRS, SAMUEL L.TIRAS, etc. VICHITLEKARNI. The Interaction between
        Internal Control Assessment and ubstantive Testing in Audits for Fraud [R]
        . 2008: 11-27.

[11]   JAYANTHI K. Auditing Committee Quality and Internal Control An Empirical
        Analysis, The Accounting review [R]. 2005: 649-675.

[12]   JEFFREY D, WEILI G, SARAH M V. Accruals Quality and Internal
        Control over Financial Reporting [J]. Journal of Accounting and
        Economics, 2007 (1): 193-223.

[13]   JEFFREY T D, WEILI G, SARAH E, etc. Accruals Quality and Internal
        Control Over Financial Reporting. Financial counting and Reporting Section
        (FARS) Meeting Paper, January [R]. 2007: 34-35.

[14]   KATE L. The Long-Term Effect of the Sarbanes-Oxley Act on Cross-
        Listing Premia [J]. European Financial Management, 2008 (11):
        875-920.

[15]   KOBELSKY K, LIM J H, JHA R. The impact of performance-based CEO
        and CFO compensation on internal control quality [J]. Journal of Applied
        Business Research (JABR), 2013 (3): 913-934.

[16]   KPMG. Sarbanes-Oxley Section 404: Management Assessment of
        Internal Control and the Proposed Auditing StandardsR [S]. 2003.

[17]   LAURA F, SPIRA. Risk Management: The Reinvention of Control and
        the Changing Role of Internal Audit [J]. Accounting, Auditing and
        Accountability Journal, 2003 (16): 640-661.

[18]   LENG J, ZHAO P. Study on the Impact of the Quality of Internal Control
        on the Performance of M&A [J]. Journal of Service Science and
        Management, 2013 (3): 223-231.

[19]   LORNE N, SWITZER. Corporate governance, Sarbanes-Oxley, and
        small-cap firm performance [J]. The Quarterly Review of Economics
        and Finance, 2007 (12): 651-666.

[20]   MOHAMED A, ELBANNAN. Quality of internal control over financial
        reporting, corporate governance and credit ratings [J]. International
        Journal of Disclosure and Governance, 2009 (6): 127-149.

[21]   NIGEL J, CUTLAND. Internal Controls and Relaxed Controls [J].
        Journal of the London Mathematical Society, 2006 (1): 130.

[22]   PARVEEN P G, NANDKUMAR N. Information content of control
        deficiency disclosures under the Sarbanes Oxley Act: An empirical

investigation [J]. International Journal of Disclosure and Governance, 2007 (4): 3-23.

[23]　RAE K, SUBRAMANIAM N. Quality of internal control procedures [J]. Managerial Auditing Journal, 2013.

[24]　SINAN C, PHILIP E S. Risk management, capital structure and lending at banks [J]. Journal of Banking & Finance, 2004 (28): 19-43.

[25]　TANG D Y, TIAN F, YAN H, etc. Internal Control Quality and Credit Default Swap Spreads [J]. Accounting Horizons, 2015 (3).

[26]　THOMAS J L, SCOTT D V, YI-JING W. Investor perceptions of an auditor's adverse internal control opinion [J]. Journal of Accounting and Public Policy, 2009 (3): 231-250.

[27]　Wanda W, Thomas W. Internal control evaluation [J]. Traffic Accounting, 1995 (11): 61-63.

[28]　YONGTAE K, MYUNG S P. Market uncertainty and disclosure of internal control deficiencies under the Sarbanes Oxley Act [J]. Journal of Accounting and Public Policy, 2009 (5): 419-445.

[29]　白涛，马恒山，何小杨.切实做好内部控制评价努力完善公司治理——中国工商银行内部控制评价体系及其实践 [J]. 中国内部审计，2011 (10): 35-43.

[30]　北京银行.北京银行2012年度内部控制评价报告 [EB/OL]. [2013-04-25]. http: //www.docin.com/p-642869699.html.

[31]　北京银行.北京银行2013年度内部控制评价报告 [EB/OL]. [2014-04-27]. http: //www.docin.com/p-815468654.html.

[32]　北京银行.北京银行2014年度内部控制评价报告 [EB/OL]. [2015-04-27]. http: //quotes.money.163.com/f10/ggmx_601169_1756699.html.

[33]　曹伟，桂友泉.内部审计与内部控制 [J]. 审计研究，2002 (1): 27-30.

[34]　岑洁，刘启亮，陆昆蓉.IPO公司内部控制信息披露分析 [J]. 财会通讯，2010 (17): 96-97.

[35]　曾凯.基于层次分析法的我国商业银行内部控制评价研究 [D]. 成都：西南财经大学，2013.

[36]　陈丹萍.我国内部审计管理现状与对策 [J]. 审计研究，2007 (6): 95-96+51.

[37]　陈刚.人民银行内部控制评价：内部优化与外部化改进 [J]. 济南金融，2006 (12): 63-66.

[38]　陈汉文，王韦程.谁决定了内部控制质量：董事长还是审计委员会? [J]. 经济管理，2014 (10): 97-107.

[39]　陈汉文，周中胜.内部控制质量与企业债务融资成本 [J]. 南开管理评论，

2014（3）：103-111.

[40] 陈军梅.税收征管、内部控制质量与公司避税 [J]．税务与经济，2014（6）：68-75.

[41] 陈素云.内部控制质量、制度环境与食品安全信息披露 [J]．农业经济问题，2016（2）：83-90+112.

[42] 陈自力，李尊卫.离差最大化法在商业银行内部控制评价中的应用 [J]．重庆大学学报，2005（10）：154-157.

[43] 陈作华.内部控制质量与内部人寻租——基于内部人交易视角的经验证据 [J]．证券市场导报，2015（5）：25-32.

[44] 程慧芳.内部控制质量评价有点雾里看花——基于迪博版与厦大版指数比较 [J]．财会月刊，2014（1）：102-105.

[45] 池国华，杨金，邹威.高管背景特征对内部控制质量的影响研究——来自中国A股上市公司的经验证据 [J]．会计研究，2014（11）：67-74+97.

[46] 池国华，杨金.基于管理者视角浅论内部控制质量的提升 [J]．财务与会计，2014（7）：39-41.

[47] 戴文涛，李维安.企业内部控制综合评价模型与沪市上市公司内部控制质量研究 [J]．管理评论，2013（1）：128-138+176.

[48] 戴新华，张强.我国上市银行内部控制信息披露的国际借鉴与路径选择 [J]．金融论坛，2006（8）：53-58.

[49] 邓德强，温素彬，潘琳娜，等.内部控制质量、机构投资者异质性与持股决策：基于自选择模型的实证研究 [J]．管理评论，2014（10）：76-89.

[50] 邓昕，卢米.基于风险管理的人民银行分支行内部控制评价 [J]．审计月刊，2008（7）：37-38.

[51] 董望，陈汉文.内部控制、应计质量与盈余反应——基于中国2009年A股上市公司的经验证据 [J]．审计研究，2011（4）：68-78.

[52] 杜海东，张同健.商业银行内部控制绩效测度体系及实证检验 [J]．统计与决策，2008（14）：127-129.

[53] 方红星，金玉娜.高质量内部控制能抑制盈余管理吗？——基于自愿性内部控制鉴证报告的经验研究 [J]．会计研究，2011（8）：53-60+96.

[54] 方红星，金玉娜.可感知内部控制质量：度量方法与初步检验 [J]．财经问题研究，2013（10）：18-25.

[55] 方红星，刘丹.内部控制质量与审计师变更——来自我国上市公司的经验证据 [J]．审计与经济研究，2013（2）：16-24.

[56] 方红星，张志平.内部控制质量与会计稳健性——来自深市A股公司2007—2010年年报的经验证据 [J]．审计与经济研究，2012（5）：3-10.

[57] 高晋康，唐清利，黄贤福.外资准入条件下中国商业银行内部风险控制法律制度的建构 [J]．法学家，2007（6）：83-89.

[58] 郭明明.我国商业银行内部控制评价模型研究 [D]. 哈尔滨：东北林业大学，2011.

[59] 郭目生.论施工企业项目资金内部控制 [J]. 财务与会计，2015（24）：50-51.

[60] 郭亚军.综合评价理论、方法及应用 [M]. 北京：科学出版社，2007.

[61] 郝日有.内部控制评价对商业银行内控管理的作用 [J]. 经济研究导刊，2010（34）：71-72.

[62] 和丽芬，朱学义，王传彬.内部控制质量与财务困境恢复——基于2007年—2011年沪深A股ST公司数据 [J]. 经济经纬，2014（1）：118-123.

[63] 洪峰，戴文涛.政治关联与内部控制质量的债务契约有用性——来自民营企业的经验证据 [J]. 广东商学院学报，2013（6）：42-52.

[64] 黄惠平，宋晓静.内控报告与会计信息质量及企业价值——基于沪市A股的经验研究 [J]. 经济管理，2012（1）：122-128.

[65] 黄韬.应对操作风险："加强监管"还是"健全市场"？——我国商业银行内部控制法律机制变迁的路径选择 [J]. 上海财经大学学报，2015（6）：57-66.

[66] 吉猛.商业银行信息系统内部控制研究 [D]. 上海：同济大学，2006.

[67] 贾兴飞，唐大鹏.内部控制质量对现金配置效果的影响研究——基于我国沪市A股上市公司的实证分析 [J]. 兰州商学院学报，2011（6）：102-108.

[68] 雷辉，刘婵妮.董事会特征对内部控制质量的影响——基于我国A股上市公司面板数据研究 [J]. 系统工程，2014（9）：11-18.

[69] 李彬.母子公司距离、内部控制质量与公司价值 [J]. 经济管理，2015（4）：95-105.

[70] 李常安.内部控制质量、分析师预测性质与市场流动性 [J]. 山西大学学报（哲学社会科学版），2015（2）：127-136.

[71] 李德胜.内部审计开展企业内部控制评价业务探讨 [J]. 中国内部审计，2010（4）：38-41.

[72] 李定安，周娜.商业银行内部控制状况的模糊综合评价方法 [J]. 金融论坛，2007（1）：48-51.

[73] 李莉，杨文友.内部治理、内部控制与内部审计的优化：提升商业银行自我监管效率的根本途径 [J]. 上海金融，2006（10）：44-46.

[74] 李晓慧，杨子萱.内部控制质量与债权人保护研究——基于债务契约特征的视角 [J]. 审计与经济研究，2013（2）：97-105.

[75] 李杨，刘刚.企业内部控制质量、盈余持续性与分析师预测 [J]. 湖北大学学报，2016（2）：132-138+161.

[76] 李育红.公司治理结构与内部控制有效性——基于中国沪市上市公司的实证研究 [J]. 财经科学，2011（2）：69-75.

[77] 李煜辉，张同建.基于PDCA循环的股份制商业银行内部控制体系研究 [J].

财会通讯，2011（23）.

[78]　李志芳.基于内部审计视角构建内部控制绩效评价指标体系［J］.　审计月刊，
2009（6）：10-12.

[79]　梁雷.基于内部控制评价的商业银行经济资本管理研究［D］.青岛：中国海
洋大学，2012.

[80]　梁卫雄.完善商业银行内部控制评价标准的思考与实践［C］//中国内部审计
协会2009年度全国"内部审计与内部控制体系建设"理论研讨暨经验交流会
三等奖论文汇编.北京：中国内部审计协会，2009：16.

[81]　廖义刚，邓贤琨.环境不确定性、内部控制质量与投资效率［J］.　山西财经大
学学报，2016（8）.

[82]　廖义刚.环境不确定性、内部控制质量与持续经营审计意见——来自财务困境
上市公司的经验证据［J］.财经论丛，2015（9）：50-58.

[83]　廖义刚.环境不确定性、内部控制质量与权益资本成本［J］.　审计与经济研
究，2015，（3）：69-78.

[84]　林斌，林东杰，胡为民，等.目标导向的内部控制指数研究［J］.　会计研究，
2014（8）：16-24+96.

[85]　刘进，池趁芳.高管团队特征、薪酬激励对内部控制质量影响的实证研究——
来自创业板上市公司的经验数据［J］.工业技术经济，2016（2）：60-67.

[86]　刘俊.我国中央银行内部控制研究［D］.成都：西南财经大学，2009.

[87]　刘霄仑.基于COSO与Basel体系并行实施背景下的中国商业银行内部控制研
究［D］.天津：南开大学，2012.

[88]　陆明.论商业银行内部控制评价工作中的"十重十轻"［C］//中国内部审计协
会2009年度全国"内部审计与内部控制体系建设"理论研讨暨经验交流会三
等奖论文汇编.北京：中国内部审计协会，2009：11.

[89]　逯东，付鹏，杨丹.媒体类型、媒体关注与上市公司内部控制质量［J］.会计
研究，2015（4）：78-85+96.

[90]　逯东，王运陈，付鹏.CEO激励提高了内部控制有效性吗？——来自国有上市
公司的经验证据［J］.　会计研究，2014（6）：66-72+97.

[91]　骆良彬，王河流.基于AHP的上市公司内部控制质量模糊评价［J］.　审计研
究，2008（6）：84-90+96.

[92]　吕劲松，王志成，隋学深，等.基于数据挖掘的商业银行对公信贷资产质量
审计研究［J］.　金融研究，2016（7）：150-159.

[93]　吕劲松，王志成，王秦辉，等.大数据环境下商业银行审计非结构化数据研
究［J］.　软科学，2017（1）：141-144.

[94]　马鹏飞.对人民银行开展内部控制评价的思考——基于内部控制审计实践的
分析［J］.　山东财政学院学报，2011（4）：44-47.

[95]　南京银行.南京银行2013年度内部控制评价报告［EB/OL］.［2014-04-30］.

http：//www.cfi.cn/p20140430000576.html.

[96] 南京银行.南京银行2014年度内部控制评价报告［EB/OL］．［2015-04-28］．http：//www.cninfo.com.cn/finalpage/2015-04-28/1200922878.PDF.

[97] 潘建国，王惠.基于非直接损失性的商业银行操作风险度量研究［J］.金融论坛，2009（1）：37-42.

[98] 潘建国，王惠.商业银行操作风险度量及其经济资本分配［J］.科技进步与对策，2006（8）：169-172.

[99] 潘建国，王惠.我国商业银行操作风险度量模型的选择［J］.金融论坛，2006（4）：43-48.

[100] 潘建国.基于非直接损失性的商业银行操作风险度量研究［D］.天津：天津财经大学，2007.

[101] 潘自立.关于建立我国商业银行内部控制评价模式的思考［J］.上海金融，1997（7）：25-26.

[102] 彭桃英，汲德雅.媒体监督、内部控制质量与管理层代理成本［J］.财经理论与实践，2014（2）：61-65.

[103] 彭小准.论基层商业银行的内部控制评价方法［J］.中国乡镇企业会计，2009（10）：144-145.

[104] 平安银行.平安银行2013年度内部控制评价报告［EB/OL］.［2014-03-07］.http：//www.cninfo.com.cn/finalpage/2014-03-07/63646358.PDF.

[105] 平安银行.平安银行2014年度内部控制评价报告［EB/OL］.［2015-03-12］.http：//www.cfi.net.cn/p20150312002705.html.

[106] 乔贵涛，祁渊，赵耀.财务报表审计中的审计师选择与内部控制质量［J］.华东经济管理，2016（6）：173-184.

[107] 秦颖.基于模糊分析法的商业银行信贷风险内控体系评价研究［D］.济南：山东大学，2008.

[108] 瞿旭，李明，杨丹，等.上市银行内部控制实质性漏洞披露现状研究——基于民生银行的案例分析［J］.会计研究，2009（4）.

[109] 瞿旭，瞿彦卿，杨丹.上市银行内部控制实质性漏洞问卷调查与分析［J］.投资研究，2011（9）.

[110] 曲爱群，邵雪峰.浅谈我国银行内部审计的发展［J］.石家庄经济学院学报，2002（4）：372-374.

[111] 上海浦东发展银行.上海浦东发展银行2012年度内部控制评价报告［EB/OL］.［2013-03-14］.http：//finance.ifeng.com/a/20130314/7769520_0.shtml.

[112] 上海浦东发展银行.上海浦东发展银行2013年度内部控制评价报告［EB/OL］.［2014-03-20］.http：//stock.stockstar.com/notice/JC2014032000002289.shtml.

主要参考文献

[113] 上海浦东发展银行.上海浦东发展银行2014年度内部控制评价报告 [EB/OL].
[2015-03-18]. http://stock.stockstar.com/notice/JC2015031800004064.
shtml.

[114] 施华强，彭兴韵.商业银行预算软约束与中国银行业改革 [J]. 金融研究，
2003 (10).

[115] 苏虹，胡亚会，张同健.基于COSO模式的国有商业银行内部控制评价模型
研究 [J]. 福建金融管理干部学院学报，2009 (6)：3-10.

[116] 谭庆美，孟丽，赵黎明，等.交叉上市、政治联系类型与内部控制质量——基
于A+H上市企业的经验数据 [J]. 天津大学学报，2015 (6)：486-492.

[117] 王爱群，时军.内部控制质量、会计稳健性对投资效率影响效应研究 [J]. 统
计与决策，2016 (7).

[118] 王恩山.大连银行三维绩效考核模型研究 [R]. 2013.

[119] 王会金，王璨.强化商业银行内部控制与内部审计的现实思考——从内部控
制与内部审计的互动关系谈起 [J]. 中国内部审计，2011 (6)：45-47.

[120] 王瑾玲.上市商业银行内部控制评价报告分析——以工商银行内部控制缺陷
披露为例 [J]. 时代金融，2013 (20)：98.

[121] 王李.对商业银行小额信贷业务内部控制有效性的探讨 [J]. 税务与经济，
2015 (4)：63-66.

[122] 王留根.商业银行内部控制评价综合模型构建 [J]. 财会通讯，2010 (14).

[123] 王禄河.《商业银行内部控制指引》探析 [J]. 财务与会计，2015 (9)：
49-50.

[124] 王美英.家族治理、银行监督与内部控制有效性 [J]. 中国流通经济，2015
(12)：106-112.

[125] 王美英.两权分离、内部控制效率与债务融资 [J]. 中国流通经济，2016
(12)：108-114.

[126] 王敏，夏勇.内部控制质量与权益资本成本关系研究述评与展望 [J]. 经济与
管理研究，2011 (5)：49-55.

[127] 王明.试论内部审计在企业内部控制及风险管理中的作用 [J]. 财经界（学
术版），2013 (6)：212+214.

[128] 王农跃.企业全面风险管理体系构建研究 [D]. 天津：河北工业大学，2008.

[129] 王文杰.上市公司内部控制信息披露质量研究 [D]. 大连：东北财经大学，
2011.

[130] 王希全.商业银行价值创造导向型内部控制评价体系研究 [J]. 中央财经大
学学报，2009 (4)：86-91.

[131] 王旭.风险导向审计在商业银行内部控制评价中的应用 [C] //全国内部审计
理论研讨优秀论文集三等奖论文汇编.北京：中国内部审计协会，2011：15.

[132] 王妍慧.基于灰色关联法的我国上市商业银行内部控制评价研究 [D]. 成都：

西南财经大学，2011.

[133]　王元贵.国有商业银行内部控制评价及其改进方法［J］. 时代经贸（中旬刊），2008（2）：199-200.

[134]　王治，张皎洁，郑琦.内部控制质量、产权性质与企业非效率投资——基于我国上市公司面板数据的实证研究［J］. 管理评论，2015（9）：95-107.

[135]　王宗润，陈艳.基于熵模型的内部控制质量与会计稳健性研究——来自我国金融行业上市公司面板数据［J］. 中央财经大学学报，2014（1）：55-63.

[136]　魏继荣，王勤，李铮.做好内部控制评价是完善商业银行内控体系建设的关键［C］//中国内部审计协会2009年度全国"内部审计与内部控制体系建设"理论研讨暨经验交流会三等奖论文汇编.北京：中国内部审计协会，2009：12.

[137]　吴敏艳.中小企业内部控制问题探讨——基于会计岗位轮换制度的缺失［J］. 财政监督，2010（16）：56-57.

[138]　吴益兵，廖义刚，林波.股权结构对企业内部控制质量的影响分析——基于2007年上市公司内部控制信息数据的检验［J］. 当代财经，2009（9）：110-114.

[139]　伍伦.内部控制质量影响银行借款契约的条款设置吗?——基于融资成本与期限结构视角的研究［J］. 金融论坛，2014（12）：62-70.

[140]　肖华，张国清.内部控制质量、盈余持续性与公司价值［J］. 会计研究，2013（5）：73-80+96.

[141]　谢合亮，范嘉毅，朱平安.商业银行内部控制评价模型设计——基于中国农业银行总行的案例研究［J］. 湖北社会科学，2013（1）：96-98.

[142]　邢维全，宋常.管理者过度自信、内部控制质量与会计稳健性——来自中国A股上市公司的经验证据［J］. 华东经济管理，2015（10）：35-43.

[143]　徐吉明，丁保利.构建适用于国家审计的商业银行分支行风险评价模型［J］. 审计研究，2012（1）.

[144]　闫志刚.内部控制质量、企业风险与权益资本成本——理论分析与实证检验［J］. 经济经纬，2012（5）：107-111.

[145]　闫志刚.内部控制质量对会计盈余价值相关性的影响［J］. 统计与决策，2012（15）：180-181.

[146]　杨鸿运.PDCA循环理论：商业银行内部控制评价质量管理模式应用研究［J］. 中国注册会计师，2013（5）：53-57.

[147]　杨继曼，李恩胜.工商银行股份有限公司内部审计开展内部控制评价的实践［C］//中国内部审计协会2009年度全国"内部审计与内部控制体系建设"理论研讨暨经验交流会三等奖论文汇编.北京：中国内部审计协会，2009：12.

[148]　杨瑞平.论内部审计在企业内部控制中的作用［J］. 管理现代化，2010（3）：27-29.

[149]　杨松令，解晰，张伟.央企控股上市公司内部控制质量与企业价值关系研

究［J］．经济管理，2014（7）：90-99．

[150] 叶陈刚，裴丽，张立娟.公司治理结构、内部控制质量与企业财务绩效［J］．审计研究，2016（2）：104-112．

[151] 尹美群，赵刚，张继东.货币政策对内部控制质量的影响——基于沪市A股市场的实证研究［J］．中国软科学，2015（8）：106-115．

[152] 于海云.内部控制质量、信用模式与企业价值——基于深市A股上市公司的实证分析［J］．财经理论与实践，2011（3）：44-50．

[153] 余奇才，曾北川.《商业银行内部控制评价试行办法》简析［J］．上海金融，2006（3）：65-67．

[154] 虞伟健，蒋玲.基于定量数学模型的商业银行内部控制评价研究［J］．财会通讯，2011（2）：117-119．

[155] 虞伟健.基于定量数学模型的商业银行内部控制评价应用［J］．金融经济，2010（6）：91-93．

[156] 张洁.内部审计对内部控制有效性评价研究［D］．兰州：兰州理工大学，2007．

[157] 张锦盛，康立新，杜兴启.内部审计在农业银行开展内部控制评价的现状与创新思路［J］．中国农业银行武汉培训学院学报，2009（6）：30-33．

[158] 张礼涛，王建玲.上市公司内部控制质量对企业社会责任履行水平的影响［J］．西北大学学报（哲学社会科学版），2016（5）：55-62．

[159] 张龙平，王军只，张军.内部控制鉴证对会计盈余质量的影响研究——基于沪市A股公司的经验证据［J］．审计研究，2010（2）：83-90．

[160] 张萍，徐巍.高管联结影响企业内部控制质量吗?——来自中国上市公司的经验证据［J］．商业经济与管理，2016（4）：79-89．

[161] 张同健，张成虎.国有商业银行内部控制与操作风险控制研究［J］．山西财经大学学报，2008（6）：77-82．

[162] 张武.论商业银行内部控制、内部审计与舞弊［J］．全国商情（经济理论研究），2008（4）：92-94．

[163] 张昕.人民银行分支机构内部控制评价研究文献述评［J］．湖南财政经济学院学报，2011（6）：70-75．

[164] 张新福，康东.我国商业银行内部控制问题梳理与体系构建设想［J］．现代财经，2007（12）．

[165] 张颖，郑洪涛.我国企业内部控制有效性及其影响因素的调查与分析［J］．审计研究，2010（1）：75-81．

[166] 张勇.内部控制质量、市场地位与商业信用融资［J］．商业研究，2014（10）：73-81．

[167] 赵勇，邹积亮.基于COSO报告构建商业银行内部控制体系［J］．生产力研究，2008（9）．

[168] 赵宇龙.会计盈余披露的信息含量——来自上海股市的经验数据 [J]. 经济研究，1998（7）：42—50.

[169] 郑军，林钟高，彭琳.货币政策、内部控制质量与债务融资成本 [J]. 当代财经，2013（9）：118-129.

[170] 郑艺.现代商业银行内控综合评价体系探析 [J]. 金融与经济，2005（2）.

[171] 中国财政部.企业内部控制评价指引 [EB/OL]. [2010-04-15]. https：// baike.baidu.com/item/企业内部控制评价指引/1599225?fr=aladdin.

[172] 中国财政部.企业内部控制配套指引 [EB/OL]. [2010-05-05]. http：//kjs. mof.gov.cn/zhengwuxinxi/zhengcefabu/201005/t20100505_290459.html.

[173] 中国建设银行.中国建设银行2012年度内部控制评价报告 [EB/OL]. [2013－03－25]. https：//finance.ifeng.com/stock/gsgg/20130325/ 7815999.shtml.

[174] 中国建设银行.中国建设银行2014年度内部控制评价报告 [EB/OL]. [2015-03-28]. http：//stock.stockstar.com/notice/JC2015032800001777.shtml.

[175] 中国建设银行湖南总审计室风险导向审计与内部控制评价改进课题组.风险导向审计与建设银行内部控制评价改进初探 [C] //全国内部审计理论研讨优秀论文集三等奖论文汇编.北京：中国内部审计协会，2011：17.

[176] 中国建设银行上海审计分部课题组.试论商业银行内部控制评价标准的完善方向——基于中国建设银行实践经验的思考与研究 [C] //中国内部审计协会2009年度全国"内部审计与内部控制体系建设"理论研讨暨经验交流会一二等奖论文汇编.北京：中国内部审计协会，2009：7.

[177] 中国建设银行上海审计分部课题组.试论商业银行内部控制评价标准的完善方向——基于中国建设银行实践经验的思考与研究 [J]. 中国内部审计，2010（5）：42-45.

[178] 中国人民银行成都分行办公室课题组，别凌.我国中央银行内部控制评价研究 [J]. 金融研究，2008（7）：105-113.

[179] 中国上市公司内部控制指数研究课题组，王宏，蒋占华，胡为民，等.中国上市公司内部控制指数研究 [J]. 会计研究，2011（12）：20-24+96.

[180] 中国银行.中国银行2012年度内部控制评价报告 [EB/OL]. [2013-03-26]. http：//stock.stockstar.com/notice/JC2013032600005256.shtml.

[181] 中国银行.中国银行2013年度内部控制评价报告 [EB/OL]. [2014-03-27]. http：//stock.stockstar.com/notice/JC2014032700001312.shtml.

[182] 中国银行.中国银行2014年度内部控制评价报告 [EB/OL]. [2015-03-26]. http：//stock.stockstar.com/notice/JC2015032600002565.shtml.

[183] 中国银行业监督管理委员会.商业银行内部控制评价试行办法 [EB/OL]. [2004-12-25]. http：//www.law-lib.com/LAW/law_view.asp?id=87874.

[184] 周慧.我国商业银行内部控制问题的研究 [D]. 哈尔滨：东北林业大学，

2003.

[185] 周正兵.《商业银行内部控制评价试行办法》出台始末——访《商业银行内控体系标准》编写组组长汪健豪先生 [J]. 银行家，2005（7）：122-125.

[186] 周中胜，徐红日，陈汉文，等.内部控制质量对公司投资支出与投资机会的敏感性的影响：基于我国上市公司的实证研究 [J]. 管理评论，2016（9）：206-217.

[187] 朱坤琛.内部控制评价在商业银行内部审计中的应用 [J]. 福建金融，2007（7）：36-38.

[188] 庄学敏，罗勇根.公允价值可靠性、相关性与内部控制质量——基于公允价值层级理论的经验研究 [J]. 现代财经，2014（12）：71-80.

索引

D 银行—7, 9, 80, 81, 83, 150, 201, 210-216, 219, 238

风险评估—3, 6, 7, 9, 10, 12-14, 16, 17, 23, 27, 29, 32, 33, 39, 40, 43, 46, 48, 55, 57, 61-64, 66, 68, 74, 77, 81-83, 91, 92, 118-121, 149, 161, 162, 173, 187-191, 197, 202, 204, 208, 209, 213, 219, 220

赋权法—7, 8, 60, 61, 63, 64, 66, 136-139, 141, 143-148, 208

赋权方法—2, 4, 6, 8, 10, 56, 60, 61, 63, 65, 66, 125, 135, 137, 144, 146, 207, 219

公司层面内部控制多维评价—8, 84, 98

管理机制—7, 9, 10, 35, 51, 56, 65, 79, 168, 177, 180, 181, 209

计分方法—2-4, 6, 8, 10, 56, 59, 63-66, 126, 131, 132, 135, 145, 146, 190, 197, 207, 208, 219

评价方法—6, 8, 11, 12, 23, 42, 52, 56, 59, 60, 62-65, 85-99, 117-122, 128, 131, 146, 208

内部控制—1-31, 33, 36-49, 51-88, 90, 91, 93-95, 97-101, 104, 109, 117-119, 122-137, 143, 145, 167-173, 175-185, 187, 188, 190-225

内部控制多维评价—1, 2, 4-10, 52, 53, 56, 57, 59, 61-69, 76, 82-85, 90, 94, 97-101, 104, 109, 117, 122-125, 128, 130-132, 134-137, 145-147, 167-173, 175, 180, 181, 192, 194, 195, 197, 198, 207-212, 214, 216, 219, 220

索 引

内部控制指标—8, 42, 70, 101, 104, 109, 117, 118, 123, 124

内部控制自我评价—4, 9, 10, 15, 18, 25, 26, 40, 41, 44, 51, 54–56, 62, 65, 148–150, 152, 154, 155, 157, 158, 161–166, 207, 210

内部审计—1–10, 13, 25, 26, 28, 39, 41, 43, 50–52, 56, 61–66, 68, 71, 148, 150, 164, 183–187, 191–219, 211, 212, 215, 216, 219, 220

内部审计应用—1, 3, 4, 10, 13, 51, 61, 63, 66, 192, 207, 219

商业银行—1–17, 26, 39, 45, 51–77, 79–85, 99–101, 103–105, 109, 115, 117, 118, 122–128, 130–133, 135–137, 145–150, 161–168, 170, 173–181, 183, 185, 187–213, 216–221

信息披露—1, 2, 4, 5, 7, 9, 10, 15, 18, 26, 36, 41, 50, 54, 56, 61–63, 65, 66, 81, 148–156, 158–165, 207

业务流程层面内部控制多维评价—8, 100, 101, 122, 123

指标赋权—2, 4, 7, 8, 10, 56, 64, 65, 125, 135, 146, 147

指标设置—2, 4, 6–8, 10, 56, 64, 65, 67–69, 79–90, 93–98, 100–104, 107–109, 111–118, 120–125, 145, 190, 197, 207, 208, 218, 219

后记

　　本书的思想源于刘斌在大连银行博士后工作站和大连理工大学博士后流动站从事博士后科研期间的所闻所感。将其落实于笔尖，则是基于我们在海南大学任职期间的积淀。本书与我们在海南大学经济与管理学院任职期间发表的中文和英文论文相吻合，与刘斌的博士后出站报告《大连银行内部控制评价与内部审计应用研究》一脉相承，是我们在企业管理和内部控制研究领域的积累和心得。

　　本书是在海南大学傅国华副校长领导下，在海南大学经济与管理学院胡国柳院长、冯广波书记、张德生副院长、王华伟院长助理的关怀下，在海南大学人事处林肇宏处长、会计系吴锡皓副主任等同事帮助下完成的。感谢海南大学领导、同事们的关怀和帮助。

　　本书论及的商业银行内部控制多维评价与内部审计研究课题，是在大连银行原高级管理层陈占维董事长等领导，大连理工大学管理与经济学部李延喜教授和其他专家、导师，以及大连市相关企业、机关领导的指导下，不断进步并取得的阶段性成果。

　　我们要特别感谢会计及内部控制领域的两位著名专家——大连理工大学经济学院院长李延喜教授和大连财经学院校长、东北财经大学陈国辉教授给予我们的长期指导。

　　同时，感谢大连融达投资有限公司刘

后 记

明龙总经理，大连市财政局、中国人民银行大连分行和中国银保监会大连监管局的领导、老师，感谢吴继儒、李昕玮、程燕芸等海南省税务系统、财政厅、人社厅、教育厅的领导，以及有缘相识的其他领导、老师、同事、同学，这里不再赘述。

最后，感谢我们的家人。没有你们的支持，我们无法找寻前行的信念和信心。未来，我们会继续拓展本领域的科研之路，为建设祖国而努力，在你们的关心、帮助和支持下继续前进！

刘斌　付景涛
于海南大学经济与管理学院
2018 年 5 月